JOURNAL DE VOYAGE

DU

GÉNÉRAL DESAIX

SUISSE ET ITALIE

(1797)

DU MÊME AUTEUR

Le Général Chanzy. Un vol. in-18 jésus . . . . 3 fr. 50
La Guerre (1870-1871). Un vol. in-18 jésus, avec 28 illustrations. 3 fr. 50

Paris en 1790. Voyage de Halem. Traduction, introduction et notes.
Un vol. in-8° carré. . . . . 7 fr. 50
L'École de Mars (1794). Un vol. in-18 jésus, avec une gravure en cou-
leurs. . . . . 3 fr. 50
Dugommier (1738-1794). Un vol. in-8° carré avec portrait et cartes. 7 fr. 50
La Légion germanique (1792-1793). Un vol. in-8° carré. . . . . 7 fr. 50
Un Prince jacobin, Charles de Hesse ou le général Marat. Un vol.
in-8° carré . . . . 7 fr. 50

LES GUERRES DE LA RÉVOLUTION

La Première Invasion prussienne.
Valmy.
La Retraite de Brunswick.
Jemappes et la conquête de la Belgique.
La Trahison de Dumouriez.
L'Expédition de Custine.
Mayence.
Wissembourg.
Hoche et la lutte pour l'Alsace.
Valenciennes.
Hondschoote.
(Chaque volume formant un tout complet, 3 fr. 50)

LA JEUNESSE DE NAPOLÉON

Brienne.
La Révolution.
Toulon.
(Chaque volume formant un tout complet, 7 fr. 50)

L'Alsace en 1814. Un vol. in-8° carré . . . . 7 fr. 50

Études d'histoire. *Première série.* — Bayard à Mézières. — La Sœur
de Gœthe. — L'Affaire Abbatucci. — Le révolutionnaire George Forster.
Un vol. in-8° écu . . . . 3 fr. 50
Études d'histoire. *Deuxième série.* — Le commandant Poincaré. —
Adam Lux. — Klopstock et la Révolution française. — Bertèche *dit*
La Bretèche. Un vol. in-8° écu. . . . . 3 fr. 50

Jean-Jacques Rousseau. *(Collection des Grands Écrivains français.)*
Prix . . . . 2 francs
Stendhal-Beyle. Un vol. in-8° carré. . . . . 8 francs

Étude de littérature allemande. *Première série.* — Gœtz de Berli-
chingen. — Hermann et Dorothée. — Le Camp de Wallenstein. Un vol.
in-18 jésus . . . . 3 fr. 50
Étude de littérature allemande. *Deuxième série.* — Ewald de Kleist.
— Gœthe en Champagne. — La jeunesse de Schiller. — Les Brigands.
Un vol. in-18 jésus. 3 fr. 50

LE GÉNÉRAL DÉSAIX EN **1799**

(Dessiné au Caire, par A. Dutertre.)

JOURNAL DE VOYAGE

DU

GÉNÉRAL DESAIX

SUISSE ET ITALIE

(1797)

PUBLIÉ AVEC INTRODUCTION ET NOTES

PAR

ARTHUR CHUQUET

MEMBRE DE L'INSTITUT

PARIS

LIBRAIRIE PLON

PLON-NOURRIT ET Cⁱᵉ, IMPRIMEURS-ÉDITEURS

8, RUE GARANCIÈRE — 6ᵉ

1907

Tous droits réservés

PRÉFACE

La relation du voyage que Desaix fit en Suisse et en Italie dans l'année 1797 est connue des historiens. Plusieurs l'ont consultée aux Archives de la guerre. Félix-Bouvier l'a citée dans son *Bonaparte en Italie*. Martha-Beker l'a résumée dans son *Général Desaix*. Vanson en a reproduit une partie dans les nᵒˢ 70-74 du *Carnet de la Sabretache*, non sans fautes graves, car l'écriture du général est très mauvaise, parfois illisible : « Travaillez à me lire, disait-il à Reynier, et occupez-vous à me déchiffrer. » Il nous a paru utile de publier le texte complet de ce précieux *Journal* en l'accompagnant d'une étude et d'un commentaire; pour plus de clarté, nous l'avons divisé en chapitres.

INTRODUCTION

I

Une des plus belles et des plus attachantes figures que
nous offre l'armée de la Révolution est celle de Desaix.

Il était noble, et la vraie forme de son nom est
Des Aix. Son père portait le titre de seigneur de Veygoux, et sa mère, qui lui donna le jour le 17 août
1768, à Saint-Hilaire d'Ayat, près de Riom, était une
Beaufranchet. Il fit ses études de 1776 à 1783, à l'École
militaire d'Effiat, dirigée par des Oratoriens — de
même que Bonaparte, de 1779 à 1784, à l'École militaire de Brienne, dirigée par des Minimes, — et, le
20 octobre 1783, il fut admis comme sous-lieutenant
au régiment de Bretagne. On l'appelait alors le chevalier de Veygoux, pour le distinguer de son aîné.

Lorsque éclata la Révolution, il refusa d'émigrer et
de suivre à l'étranger ses frères et ses cousins. Sa
mère, fervente royaliste, lui reprochait sa tiédeur, l'en-

gageait ironiquement à garder les troupeaux, puisqu'il abandonnait la défense du trône, et une cousine menaça de lui envoyer une quenouille. Desaix répondit qu'il ne servirait pas contre son pays (1).

Lieutenant et aide de camp de Victor de Broglie, bientôt capitaine, il se signala, le 3 août 1792, au combat d'Arzheim, qui fut son premier combat et le premier de la guerre. Custine, accompagné de Kellermann et de Victor de Broglie, allait en reconnaissance; attaqué à l'improviste par les hussards de Wurmser, il n'eut que le temps de regagner Landau à toute bride; Desaix, armé seulement de sa cravache, fit prisonnier un des assaillants (2).

Quelques jours après, la monarchie s'écroulait et les commissaires de la Législative arrivaient au camp de Wissembourg pour recevoir le serment des troupes; Broglie, qui ne voulait pas se soumettre aux décrets de l'Assemblée, était suspendu, et Veygoux — ou Desaix, — son aide de camp, déclarait qu'il ne séparait pas sa cause de celle de son général, tant que l'Assemblée n'aurait pas prononcé.

Broglie s'était retiré, selon la loi, à vingt lieues des frontières, à Bourbonne-les-Bains. Le capitaine Desaix désirait le rejoindre. Arrêté dans les Vosges, à la Chapelle-aux-Bois, par une municipalité soupçonneuse, conduit à Épinal et emprisonné, il ne fut relâché qu'au bout de six semaines sur les instances de son cousin, le général Beaufranchet d'Ayat (3).

(1) MARTHA-BEKER, *le Général Desaix*, 1-57.
(2) A. CHUQUET, *l'Expédition de Custine*, 15.
(3) FÉLIX-BOUVIER, *les Vosges pendant la Révolution*, 169.

Nommé adjoint à l'état-major de l'armée du Rhin sur la recommandation de Custine, il se fit remarquer dans la campagne de 1793 par son sang-froid et son intrépidité. Le 17 mai, à l'affaire de Rülzheim, il rallia son ancien régiment, le 46e, ci-devant Bretagne, et, le surlendemain, les représentants du peuple lui donnaient le grade d'adjudant général chef de bataillon.

Attaché à la division de droite ou de Lauterbourg, il encouragea, stimula l'avant-garde; « on s'y apercevait, a dit Saint-Cyr, de la présence de Desaix. »

Le 20 août, en avant de la forêt de Bienwald, il reçut une balle qui lui traversa les deux joues; mais, tout saignant de sa plaie, il combattit jusqu'à la nuit et il ne se laissa panser qu'à la fin de l'action; les commissaires de la Convention le firent sur l'instant général de brigade.

Envoyé à la division de gauche, ou division des montagnes, à Bobenthal, malgré les plaintes du général Alexis Dubois qui le jugeait très nécessaire, il dirigea la retraite après le désastre de Wissembourg. Un lièvre passa; les coups de fusil qu'on lui tira répandirent l'épouvante. « Un lièvre seul, s'écria Desaix, mit quelques troupes dans le plus grand désordre (1) ! »

L'adjudant général Saint-Cyr l'aidait et l'assistait dans cette malheureuse reculade. Ces deux hommes devaient souvent agir de concert, et on les a parfois comparés l'un à l'autre : avec Desaix, on gagnait des batailles; avec Saint-Cyr, on était sûr de ne pas les

(1) A. Chuquet, *Wissembourg*, 19, 107, 199, 216; E. Bonnal, *Histoire de Desaix*, 40.

perdre. Mais Saint-Cyr laissait volontiers ses camarades dans l'embarras; Desaix venait au secours de ses frères d'armes. « Je me saignerai en cavalerie pour toi, écrivait-il à Saint-Cyr; instruis-moi si ton attaque doit avoir lieu, afin que je te secoure et t'appuie (1). »

Promu général de division le 20 octobre par les représentants, et chargé de commander la droite de l'armée qui s'était repliée sous le canon de Strasbourg, Desaix n'accepta qu'avec regret son nouveau grade. Il était bien jeune, disait-il, et manquait d'expérience; mais il comptait qu' « avec bien de la bravoure » et « un zèle sans bornes », il entraînerait sa division, et que les volontaires, ces pauvres volontaires, marchant dans la boue jusqu'aux genoux et fatigués par un continuel service, auraient encore assez de force pour chasser l'envahisseur.

Le 26 octobre, après une lutte meurtrière, il refoulait les Impériaux dans les bois de Reichstett, et de ce jour date véritablement sa gloire militaire.

Pendant qu'il versait son sang pour la République, les Jacobins de Riom le dénonçaient à Paris. Il appartenait, écrivaient les clubistes, à la caste nobiliaire; il avait dix-sept parents émigrés, dont deux frères qui servaient dans l'armée de Condé (2); il était cousin du général Beaufranchet d'Ayat qui venait d'être destitué;

(1) « Saint-Cyr, dit Castellane, mauvais camarade, et qui laissait volontiers échiner ses voisins » (*Journal*, II, 333.)

(2) Le conventionnel Maribon-Montaut, accusé, lui aussi, aux Jacobins de Paris, d'avoir deux frères émigrés, répondait : « Au lieu de m'en faire un reproche, je crois que cela pourrait devenir un sujet de louange. » (*Mon.*, 29 novembre 1793.)

il ne possédait pas dix mille livres de fortune, et l'on pouvait craindre qu'il ne fût séduit par l'or de Pitt et de Cobourg! Le 13 novembre, Desaix fut suspendu.

Il défendait pourtant et louait le nouvel ordre de choses. Certes, il avait, dans le secret de son cœur, déploré l'exécution de Louis XVI; dans ses lettres intimes, il accusait les représentants de désorganiser l'armée et de lui ôter ses meilleurs officiers et ses généraux qu'ils qualifiaient à tort de traîtres et de scélérats. Mais, disait-il, sa famille n'avait pas de droits féodaux et presque pas de fortune; il avait eu pour amis et confidents de bons paysans; il avait partagé leurs fêtes et leurs peines, il était de leur nombre, et il n'avait qu'un désir : assurer le triomphe de la République, vaincre les ennemis, les étrangers, ces « cruels », ces « barbares », et, après avoir sauvé son pays et lui avoir prouvé son amour par de « glorieuses et utiles » blessures, revenir en Auvergne, sur le sol natal, pour adoucir la vieillesse de sa mère, pour « déposer les couronnes de la victoire entre les mains de maman, comme autrefois celles de lierre qu'il remportait au collège, pour raconter ses souffrances et son courage à sa charmante petite sœur ». Sa vraie récompense, c'était Veygoux, ses bois et ses bruyères (1).

Heureusement, Pichegru commandait l'armée du Rhin, et il ne pouvait se passer des conseils de Desaix qui — témoigne Saint-Cyr — avait enlevé sa confiance et pris sur lui l'influence la plus grande. Il écrivit au ministre Bouchotte qu'il était très content de

(1) MARTHA-BEKER, 73-114.

Desaix, que le jeune général se conduisait fort bien, qu'on devait « retirer sa suspension ». Desaix garda son commandement, et, l'année suivante, lorsqu'un agent du Conseil exécutif le dénonçait comme noble, « c'est la seule chose, disait cet agent, qui ne soit pas en sa faveur; il a souvent donné des preuves de sang-froid et de courage dans des affaires difficiles (1). »

La campagne de 1793, remarque Desaix avec raison, a été bien dure. Ce ne fut qu'à force de ténacité que les Français eurent le dessus. Il n'a fallu aux Allemands, en 1870, qu'une seule journée, celle de Wœrth, pour s'emparer de l'Alsace. Il fallut aux Français, en 1793, six semaines d'efforts obstinés pour reconquérir la province. Durant six semaines, l'armée du Rhin et celle de la Moselle attaquèrent les Autrichiens sans trêve ni répit; mais elles n'avaient ni discipline ni solidité, et les Autrichiens, excellents soldats, défendirent le sol pied à pied, refoulèrent tous les assauts, rendant coup pour coup, recommençant la lutte lorsqu'elle était terminée, essayant de reprendre le soir ce qu'ils avaient lâché le matin, perdant trois fois moins de monde que les Français, imposant le respect à l'adversaire par leur belle contenance et leur peau noircie de poudre, mettant, avouait Pichegru, autant d'acharnement à la résistance que les républicains mettaient d'impétuosité dans leur choc, et néanmoins consumés et usés par une suite de combats incessants, brisés de fatigue, succombant enfin sous la poussée

(1) Saint-Cyr, *Mémoires*, I, 143; A. Chuquet, *Hoche*, 103; Pichegru à Bouchotte, 3 et 5 décembre 1793; Renkin à Bouchotte, 20 février 1794 (*A. G.*).

des carmagnoles, de cette « indigne horde », de cette
« canaille », de ces enragés » et « fous furieux » qui
les houspillaient et harcelaient opiniâtrément sur tous
les points, de l'aube au crépuscule, jusque dans la
nuit, et qui, bien que battus, revenaient à la rescousse
avec la même animosité et réitéraient chaque jour,
comme s'exprimait Wurmser, leurs agressions infer-
nales.

Le 18 novembre, Desaix reculait de La Wantzenau
jusqu'au Jardin d'Angleterre ; le 20, il ressaisissait La
Wantzenau et Hœrdt ; le 21, il abordait vainement
Weyersheim ; le 22, il passait la Zorn pour attaquer
Kurtzenhausen, mais il était rejeté sur Weyersheim ;
le 23 et le 27, il se portait de nouveau contre Kurtzenhausen et de nouveau il était ramené.

Le 1ᵉʳ décembre, il eut la gloire de la journée ; c'est
lui, disait Pichegru, qui a le mieux fait : il enleva
Gambsheim. Le 2, il fut battu devant Offendorf. Le 3,
il revenait à la charge, et, cette fois, il chassait les
ennemis d'Offendorf et de Herlisheim. Le 4, il les
poussait jusqu'aux premières maisons de Drusenheim.
Le 10, il prenait possession de Weyersheim et de
Kurtzenhausen que les Impériaux évacuaient pour
mieux couvrir leur ligne. Le 13, le 15, le 17, il échouait
contre Marienthal.

L'armée du Rhin, droite, centre, gauche, se mor-
fondait ainsi devant les redoutes établies par Wurmser
sur les rives de la Moder. Ce ne fut que le 22 décembre,
lorsque Hoche, à la tête de l'armée de la Moselle, et
après vingt jours d'infructueuses tentatives, eut forcé
la position de Frœschwiller, que l'armée du Rhin

cessa de piétiner impuissante. Le 23 décembre, Desaix entrait dans Drusenheim, et, le 27, dans Lauterbourg (1).

Durant la campagne de 1794, l'armée du Rhin, commandée par Michaud, resta d'abord sur la défensive. De nouveau Desaix conduisait l'aile droite, et le représentant Rougemont louait l'esprit républicain qui régnait parmi ses troupes : les soldats et les officiers vivaient dans la plus étroite intimité ; ils avaient une extrême confiance dans leur général; ils admiraient le calme facile et imperturbable, la douce gaieté qu'il montrait sous le feu le plus meurtrier, et Michaud, séduit et dominé, comme Pichegru, par son lieutenant, assurait que Desaix était « très en état de commander une armée avec le plus grand succès (2) ».

Le 23 mai, lorsque les Prussiens chassèrent les Français de Kaiserslautern et les rejetèrent derrière la Sarre et la Queich, ce fut Desaix qui couvrit la retraite. Il résista longuement sur le Rehbach; il chargea les Prussiens à la tête d'un régiment de dragons, et c'est alors qu'à ses soldats qui fuyaient, il disait cette superbe parole : « On vous a mal rendu mes ordres; ce n'est pas votre retraite que j'ai ordonnée, c'est celle de l'ennemi. »

Quelques jours plus tard, le 28 mai, il tenta de réparer l'échec et de pousser jusqu'au Hardt; il fut battu de nouveau. Blücher, qui reçut à cette occasion le

(1) Cf. notre volume *Hoche et la lutte pour l'Alsace*, passim.
(2) Lavallette, *Mémoires*, I, 152 ; Martha-Beker, 115-118; E. Bonnal, 50-51.

grade de général-major, assaillit hardiment les troupes de Desaix, les délogea de Kirweiler et d'Edesheim, leur enleva six canons et leur fit trois cents prisonniers.

Mais les Français profitaient des dissentiments de la coalition et ils se renforçaient pendant que les Prussiens négociaient avec l'Autriche et demeuraient inactifs. Les deux armées de la Moselle et du Rhin combinèrent leurs mouvements. Elles furent refoulées le 2 juillet, lorsqu'elles abordèrent les lignes des alliés, et la cavalerie de Desaix, jeune, peu instruite, peu manœuvrière, prit la fuite à la vue des hussards de Blücher. Mais le 12 et le 13, et bien que Desaix se plaignît de la mollesse de leurs attaques et de ce qu'elles avaient de partiel et de décousu, les républicains eurent l'avantage. Les Prussiens perdirent le Schänzel, Johanneskreuz, Trippstadt, et reculèrent sur le Mont-Tonnerre tandis que les Autrichiens, que Desaix avait été chargé d'observer et de contenir, se repliaient sur Mannheim.

Les Prussiens quittèrent bientôt la rive gauche du Rhin pour n'y revenir que vingt ans après, non sans donner aux Français une dernière et rude leçon. Le 18, le 19, le 20 septembre, Hohenlohe-Ingelfingen fondit brusquement sur l'armée du Rhin et la rejeta jusqu'au delà de Kaiserslautern ; mais, au lieu de pousser sa pointe, et à la grande surprise des Français, il rétrograda : la Prusse ne pensait qu'à la Pologne et ne voulait plus rien entreprendre contre la France (1).

---

(1) Cf. Saint-Cyr, II, 50, 52, 56, 73, 462, et le *Campagne-Journal* de Blücher, 120-130.

Après avoir, durant l'hiver, commandé l'aile gauche de l'armée de Rhin-et-Moselle, qui bloquait Mayence sur la rive gauche, Desaix commandait dans l'été de 1795 un corps d'observation dans la haute Alsace, entre Brisach et Bâle, lorsque se produisirent de nouveaux revers.

Jourdan, général en chef de l'armée de Sambre-et-Meuse, avait franchi le Rhin à Düsseldorf, refoulé les Autrichiens sur le Main et investi Mayence par la rive droite. Pichegru, général en chef de l'armée de Rhin-et-Moselle, s'était emparé de Mannheim. Mais Clerfayt traversa le Main au-dessus de Francfort et parut tout à coup sur les derrières de Jourdan qui se hâta de repasser le Rhin. Puis il se tourna contre Pichegru et il surprit l'armée de Rhin-et-Moselle devant Mayence.

Dans le même temps, Wurmser marchait sur Mannheim. Il trouva Desaix sur les bords du Neckar : dans ce danger pressant, Pichegru avait rappelé de la Haute-Alsace le jeune général. Mais le vieux Wurmser avait de bonnes troupes enhardies par le succès; il se saisit de Neckarau et de la plaine entre le Neckar et le Rhin, et le 29 octobre, le jour où Clerfayt débloquait Mayence, il emporta la hauteur du Galgenberg.

Pichegru laissa dans Mannheim une garnison qui devait se rendre trois semaines plus tard, et recula derrière la Pfriem. Le Comité de salut public l'engageait à mettre dans Mannheim un commandant intrépide qui ne capitulerait que devant la brèche. « Desaix, écrivait le Comité, nous paraît convenir. » Pichegru répondit que Desaix convenait infiniment mieux à l'avant-garde, et ce fut Desaix qui, cette fois encore, protégea la retraite. Pichegru avouait que l'énergie de l'armée était fortement altérée; Desaix sut relever le moral de sa division, et le 10 novembre, lorsque Clerfayt assaillit Pichegru sur les bords de la Pfriem, elle fit une honorable résistance. Mais elle couvrait toute la droite française et sa position était trop étendue; elle n'avait que trois pièces de canon et ne put tenir nulle part. Il fallut s'abriter derrière la Queich, et le 25 décembre Desaix, au nom de Pichegru, et Baillet de Latour, au nom de Clerfayt, signaient une suspension d'armes.

La bravoure de Desaix avait jeté sur la triste fin de cette campagne de 1795 un rayon de gloire. Le 12 novembre, il avait, avec de la cavalerie et une compagnie d'artillerie à cheval, réoccupé Frankenthal. Le représentant Rivaud louait son activité et l'ascendant qu'il exerçait sur le soldat : « Il a, disait le conventionnel, habitué les troupes à le voir partout; elles iraient avec lui au diable. »

Pichegru était déjà suspect. Il passa joyeusement l'hiver à Strasbourg pendant que son armée campait dans la boue ou sur la neige. Desaix vint un jour le prier de cantonner les troupes et de mettre un terme à leurs souffrances. Pichegru le fit attendre longtemps avant de le recevoir et l'accueillit avec colère. « Il était, raconta Desaix à Saint-Cyr, dans un état tel que j'avais honte d'être entré dans cette maison, et je sortis aussitôt en jurant de ne plus y remettre les pieds. »

Le gouvernement remplaça Pichegru par Moreau,

et, du 5 mars au 20 avril 1796, Desaix fit l'intérim. Il se hâta de cantonner les demi-brigades dans les villages d'Alsace et de Lorraine. Mais la misère était trop grande. Pas de chevaux, pas de magasins, pas d'argent. Desaix fut aise, comme il dit, d'être débarrassé du commandement en chef, et, lorsque Moreau arriva, il refusa de diriger une division; il ne voulait que « ses avant-postes et troupes légères ». Moreau insista, et Desaix, s'inclinant, consentit à mener la division du centre qui tenait les lignes de la Queich, entre Germersheim et Landau (1).

Carnot avait dicté le plan de la campagne, plan trop vaste et voué à l'insuccès. L'armée de Sambre-et-Meuse commandée par Jourdan, et l'armée de Rhin-et-Moselle commandée par Moreau, passeraient le Rhin pour déborder les ailes de l'archiduc Charles : l'une le rejetterait en Bohême; l'autre, qui le repousserait derrière le Danube, viendrait en même temps se lier à la gauche de l'armée d'Italie. Au lieu de ces deux armées, ne valait-il pas mieux, disait Desaix, n'avoir qu'une seule armée « bien vigoureuse et écrasante (2) » ?

Le 25 juin 1796, l'armée de Rhin-et-Moselle passait le fleuve à Kehl. Les troupes n'aboutirent à la rive droite qu'après avoir traversé des îles marécageuses, très fourrées, et de petits bras qui n'étaient pas guéables dans cette saison. Mais on avait pu rassembler secrètement à Strasbourg tous les agrès et bateaux nécessaires et les conduire par eau le long du canal de

(1) MARTHA-BEKER, 128-143; E. BONNAL, 88-90; SAINT-CYR, II, 300, 335, 525, et III, 8.

(2) MARTHA-BEKER, 165.

navigation jusque dans le bras Mabile et de là dans le grand Rhin. On fit quatre démonstrations qui détournèrent l'attention des ennemis et attirèrent leurs principales forces loin du point désigné. Grâce à ces judicieuses combinaisons et à la rapidité des mouvements, l'opération eut le plus heureux succès (1).

Trois jours plus tard, après avoir aisément dispersé les troupes du cercle de Souabe, Desaix culbutait un corps d'Autrichiens dans la plaine de Renchen. Le 5 juillet, à l'affaire de Rastatt, il attaquait de front un autre corps autrichien qu'il rejetait au delà de la Murg. Le 9, il eut une part marquante à la bataille d'Ettlingen. Il était à l'aile gauche: par trois fois il prit et perdit le village de Malsch, mais il conserva la hauteur boisée qui dominait la position, et lorsque quelques-uns de ses hussards et de ses chasseurs, par un faux mouvement, prêtèrent le flanc aux escadrons autrichiens, il sut déployer à temps sa réserve de cavalerie, secondée par l'artillerie légère, et l'ennemi s'arrêta. « Le feu de notre canon, écrivait Moreau, et les manœuvres brillantes qu'a fait faire Desaix, ont rendu les desseins de l'archiduc inutiles (2). »

L'archiduc se retira par la vallée du Neckar sur le Danube. L'armée de Rhin-et-Moselle le suivit. Elle lui livra le 11 août la bataille indécise de Neresheim. Puis, tandis que le prince laissait une partie de ses troupes à Latour et courait avec l'autre à la rencontre de l'armée de Sambre-et-Meuse, elle passa le Danube et

(1) DEDON, *Précis historique des campagnes de l'armée de Rhin-et-Moselle*, 15-54.

(2) DEDON, 82; MARTHA-BEKER, 147-150; BONNAL, 100-107.

le Lech, elle battit Latour le 24 août à Friedberg et le 1ᵉʳ septembre à Geisenfeld dans une affaire dont Desaix eut tout l'honneur. Il avait dû dégarnir la gauche qu'il commandait et la cavalerie autrichienne allait le charger. Il fit avancer contre elle un bataillon d'infanterie et une batterie d'artillerie légère; mais il avait caché derrière une hauteur trois régiments à cheval, carabiniers, dragons et chasseurs. La cavalerie autrichienne marche bravement sur la batterie; soudain les carabiniers se jettent sur son front, les dragons et les chasseurs la prennent en flanc et l'obligent de défiler devant le bataillon d'infanterie; elle laissa plus de 200 hommes sur le champ de bataille, et ce succès entraîna celui de la journée. Quelques instants plus tard, Desaix ressaisissait l'offensive et un de ses bataillons s'emparait, sur la droite, de la chapelle Saint-Cast que l'adversaire avait occupée. L'archiduc Charles reconnaît que Desaix montra dans cette action non seulement de l'énergie, mais une grande justesse de coup d'œil.

A vrai dire, Moreau, supérieur en forces à l'ennemi, pouvait lui porter des coups plus rudes et plus décisifs. Il n'avançait que lentement et ne gagnait que peu de terrain. Mais il arrivait au bord de l'Iser, il tenait les ponts de Freisingen et de Mosbourg. La Bavière tremblait, l'Électeur s'était enfui, et, le 7 septembre, les États et la haute aristocratie dépêchaient au camp de Pfaffenhofen des députés, Arco, Seinsheim, Thurn-et-Taxis, pour signer une suspension d'armes et promettre à Moreau des chevaux et du fourrage, des grains, des souliers, du drap et dix

millions. C'est ainsi que, le 17 juillet, le duc de Wurtemberg avait signé une suspension d'armes, ouvert
son duché et promis quatre millions.

Le traité ne fut pas exécuté et Moreau dut presque
aussitôt opérer sa retraite. Il commençait à s'alarmer ;
il ne recevait de nouvelles de l'armée de Sambre-et-
Meuse que par les gazettes allemandes ; il savait que
les paysans s'insurgeaient sur ses derrières ; il sentait
que les ennemis qu'il avait en face ne cherchaient
qu'à l'amuser, qu'à l'attirer plus loin entre l'Iser et le
Danube afin de lui tomber sur le flanc. Il concentra
son armée à Neubourg dans une position plus resserrée, et, pour dégager Jourdan, il envoya sur la rive
droite du Danube le corps de Desaix qui prendrait à
dos l'archiduc Charles.

Le 10 septembre, Desaix passait le Danube à Neubourg ; il marchait sur Eichstädt et Nuremberg. Mais
il sut bientôt que les convois de l'archiduc, qu'il croyait
intercepter, avaient changé leur route et que Nauendorf se mettait à ses trousses. Le 16, il regagnait
Neubourg et toute l'armée fut réunie sur la rive droite
du Danube.

Moreau ne doutait plus de la reculade de Jourdan.
L'armée de Sambre-et-Meuse, elle aussi, avait eu
d'abord des succès. Elle avait refoulé Wartensleben et
occupé Francfort, Würzbourg, Bamberg, Amberg.
L'archiduc Charles l'arrêta. « Peu importe, disait-il à
Latour, que Moreau arrive devant Vienne si je bats
Jourdan. » Et il battit Jourdan. Pressé sur son front
par Wartensleben et sur ses derrières par l'archiduc,
Jourdan se replia vers le Main, puis sur la Lahn, puis

sur le Rhin. Il essuya le 3 septembre à Würzbourg une grande défaite; il traversa dans un affreux désarroi la Franconie dont les villages sonnaient le tocsin pour appeler les paysans au pourchas des Français; il perdit Moreau à Altenkirchen.

L'armée de Rhin-et-Moselle, désormais compromise, commença sa retraite le 19 septembre, mais lentement et comme à son aise, sans trouble ni désordre. Elle comptait encore 50,000 hommes et elle n'avait affaire qu'à des corps isolés et disséminés, Latour, Nauendorf, Frœlich, Petrasch, qui ne surent s'unir pour l'entourer et la vaincre. Latour, brave soldat et médiocre général, la suivait de très près avec 23,000 hommes. Il fallait le rejeter assez loin, du moins pour quelques jours, avant de forcer le passage de la forêt Noire. Le 2 octobre Moreau assaillit Latour à Biberach, et sa victoire fut complète. Desaix put en revendiquer sa part; il mit en déroute la division Kospoth qui formait la droite autrichienne. Débarrassée de Latour, l'armée française continua sa marche; elle refoula Nauendorf à Rottweil et à Villingen, et poussa vers les villes frontières. L'archiduc Charles campait au débouché des vallées de la Renchen et de la Kinzig, et un seul chemin restait aux Français, le défilé qui mène de Neustadt à Fribourg par le val d'Enfer. Mais ce n'était pas, comme on l'a dit, un défilé effrayant, et, malgré son nom, il ne fallait pas être diable pour y passer. Le 11 octobre, après avoir facilement chassé les soldats et paysans qui défendaient la gorge, l'armée entrait dans la plaine du Brisgau.

Le général en chef voulait se porter vers Kehl en descendant le Rhin, et ses avant-gardes avaient déjà traversé la petite rivière d'Elz à la hauteur d'Emmendingen. Mais il perdit du temps. L'archiduc assembla toutes ses forces. Le 19 septembre eut lieu à Emmendingen un combat meurtrier. L'intrépide Beaupuy y succomba. La nouvelle de cette mort consterna Desaix; il versa des larmes, puis prenant la main à Decaen : « Sauvons l'armée, dit-il, et nous pleurerons notre ami dans un moment plus propice. » Le lendemain, l'archiduc passa l'Elz et attaqua de nouveau les Français, sans les entamer. Toutefois Moreau voyait bien qu'il aurait peine à se maintenir dans le Brisgau avec des troupes fatiguées par tant de marches et d'efforts. Il décida d'abandonner la rive droite du Rhin et de rentrer en France par Huningue; Desaix dut, avec la division de gauche, opérer une diversion utile et courir à Kehl pour menacer les derrières de l'archiduc.

Le 21, Desaix passait le Rhin à Vieux-Brisach et marchait sur Strasbourg; le reste de l'armée, après s'être battu à Schliengen, traversa le fleuve cinq jours plus tard sur le pont d'Huningue.

Durant cette campagne de 1796, Desaix avait été, avec le chef d'état-major Reynier, le confident et le mentor de Moreau. Lorsqu'il fut attaqué par l'archiduc à Neresheim, Moreau ne voulut rien prescrire avant d'avoir vu son lieutenant. Mais, selon Saint-Cyr, Desaix avait exercé quelquefois une influence fâcheuse, et, si Moreau s'était par instants montré timide à l'excès, c'est qu'il avait écouté Desaix. Accoutumé à faire la guerre dans les plaines sur les bords du Rhin et avec des avant-gardes, Desaix, dit encore Saint-Cyr, était embarrassé de commander une division, et il eut besoin de temps pour connaître son nouveau métier. Il avait acquis une belle réputation et souhaitait de la conserver; il craignait d'éprouver un revers; de là, les conseils de prudence qu'il donnait à Moreau; de là, une circonspection qui « nuisit dans cette campagne au développement des grands talents qu'il possédait. » (1)

Les soldats de Rhin-et-Moselle avaient, à leur retour en Alsace, la démarche fière, l'air martial et imposant, et, dit un de leurs généraux, quelque chose de farouche dans le regard. Mais ils étaient exténués; un tiers allaient pieds nus, sous des haillons de paysans. Ils durent pourtant recommencer la lutte et défendre les uns le fort de Kehl, les autres, la tête de pont d'Huningue. L'archiduc Charles aurait dû masquer ces deux postes et détacher la plus grande partie de ses troupes au secours de Mantoue; il crut qu'il ne pourrait finir la campagne et mériter le titre de libérateur de l'Allemagne que s'il s'emparait de ces deux points, les seuls que les Français tenaient encore sur la rive droite du Rhin.

Desaix avait, dès son arrivée, mis les ouvrages de Kehl en assez bon état : il avait fait achever des retranchements ébauchés; il avait commencé dans les îles du Rhin et de la Kinzig de petites redoutes qui flanquaient la position. Mais Moreau prit de mauvaises mesures. Desaix et Saint-Cyr commandaient chacun

(1) SAINT-CYR, III. 119 et 152.

tous les cinq jours à tour de rôle, et les troupes, au lieu d'être les mêmes, se relevaient tous les deux ou trois jours. Le 9 janvier 1797, lorsque Kehl ne fut plus qu'un amas de décombres, lorsque Moreau eut la certitude que l'ennemi détruirait infailliblement dans les vingt-quatre heures le pont de bateaux qui reliait les deux rives, Desaix signa la capitulation : il obtint le droit d'emporter jusqu'au lendemain soir tout ce qu'il pourrait (1).

La campagne de 1796 était terminée sur le Rhin. Il fallait réorganiser l'armée. Pas de chevaux, pas d'équipement, pas d'argent. On attelait l'artillerie avec des bœufs, et les officiers, les soldats n'avaient pas de quoi payer le blanchissage de leurs chemises et le port des lettres qui leur étaient adressées. Comme l'année précédente, Desaix exerça le commandement pendant l'absence du général en chef — du 31 janvier au 9 mars 1797. — Il cantonna les troupes, il s'efforça de solder leur arriéré; il ramassa de tous côtés des bois de construction et des fers parce qu'il voulait envahir de nouveau l'Allemagne et qu'il avait besoin de bateaux. Un instant, il craignit que l'armée de Rhin-et-Moselle ne fût condamnée à faire des sièges, et, comme il disait, à végéter tristement, ennuyeusement autour de Mayence et devant Mannheim, tandis que l'armée de Sambre-et-Meuse, commandée par Hoche et pourvue de tout, marcherait sur le Danube. Quelle cruelle idée!

(1) Cf., sur toute cette campagne de 1796, Saint-Cyr, Dedon, Martha-Beker, Bonnal.

Quelle humiliante destinée pour des hommes « très bien disposés et pleins d'une excellente volonté »! Et quel voisin « avalant » que ce Hoche! Non; l'armée de Rhin-et-Moselle franchirait encore la barrière du Rhin et irait « donner de la tablature » aux Autrichiens. « Nous soutiendrons et augmenterons sa gloire, écrivait-il à Saint-Cyr, par de nobles et vigoureux efforts (1)! »

Il avait résolu de profiter de l' « engourdissement » des ennemis et de surprendre, comme en 1796, le passage du fleuve. Les préparatifs furent faits avec activité et dans le plus profond secret. Moreau, alors à Paris, ne vint qu'au moment même et « plus promptement que l'éclair » pour ne pas mettre les Autrichiens en éveil.

L'opération eut lieu le 20 avril, à 3 heures du matin, en face de Diersheim. Elle faillit manquer. La flottille de débarquement devait descendre l'Ill, passer de l'Ill dans un bras du fleuve et de ce bras déboucher dans le Rhin. Durant la nuit, qui fut très obscure et orageuse, quelques-uns des bateaux échouèrent et n'arrivèrent pas à l'heure dite; l'un d'eux, sur lequel étaient toutes les rames destinées à la traversée, s'engrava tellement qu'on ne put le remettre à flot, et vainement, pour le dégager à grands efforts des mains et des épaules, Moreau, Desaix et plusieurs officiers supérieurs se jetèrent dans l'eau jusqu'à la ceinture; on dut appeler de l'infanterie qui prit les rames et les porta au point d'embarquement. Mais le jour paraît

____

(1) Martha-Beker, 509; Saint-Cyr, IV, 301 et 309

et les Autrichiens sont sur leurs gardes. Faut-il tenter
le passage? On le tente. On aborde sous le feu de
l'ennemi un gravier de la rive droite; on passe à gué
les deux bras qui séparent ce gravier de la terre
ferme; on prend, on perd et on reprend le village de
Diersheim et le bois qui l'avoisine. Un instant, l'adversaire se saisit d'une digue à laquelle s'appuie la gauche
des Français. Desaix et Davout le repoussent; malgré
les obstacles que présente un terrain marécageux et
coupé, malgré une très violente mousqueterie, ils
s'emparent de la digue, ils culbutent les Autrichiens,
ils les rejettent en désordre sur le village d'Honau.
Dans cette charge — à 11 heures du matin — Desaix
fut blessé d'un coup de feu à la cuisse, et, vers
3 heures de l'après-midi, les ennemis, renforcés par des
troupes fraîches et supérieurs en artillerie, réussirent
à rentrer dans Diersheim qu'ils livrèrent aux flammes.
Le combat recommença le lendemain. Toute l'armée
avait passé sur la rive droite. Il y eut autour de
Diersheim une terrible mêlée de cavalerie. Enfin, les
Autrichiens battirent en retraite; l'avant-garde française s'avança jusqu'à la Renchen, au delà d'Offen-
bourg. Le 22, les républicains, poursuivant leur
marche, forcèrent le passage de la Renchen et arrivèrent à Bühl et à Lichtenau. Une bataille allait peut-
être se livrer le 23, lorsqu'un parlementaire autrichien, qui fut accueilli par des huées, annonça les
préliminaires de paix signés par Bonaparte (1).

Desaix avait été transporté à Strasbourg. Mais on

____

(1) DEDON, 252-255.

savait qu'il avait, selon le mot d'un officier d'artillerie, infiniment contribué au succès du passage; s'il avait été parfaitement secondé par le chef d'état-major Reynier, par les chefs des armes spéciales Lamartillière et Boisgérard, par d'autres encore, toute l'armée et la population de Strasbourg répétaient que Desaix avait, en l'absence de Moreau, tellement accéléré les préparatifs que la campagne avait pu s'ouvrir un mois plus tôt. Sa blessure lui valut des hommages de toute sorte. Le Directoire le félicitait, dans le langage du temps, des lauriers qu'il avait teints de son sang. Mathieu Dumas demandait au Conseil des Anciens quelle récompense il fallait donner à de tels généraux. Les Autrichiens Latour et Rosenberg venaient lui témoigner leur estime. Les dames de la ville lui rendaient visite, et il mandait à sa sœur que des femmes très aimables s'empressaient autour de lui, qu'il avait mangé cinquante pots de confiture pour le moins.

Mais, au milieu de ces distractions, son âme se reportait vers l'armée qu'il avait dû quitter. Il s'entretenait des opérations avec un autre blessé, le général Duhesme, qui avait eu la main percée par une balle, et les lettres qu'il lui envoyait commençaient par ces mots : *Le général boiteux au général manchot.* Trois jours après sa blessure, il écrivait à Moreau qu'il désirait être avec ses compagnons d'armes, partager leurs peines, et « bien travailler ces messieurs » les Autrichiens : « En grâce, pas un instant de relâche, qu'ils soient battus deux fois par jour (1) » !

(1) DEDON, 259; MARTHA-BEKER, 173; *Galerie militaire*, an IX, III, 344.

Au bout de trois mois, lorsqu'il fut entièrement rétabli, il partit pour l'Italie, et ce fut dans ce voyage de
1797 qu'il connut Bonaparte.

A son retour, il reçut, par arrêté du 26 octobre, le
commandement provisoire de l'armée d'Angleterre. Il
se rendit dans les ports et arsenaux de la marine, du
Havre à l'embouchure de la Loire, pour préparer la
descente : il avait contre les Anglais, disait-il, la haine
la plus prononcée, une haine nourrie dès l'enfance.
Mais l'expédition d'Égypte avait été secrètement réso-
lue. Le 16 mars 1798, Desaix fut désigné pour commander les troupes qui devaient s'embarquer à Civita-
Vecchia. Il vit alors Rome et ses environs. Ses trois
aides de camp, Clément, Savary et Rapp, l'accompa-
gnaient; ils ne partageaient pas son enthousiasme
pour les ruines augustes du passé; ils trouvaient,
selon le mot de Rapp, qu'il y avait à Rome assez de
vieilles pierres, et, du reste, chacun avait son emploi :
à Clément, les courses; à Savary, la cuisine, et à
Rapp, les coups (1).

Quelques semaines après l'arrivée de Desaix, la flottille de Civita-Vecchia était prête, et, le 9 juin, elle
ralliait dans les eaux de Malte la grande flotte de Toulon. Il a, en un petit mémoire, raconté la prise de
l'île, et il assure que les chevaliers étaient tellement
inquiets qu'ils avaient perdu la tête.

Il débarqua sur la terre d'Égypte le 1ᵉʳ juillet et sa
division fit l'avant-garde. Elle était harassée, tour-
mentée par la soif; mais il donnait à ses soldats

____

(1) THIÉBAULT, *Mémoires*, II, 189.

l'exemple de l'endurance ; il avait cédé son cheval aux charrois de l'artillerie et il allait à pied. « J'eus beaucoup de peine, disait plus tard Napoléon, dans la route d'Alexandrie au Caire ; le mécontentement était extrême ; des régiments refusaient de marcher ; Desaix seul pensait comme moi (1). » Il commandait le 21 juillet, à la journée des Pyramides, un des cinq carrés d'infanterie contre lesquels se brisèrent les charges furieuses des mameluks.

Pendant que Bonaparte refoulait Ibrahim-Bey dans les déserts de la Syrie, Desaix gouverna la province du Caire et maintint la discipline de ses troupes. Mais Bonaparte lui réservait une tâche plus glorieuse, l'expédition de la haute Égypte qu'il désirait ardemment et avec un cœur qui, au seul nom de Thèbes et de Philæ, palpitait d'impatience.

Il dut d'abord s'emparer de la moyenne Égypte où Mourad-Bey avait, après la bataille des Pyramides, cherché un refuge. Dans les derniers mois de 1798, il conquit le Fayoum : il avait auparavant infligé à Mourad, le 7 octobre, à Sédiman, une défaite complète ; la lutte fut héroïque, l'infanterie française repoussa les charges des mameluks et, à son tour, avec autant d'audace que de vigueur, les chargea et leur prit leurs canons. Puis, Desaix entra dans la haute Égypte. Le 22 janvier 1799, il remportait sur Mourad la victoire décisive de Samhoud, et, les jours suivants, il montrait à ses troupes enthousiasmées les restes imposants du temple de Denderah et de la Thèbes aux cent portes,

____

(1) GOURGAUD, *Sainte-Hélène*, I, 318.

ces chefs-d'œuvre, disait-il, qui sont dignes de l'admiration du monde entier. Le 1ᵉʳ février, il arrivait en
face de Syène, aux limites de l'empire romain, et prenait possession de l'île d'Éléphantine. Le lendemain,
il entrevit, de la rive, l'île de Philæ, sans pouvoir y
atterrir, parce que les barques n'avaient pu remonter
les cataractes. Mais il fallait encore, comme demandait Bonaparte, se débarrasser de ces vilains mameluks;
il fallait « pousser à toutes jambes » ces mameluks
que Desaix comparait à l'hydre de Lerne et qui, toujours battus, n'étaient jamais détruits. Desaix et ses
lieutenants les attaquèrent, les pourchassèrent, et,
malgré les maladies, malgré l'ophtalmie dont presque
tous les soldats — Desaix compris — furent atteints,
malgré l'extrême difficulté des communications, après
avoir marché à grandes journées, après avoir fait de
longues et dures et fatigantes étapes, à force de patience, de bravoure, de rigueur, ils finirent par rejeter
dans l'Oasis ce Mourad qui ne pouvait entamer leur
infanterie, et qui constamment distançait leur cavalerie,
par occuper le port de Kosseir sur le bord de la mer
et du désert, par soumettre l'immense contrée. Alors
commença l'œuvre de l'administrateur. Desaix, a dit
Napoléon, gouvernait une province comme il savait la
conquérir et la défendre. Il organisa la haute Égypte,
et, par la fermeté, par l'équité de ses décisions, il
mérita des populations le surnom de sultan Juste. Il
recommandait à ses généraux d'établir une bonne
police, de punir avec éclat les voleurs et les assassins,
d'encourager dans les tribus le goût de la culture et
de les attacher au sol. « Je ne trouve pas, écrivait-il,

de plus belle gloire pour un gouverneur de province que d'entendre louer son exacte justice. »

En octobre 1799, il dut revenir au Caire, où l'appelait Kléber, qui succédait à Bonaparte. « Vous savez, lui mandait-il, l'estime que j'ai pour vous, et vous devez croire que je servirai sous vos ordres en toute confiance. » Ce fut lui qui négocia l'évacuation de l'Égypte avec Sidney Smith, et, sur l'ordre précis de Kléber et d'un conseil des généraux, il signa, non sans regret, le 24 janvier 1800, la convention d'El Arish. Un mois après, il partait avec un sauf-conduit. Bonaparte lui avait ordonné de rentrer en France dès novembre, « à moins d'événements majeurs. » Arrêté par une frégate anglaise en vue des îles d'Hyères, mené à Livourne et enfermé au lazaret comme prisonnier de guerre, il ne fut relâché qu'au bout de trente jours de détention, le 29 avril 1800.

Lorsqu'il fut pris par les Anglais, il apercevait déjà les côtes de France et il faisait, dit-il, mille extravagances qui témoignaient de son plaisir. Quand il entra dans Toulon, il s'écria : « J'ai eu des peines excessives, des fatigues prodigieuses, des inquiétudes sans nombre; mais j'ai revu la patrie et tout s'est effacé; les jouissances restent, et elles sont délicieuses (1)! »

Tandis que Desaix faisait à Toulon une quarantaine d'un mois, Bonaparte franchissait le grand Saint-Bernard. Il avait le 14 mai écrit à Desaix pour lui donner

(1) Cf. MARTHA-BEKER, 225-430, et surtout C. DE LA JONQUIÈRE, l'Expédition d'Égypte, III, 214, 228, 352, 504, 513, 533-535, 607, 674; V, 258, 262, 653.

rendez-vous en Italie. Desaix partit, et, par Grenoble, Chambéry, la Tarentaise, le petit Saint-Bernard, descendit dans la vallée du Pô. Le 11 juin, il arrivait au quartier général de Stradella. Il passa toute la nuit avec Bonaparte. Jusqu'à l'aube, les deux hommes s'entretinrent de l'Égypte, et Desaix assura que Kléber avait réparé par la bataille d'Héliopolis les fautes qu'il avait commises, mais qu'il ne voulait plus rester en Égypte, et qu'une armée éloignée de la patrie et du gouvernement partage toujours les sentiments du général en chef; que la capitulation d'El Arish était, par suite, inévitable. Selon Napoléon, Desaix aurait même prononcé ces mots : « Si vous aviez emmené Kléber et si vous m'aviez laissé le commandement, je vous aurais conservé l'Égypte et vous n'auriez jamais entendu parler de capitulation. »

Le Premier Consul employa Desaix sur-le-champ. Il mit sous son commandement les deux divisions Boudet et Monnier. Trois jours plus tard avait lieu la bataille de Marengo. Trompé par de faux renseignements, Bonaparte croyait que les Autrichiens opéraient leur retraite, et il avait envoyé pour les arrêter soit au nord, soit au sud, la division Lapoype sur la route de Milan, et la division Boudet, avec Desaix, sur le chemin de Gênes.

Le 14 juin, le gros de l'armée, divisions Victor, Lannes, Monnier et garde consulaire, fut subitement attaqué à Marengo par les Autrichiens et refoulé sur San-Giuliano. La garde consulaire résista vaillamment et couvrit la fuite de l'armée; mais, assaillie sur ses derrières par les hussards de Nauendorf et par les chasseurs de Bussy, elle fut taillée en pièces ou faite prisonnière. Les Autrichiens se crurent vainqueurs ; le vieux Mélas qui les commandait rentra dans Alexandrie pour annoncer son triomphe ; son chef d'état-major Zach disait superbement : « Le voilà, ce grand Bonaparte ; où est-il, ce rare génie? »

Bonaparte avait rappelé Lapoype et Desaix sur le champ de bataille. Lapoype, que l'aide de camp n'atteignit qu'à 6 heures et demie du soir, ne prit aucune part à l'action. Mais Desaix vint et il ramena la fortune. Aujourd'hui encore, pour les paysans de la plaine, le vainqueur de Marengo, c'est Desaix et non Bonaparte.

Selon les instructions qu'il avait reçues la veille, à midi, il devait traverser la Scrivia et pousser sur Rivalta et Serravalle. Par bonheur, une crue de la Scrivia retarda ses mouvements. Il ne put passer la rivière que le 14 juin, dans la matinée, et il était à un mille de Rivalta, lorsque, à une heure de l'après-midi, l'aide de camp Bruyère lui apporta l'ordre de marcher sur San-Giuliano. La division Boudet fit aussitôt demi-tour.

A 5 heures, Desaix, sur qui reposait l'espoir suprême de Bonaparte, était à San-Giuliano. Les Français reculaient de toutes parts vers Torre di Garofolo. Les blessés, les domestiques, les vivandiers, les charretiers obstruaient le passage. Desaix s'était rendu sur-le-champ auprès du Premier Consul. « Quelle échauffourée! » lui dit Bonaparte avec un sourire qui dissimulait son angoisse. — « Eh bien, répondit Desaix, j'arrive, nous sommes tout frais, et, s'il le faut, nous

nous ferons tuer. » Il y eut alors, au milieu des boulets, une espèce de conseil de guerre auquel assistaient Berthier et Marmont. Desaix déclara qu'il fallait, sinon gagner la victoire qui semblait définitivement perdue, du moins livrer un combat d'arrière-garde pour arrêter les ennemis et donner à l'armée le temps de se replier durant la nuit. « Il n'y a, ajoutait-il, qu'à faire un feu d'artillerie bien nourri pendant un quart d'heure, et, ensuite, nous nous ébranlerons. » Son avis est adopté. Marmont réunit ses canons à ceux de la division Boudet; il forme une batterie de dix-huit pièces, et, tandis que cette artillerie tire à travers les intervalles des bataillons, Desaix pousse ses troupes en avant, la 9ᵉ légère au nord, la 30ᵉ et la 59ᵉ demi-brigade de ligne au sud du grand chemin.

Le canon de Marmont, joint à la mousqueterie de la division Boudet, démonte l'artillerie des Autrichiens et met en déroute leur infanterie qui se développe sur deux lignes : la première, composée du régiment Michel Wallis; la seconde, de quatre bataillons de grenadiers Lattermann. Le régiment Michel Wallis prend la fuite. Mais, à la voix de Zach, les grenadiers Lattermann marchent bravement au-devant de l'adversaire sans lâcher un coup de fusil et Michel Wallis se rallie derrière eux. La 9ᵉ légère plie et fléchit.

A cet instant, le général de brigade Kellermann, chargé d'appuyer Desaix, s'élance avec 600 chevaux sur le flanc de la colonne autrichienne, la sabre, la renverse, et un de ses cavaliers fait Zach prisonnier. Le régiment des dragons de Liechtenstein pourrait arrêter Kellermann; il est saisi de panique, il tourne bride en criant sauve-qui-peut, il entraîne dans sa déroute tous les bataillons qu'il rencontre. A 7 heures, l'armée autrichienne est dispersée.

Mais la victoire, cette victoire soudaine, inespérée, incroyable, était chèrement achetée par la mort de Desaix. Le général marchait avec la 9ᵉ légère lorsqu'une balle lui traversa le cœur; il n'eut que le temps de dire à Lefebvre-Desnoëttes, qui était près de lui, un seul mot : *Mort*. Il n'était pas en uniforme; les soldats le dépouillèrent aussitôt, selon l'usage de la guerre, et ne lui laissèrent que sa chemise. Savary, son aide de camp, averti dans la soirée par le colonel de la 9ᵉ légère, reconnut son général, malgré l'obscurité, à son épaisse chevelure, liée encore par un ruban. Le corps, enveloppé d'un manteau, fut mis sur un cheval qu'un hussard conduisit par la bride à Garofolo, et, de là, porté à Milan et embaumé. Savary voulait envoyer la chemise et le cœur de Desaix à sa mère; la chemise ne put être conservée à cause du sang putréfié, et le cœur, entièrement déchiré par la balle, s'était corrompu au bout de douze heures. L'aide de camp n'envoya que les cheveux du général et le mouchoir avec lequel il avait essayé d'étancher le sang de la blessure.

Bonaparte regretta sincèrement Desaix et il fut sur le point de verser des larmes. « Je suis inconsolable, écrivait-il, je suis dans la plus profonde douleur de la mort de l'homme que j'aimais et que j'estimais le plus. » La mère de Desaix reçut une pension de 3,000 francs; sa sœur fut mariée à l'adjudant général Beker; ses aides de camp, Rapp et Savary, devinrent ceux du Premier Consul, et le 19 juin 1805 ses restes qui reposaient depuis cinq années à Milan, sous les voûtes du couvent de San Angelo, furent ensevelis en présence de Berthier dans la chapelle de l'hospice du grand Saint-Bernard. On sait d'ailleurs que Bonaparte projetait de faire Desaix ministre de la guerre. « Il sera toujours mon second, avait-il dit, et je le ferais prince, si je pouvais, car je lui trouve un caractère antique. » S'il eut, à la fin de son règne, une sorte de prédilection pour Gérard, c'est que le coup d'œil de Gérard, sa bravoure calme, sa droiture, sa sereine simplicité lui rappelaient Desaix. Mme de Rémusat n'a-t-elle pas témoigné que Desaix est le seul homme dont Napoléon ait parlé avec une sorte d'enthousiasme (1)?

Desaix était de taille haute; mais il avait une physionomie un peu étrange, le visage coloré, le nez attaché au sommet du front, les lèvres épaisses et défigurées, depuis sa blessure du 20 août 1793, par un bec de lièvre. Son maintien était timide, embarrassé. Il se taisait volontiers et, à moins qu'il ne fût avec des amis, se tenait sur la réserve. On sentait qu'il n'avait pas l'habitude du monde, et un officier le compare à ces sauvages de l'Orénoque qui s'habillent à la française. Toutefois ses beaux yeux ardents, des cheveux d'ébène, des dents d'une éclatante blancheur rachetaient la singularité de sa mine et la gaucherie de son

(1) Savary, *Mémoires*, I, 201 ; IV, 115 ; Trolard, *De Rivoli à Marengo*, 113 ; Cugnac, *l'Armée de réserve*, II, 412 ; Hüffer, *Die Schlacht von Marengo* (relation de Neipperg), 110 ; Alfred Herrmann, *Marengo*, 179 ; Martha-Beker, 451-468 ; Ségur, *Mémoires*, éd. Bapst, III, 151 ; Mme de Rémusat, *Mémoires*, II, 207.

attitude. Sa voix était douce, et, lorsqu'il s'épanchait et se laissait aller, il charmait ceux qui l'entouraient par l'aimable franchise de ses manières comme par l'étendue de ses connaissances. On n'aurait pas cru qu'il avait passé sa vie dans les garnisons et les camps ; pas un mot grossier ne sortait de sa bouche, et, s'il entendait une expression indécente, ses joues se couvraient de rougeur. Non qu'il fût prude. Semblable, écrit un de ses intimes, au père indulgent qui pardonne les étourderies de ses enfants, il souriait en voyant ses aides de camp conter fleurette aux jolies filles du Palatinat. Il détestait toute représentation ; rarement il revêtait son uniforme de général ; le plus souvent il mettait un habit bleu sans broderies et aux manches très courtes, le même, disait plaisamment son état-major, qu'il avait à sa première communion. Il ne portait pas d'épée, et, un jour que des Autrichiens le surprirent dans les vignes aux environs de Mayence, il dut saisir un échalas qu'il brandissait comme s'il maniait la Durandal de Roland (1).

Son seul défaut, remarquait Carnot, était de « ne point s'occuper de discipline », et peut-être dans les commencements de la Révolution fermait-il les yeux sur d'inévitables désordres. Mais, en Égypte, il fit des exemples de sévérité, et il s'élevait contre les pillards qui « déshonoraient sa division » ; qui, « par leur infâme conduite, excitaient les habitants à la révolte et compromettaient la sûreté des détache-

____

(1) LAVALLETTE, *Mémoires*, I, 143 ; SAINT-CYR, III, 3 ; il raconte que Moreau ne portait pas d'uniforme et ne se distinguait d'un bourgeois que parce qu'il avait un sabre.

ments (1). » Il était très brave et poussait la bravoure jusqu'à la témérité. Aussi ne fut-il d'abord qu'un général de main, et il ne consentait en 1793, en 1794, à mener la droite de l'armée que parce qu'elle jouait le rôle de l'avant-garde. Lui-même assurait qu'avant d'avoir servi sous Bonaparte, il n'avait aucune idée de la guerre. « Qu'a fait Desaix? s'écrie Gourgaud dans un de ses entretiens avec Napoléon, il n'a jamais commandé en chef; en Égypte, les opérations contre les Turcs n'étaient rien et vous avez confié l'armée à Kléber, et non à Desaix! » Mais le savant et sévère Saint-Cyr reconnaît que Desaix possédait de grands talents, et ces talents s'étaient peu à peu développés; en 1796, Desaix est encore lent, hésitant; en 1797, il est hardi, entreprenant, et Carnot juge que « son caractère tient à l'audace ». Napoléon ne disait-il pas que la nature semblait avoir des vues sur Desaix et le destiner à la plus belle carrière, qu'il était, avec Hoche, le seul des généraux de la Révolution qui pût « aller loin »? Un jour qu'il classait ses lieutenants, il donnait le troisième rang à Lannes, le deuxième à Kléber, et le premier à Desaix. « Desaix, répondait-il à Gourgaud, était le plus capable de commander l'armée d'Orient, mais il était plus utile en France; Kléber venait ensuite, puis Reynier », et il ajoutait qu'il voulait un instant emmener en France ces trois officiers, et laisser les troupes à Lanusse (2).

(1) La Jonquière, III, 222.

(2) Carnot, note inédite (cf. A. Chuquet, *Hoche*, 101); Saint-Cyr, I, 135; Cugnac, II, 422; Gourgaud, I, 83, 570; II, 186 et 423; *Campagnes d'Égypte et de Syrie. (Corr.*, XXX, 98.)

Il avait de l'ambition, et Napoléon témoigne qu'il était insatiable de gloire, que, si Kléber aimait la gloire comme le chemin des jouissances, Desaix aimait la gloire pour la gloire. « Oui, disait Desaix en partant pour l'Égypte, c'est l'ambition qui me pousse, l'ambition de s'exposer au plus grand des dangers, de risquer la gloire acquise pour en avoir de nouvelle; on a toujours assez de richesses, on n'a jamais assez de célébrité. » Mais la gloire qu'il rêvait était pure et noble; c'était la gloire du bienfaiteur des peuples, et non celle du dévastateur (1).

Peu de généraux furent autant aimés du soldat. Ses talents, sa vaillance, sa candeur, la façon modeste dont il remplissait les devoirs de son métier et donnait l'exemple de toutes les qualités guerrières, l'avaient, dès ses débuts, rendu populaire. Lorsque, après le combat du 20 août 1793, il reparut la tête enveloppée d'un bandeau, l'armée du Rhin le salua par des acclamations. Trois ans avant Marengo, en 1797, le colonel d'artillerie Dedon écrit que Desaix rappelle Bayard par ses vertus civiques et militaires (2).

Mais Desaix n'était pas moins estimé et aimé des ennemis. Tous ont vanté son humanité; tous ont senti qu'il personnifiait mieux que quiconque ce qu'il y avait de noble, de chevaleresque et de vraiment grand dans la Révolution, et un historien allemand lui applique le vers de Virgile :

justissimus unus
qui fuit in Teucris et servantissimus æqui (3).

(1) Gourgaud, II, 185; Martha-Beker, 235 et 277.
(2) Lavalette, I, 143; Dedon, *Précis*, 259.
(3) Schlosser, *Geschichte des* xviii *Jahrhunderts*, V, 621.

II

Desaix aimait les voyages. Lorsqu'il était à Grenoble
et à Briançon sous-lieutenant au régiment de Bretagne
ou, comme il a dit, un étourdi de sous-lieutenant, —
et, ajoutait-il, il était alors avec 100 livres d'appointements mensuels aussi heureux que plus tard, lorsqu'il
était général de division avec 2,600 livres par mois, —
il parcourait les montagnes du Dauphiné. En 1789,
quand il était en garnison à Huningue, il poussait
jusqu'à Lucerne. En 1790, il saisissait avec empressement l'occasion de venir à Paris avec le capitaine
Duféron, pour se plaindre à l'Assemblée nationale de
la sévérité du colonel baron de Coëtlosquet. A l'armée
de Rhin-et-Moselle, durant les suspensions d'hostilités,
il voyageait, non pour son plaisir, — ainsi qu'il s'exprime lui-même, — mais pour son instruction, rendant
visite à ses frères d'armes qui lui racontaient leurs
actions récentes (1), explorant les champs de bataille,
allant voir la forteresse de Luxembourg, la plaine
d'Aldenhoven et les coteaux de Wattignies.

Aussi désirait-il connaître l'Italie, connaître cette
armée qui remportait en Lombardie et sur le sol même
de l'Autriche tant de victoires brillantes et inattendues,
connaître ce Buonaparte — il le nomme toujours ainsi

---

(1) C'est ainsi qu'il alla voir Marceau qui souhaite, dans une
lettre du 15 juin 1796 (BONNAL, 317), « le bonheur de le posséder
quelque temps. »

pendant l'année 1797 — que l'Europe regardait déjà comme le plus grand capitaine qui fut jamais.

Savary a prétendu qu'il haïssait le Directoire et devinait dans Bonaparte l'homme qui devait réprimer l'anarchie et maintenir, rehausser même le prestige de l'armée que les avocats tentaient d'affaiblir. Desaix ne voyait pas si loin. Séduit par les talents de Bonaparte, par la vigueur de ce génie impétueux, il se prenait à souhaiter de servir sous lui. Il avait soif d'action et de renommée. Quand donc, s'écriait-il au mois de février 1797, redeviendrait-il le voisin de son cher Saint-Cyr et disputerait-il avec lui à qui ferait le plus de tapage et aurait le plus de succès? A Strasbourg, durant sa convalescence, dans les mois de mai et de juin, il comparait Moreau et Bonaparte. Les victoires de l'armée d'Italie ne hantaient-elles pas les imaginations? Les bulletins qui retraçaient ses marches hardies et ses combats acharnés ne causaient-ils pas, selon le mot d'un contemporain, une sorte d'éblouissement? Moreau, relatant les débuts heureux de sa campagne de 1796, n'assurait-il pas au Directoire qu'elle pouvait s'égaler à celle de Bonaparte? « On ne parle ici que de Bonaparte, » écrivait le commandant de place d'Andernach. Et, dès la fin de 1795, dans ses conversations avec Desaix qui l'accusait de se laisser aveugler par l'amitié, le capitaine d'artillerie Marmont ne disait-il pas qu'il avait connu devant Toulon et à l'armée d'Italie un homme du nom de Bonaparte et d'une intelligence transcendante, qui surpasserait les plus grands capitaines si jamais la fortune lui donnait le commandement en chef?

Certes, pensait Desaix, Moreau était très bon ; mais que de prudence et de circonspection ! Avait-il l'activité, la rapidité, la décision de Bonaparte ? Savait-il seulement se défendre à Paris, dans les bureaux de la guerre et dans le conseil du Directoire, contre les prétentions et les empiétements de Hoche ? Un jour, Desaix reçut à Strasbourg, dans sa chambre de malade, la visite de Saint-Cyr. Il déclara, à l'extrême étonnement de son ami, qu'il s'attacherait peut-être à Bonaparte : Moreau, disait-il, ne ferait jamais rien de grand, et ses généraux ne joueraient auprès de lui qu'un rôle très subalterne ; la gloire de Bonaparte, au contraire, serait si éclatante qu'elle rejaillirait sur ses lieutenants.

Lorsque sa blessure fut entièrement cicatrisée, il annonça donc l'intention de se rendre au delà des Alpes pour parcourir les champs de bataille et voir ses camarades de l'armée d'Italie. Mais il voulait surtout lier connaissance avec Bonaparte. Il pressentait que la France, après avoir vaincu l'Autriche, se tournerait contre l'Angleterre, qu'elle allait de nouveau entreprendre l'extraordinaire et l'impossible, et quel général, sinon Bonaparte, saurait mener les Français et les entraîner, comme s'exprimait Desaix, à faire cet impossible (1) ?

Il avait d'ailleurs une mission à remplir. L'armée de Rhin-et-Moselle était derechef dans une très cruelle position. Pas d'habillement, pas de subsistances régulièrement assurées, pas de solde ; furieux de n'être pas

(1) Savary, *Mémoires*, p. Lacroix, I, 18 ; Saint-Cyr, *Mémoires*, IV, 191 ; Martha-Beker, 148, 162 175, 509 ; *Lettres de L. de Villiers*, 74.

payés depuis deux mois, les canonniers venaient de se révolter, et Moreau craignait que le reste des troupes ne suivît leur exemple. Le gouvernement ne promettait rien, et le général n'avait plus qu'un espoir, qu'une ressource : obtenir de la Souabe et de la Bavière les contributions qu'il leur avait imposées l'année précédente : « Si partie de ces fonds, écrivait-il à Bonaparte, ne nous rentrent pas promptement, je ne sais comment sortir de l'embarras où je me trouve, et il est impossible que notre situation actuelle dure encore longtemps. Je profite de la convalescence du général Desaix et du désir qu'il a de voir l'Italie et la brave armée qui l'a conquise pour vous faire passer des renseignements intéressants sur les contributions qui nous sont dues par la Souabe et la Bavière (1). »

Bonaparte gardait rancune à Moreau. Il pensait au mois de mai 1796 le joindre dans les montagnes du Tyrol et pousser avec lui jusqu'au cœur de l'Autriche. Au mois d'août, il croyait que Moreau serait maître d'Innsbruck et il s'avançait à sa rencontre jusqu'à Trente ; mais les revers de Jourdan arrêtèrent l'armée de Rhin-et-Moselle au moment où elle s'apprêtait à forcer les barrières du Tyrol. En 1797, Bonaparte, qui comptait de nouveau sur Moreau, fut de nouveau déçu. Il demandait avec instance au mois de mars que l'armée de Rhin-et-Moselle franchît promptement le fleuve ; sans quoi, disait-il, il serait hors d'état de se soutenir longtemps ; il s'impatientait, s'irritait. Il était en Alle-

____

(1) MARTHA-BEKER, 502.

magne; pourquoi Moreau n'y entrait-il pas et ne marchait-il pas à grandes journées pour empêcher les Impériaux de se jeter tous sur l'armée d'Italie? Pourquoi les vainqueurs de Rivoli étaient-ils seuls exposés aux assauts de l'Autriche? Aussi, le 7 avril, convint-il avec l'adversaire d'une suspension d'armes qui devait durer d'abord jusqu'au 13, puis jusqu'au 20, et, le 18, il signait les préliminaires de paix. Il s'écriait que l'armée du Rhin n'avait pas de sang dans les veines. Elle l'avait abandonné; eh bien, il l'abandonnait, lui aussi, et elle serait accablée par toutes les forces de l'Empereur! Ne pouvait-elle passer le Rhin tandis qu'il passait le Tagliamento? Quelle campagne étonnante il aurait faite si Moreau avait agi de concert avec lui, et combien la situation de l'Europe aurait été bouleversée! (1)

Il avait pourtant, en mars 1797, reçu des renforts de l'armée du Rhin et de l'armée de Sambre-et-Meuse. Mais il les accueillit assez froidement et il tâcha dès leur arrivée de les prendre en faute. Ces troupes avaient une plus belle tenue et une meilleure discipline que celles d'Italie qui ne connaissaient guère d'autre devoir que celui de culbuter l'ennemi. Bonaparte critiqua leur conduite. Il assura que les généraux du Rhin avaient peine à mettre de l'ordre parmi leurs demi-brigades. Il blâma principalement la division Berna-

---

(1) *Correspondance*, passim, et E. PICARD, *Bonaparte et Moreau*, 2-3. Bonaparte garda cette opinion; il jugeait que Moreau n'était bon qu'à commander une division. « Il me semble le voir, disait-il à Sainte-Hélène, bavardant et fumant sa pipe. » (GOURGAUD, II, 417-424.)

dotte : partout on se plaignait d'elle ; elle pillait en Italie de même qu'elle avait pillé en Allemagne, et Bonaparte demandait pourquoi Bernadotte ne faisait pas d'exemple et ne fusillait pas les délinquants (1). Mais les soldats du Rhin se battirent aussi bien que ceux d'Italie, et le 16 mars, au passage du Tagliamento et devant Gradisca, les uns et les autres rivalisèrent d'audace et d'héroïsme, comme s'il s'agissait de décider de la réputation de deux armées françaises, et non de vaincre l'Autrichien.

Ils ne cessèrent pas toutefois de se jalouser. Ceux d'Italie voyaient avec humeur que d'autres vinssent partager et leur gloire et leur solde : leur armée était la seule qui fût payée en argent, et, sur 183 francs que le capitaine Thiébault touchait par mois, il donnait 100 francs à son père. Les officiers disaient que le Directoire leur envoyait les troupes qu'il ne pouvait nourrir ; ils témoignèrent à leurs camarades d'Allemagne une sorte de défiance et refusèrent de fraterniser avec eux.

Il y avait d'ailleurs entre les deux armées un antagonisme d'opinion. Recrutée dans les départements du Midi, l'armée d'Italie se piquait d'un ardent démocratisme et se prétendait l'armée révolutionnaire par excellence. Elle se moqua des façons honnêtes et polies de la division Bernadotte où le mot de *monsieur* et non de *citoyen* était employé. Il y eut des querelles, des duels. Enfin, le 22 mai, à Goritz, où se trouvaient les divisions Bernadotte, Masséna et Augereau, éclata comme une guerre civile. Des soldats de la 18ᵉ dirent

____

(1) Bonaparte à Bernadotte, 26 mars 1797.

aux grenadiers de la 61ᵉ : « Bonsoir, messieurs les aristocrates, » et les grenadiers leur répondirent : « Bonsoir, citoyens sans-culottes. » On échangea des coups de sabre ; les Masséna furent, dans leur lutte contre les Bernadotte, soutenus par les Augereau. Des officiers envoyés de part et d'autre se joignirent aux combattants au lieu de les séparer. Une centaine d'hommes, dont soixante Masséna, furent blessés. Les demi-brigades menacèrent de se charger à la baïonnette. Il fallut battre la générale, consigner tout le monde, et, avant l'aube, Brune, qui commandait la division Masséna, sortit de Goritz. Là-dessus, le 27 mai, dans un ordre du jour, Augereau déclara que le mot *monsieur* semait le trouble, causait des rixes et faisait verser le sang, et que, par suite, quiconque dans sa division se servirait de ce mot verbalement ou par écrit, serait destitué et chassé des armées de la République (1).

Les passions finirent par se calmer. Deux mois plus tard, lorsque Desaix vit l'armée d'Italie, toute trace de discorde était effacée, et, ni dans sa correspondance, ni dans son journal, il ne parle de dissensions intestines. Les succès remportés par l'armée du Rhin dans la dernière semaine d'avril avaient donné d'elle l'opinion la plus avantageuse. N'avait-elle pas traversé le Rhin en plein jour, construit un pont sous le feu de l'artillerie ennemie, et livré dans la même journée une série de combats opiniâtres aux Autrichiens qui s'efforçaient

(1) Cf. Thiébault, II, 102; Miot, I, 171; Barras, II, 363; Gachot, *Campagne d'Italie*, 303.

de la précipiter dans le fleuve? « Notre passage du Rhin, mande Desaix à Reynier, nous vaut de la considération; sans lui, nous aurions eu de la peine à nous présenter, mais il nous sauve. » Du reste, lorsqu'il arriva, l'armée du Rhin avait, comme les autres armées, envoyé au Directoire une profession de foi jacobine. « On se plaignait, ajoute Desaix, de ce qu'elle ne disait rien; on l'a vue avec plaisir se prononcer et on lui a su gré de la manière vigoureuse avec laquelle elle a parlé (1). »

Ce fut le 27 juillet que Desaix entra dans Milan. Bonaparte fit mettre son arrivée à l'ordre : « Le général en chef avertit l'armée d'Italie que le général Desaix est arrivé de l'armée du Rhin et qu'il va reconnaître les positions où les Français se sont immortalisés. » Partout où passa Desaix, il reçut la visite des chefs de brigade et des principaux officiers, et il ne peut s'empêcher de noter dans son journal que ces témoignages de respect et de sympathie sont vraiment flatteurs. Il plut à tous ceux qui le virent par sa simplicité, sa douceur, sa politesse et l'agrément de sa conversation. On admira son tact. « Il se conduisit, rapporte Roguet, sans aucune des préventions qu'avaient alors contre nous les autres armées, et sa tenue fut une leçon pour ceux qui l'avaient précédé (2). »

Mais le jeune général fut déçu dans l'espoir qu'il

<hr>

(1) Desaix à Reynier, 3 septembre 1797.
(2) Roguet, *Mémoires*, I, 419; cf. le témoignage de Marmont.

avait eu de connaître la campagne d'Italie dans tous
ses détails. Il ne recueillit que des anecdotes et ne put
rien apprendre de précis. L'armée, lui disait-on, avait
perdu devant Mantoue un fourgon qui contenait les
papiers relatifs aux deux mois les plus intéressants.
Les généraux et le chef de l'état-major s'enveloppaient
de mystère, et Desaix se plaignait de n'en savoir pas
plus qu'auparavant.

Du moins, en voyant la contrée, comprit-il le genre
de guerre qui s'était imposé : pas ou presque pas d'endroit où mettre un escadron en bataille; d'un bout à
l'autre des fossés, des marais, des vignes, des arbres
et des plantations de toute sorte. Il ne fallait donc,
comme écrivait Desaix, que des tirailleurs, que des
colonnes, et on pouvait opérer sans inquiétude les
mouvements qu'on désirait faire, puisqu'on vivait aisément où l'on voulait, grâce à la richesse du pays et à
l'abondance du vin.

Quant à l'armée, pensait Desaix, elle avait combattu à
merveille, et sa valeur, excitée, exaltée de toutes manières, ne pouvait se peindre; elle était belle et bien
tenue; elle allait être habillée de neuf; l'argent ne lui
manquait pas. Mais sa cavalerie n'était pas forte, et ses
régiments ne comptaient, comme ceux de l'armée du
Rhin, que 250 à 350 chevaux. Les soldats n'avaient
pas une bonne nourriture : un pain mal fait, de
l'huile, quelques pois, tous les deux ou trois jours de
la viande. Aussi ceux qui venaient de l'armée du Rhin
regrettaient l'Allemagne où ils trouvaient chez leurs
hôtes du lard, des pommes de terre, des légumes de
toute espèce; en Italie, ils n'avaient que de la bouillie

de maïs, le climat les travaillait et la moitié étaient malades (1).

Il ne manqua pas d'étudier de près Bonaparte qu'il rencontra d'abord à Milan, puis à Passariano. « Je suis, disait-il à Reynier, enchanté de l'avoir vu. Vous ne vous formez pas une idée de son caractère, de son esprit et de son génie; c'est un homme bien admirable et d'une vivacité, d'une vigueur au delà de ce qu'on peut dire. » Et il ajoutait que Bonaparte poussait activement les négociations, que Bonaparte faisait aller le cabinet autrichien et lui donnait de l'embarras, que Bonaparte excellait dans la diplomatie comme dans la guerre et finirait par dicter la paix malgré tout le monde.

Entre temps, Desaix tâchait de s'acquitter de la mission que Moreau lui avait confiée. Il peignait à Bonaparte la situation de l'armée du Rhin et Bonaparte écrivait au Directoire que le tableau tracé par Desaix n'était pas du tout rassurant.

Mais, lorsque Desaix le pria d'user de son influence sur les plénipotentiaires autrichiens Merveldt et Gallo pour faire payer les contributions promises en 1796 à Moreau par la Souabe et la Bavière, Bonaparte se récusa. Il objecta qu'il était absorbé par d'autres soins, qu'il ne pouvait entamer une négociation nouvelle.

(1) C'est ainsi que, dans son *Journal*, les soldats d'une demi-brigade de Sambre-et-Meuse, couchés sur un peu de paille dans un cloître de Côme, lui disent qu'ils ne sont pas à leur aise et qu'ils regrettent cette bonne Allemagne où ils trouvaient toujours quelque chose chez l'habitant.

« Ses occupations du moment, remarquait Desaix, ne lui permettent guère de penser à nous. » Pourquoi, d'ailleurs, Bonaparte aurait-il rendu service à l'armée du Rhin? Il n'hésitait pas au même instant à l'affaiblir. Ses lieutenants avaient ordre d'incorporer les prisonniers de l'armée du Rhin qui viendraient à celle d'Italie, et Desaix dut protester, non sans vivacité; remontrer à Bonaparte que Moreau perdait ainsi nombre de soldats, et qu'il avait pourtant, « avec bien de la bonne foi, » renvoyé à l'armée d'Italie tous les prisonniers qui rentraient par Bâle sur le territoire français. Mais, dans le même moment, Bonaparte ne voulait-il pas enlever à Moreau 1,500 hommes de troupes à cheval? Il demandait à Desaix quels étaient les meilleurs régiments de cavalerie de l'armée du Rhin et il ne cachait pas son désir d'avoir à l'armée d'Italie les carabiniers et le 4ᵉ dragons. « Prévenez, mandait Desaix à Reynier, prévenez le général Moreau qu'il se défende; il ne faut pas donner des hommes dont nous avons si besoin. »

Dès le début, Bonaparte n'intervint donc pas pour obtenir de Merveldt et de Gallo le payement des subsides. « Nous n'aurons pas un sac de nos contributions, s'écriait Desaix dans un accès de découragement; Bonaparte et Clarke n'ont pas su les négocier; ils mettent toujours les ambassadeurs autrichiens en avant, et avec eux, cela n'ira pas; ils n'iront pas donner des verges pour se faire fouetter; ils seraient bien bons. »

Cependant, sans se lasser ni se rebuter, Desaix revint à la charge. Moreau assurait que la situation de l'armée de Rhin-et-Moselle empirait de jour en jour, qu'elle était mal nourrie, qu'elle n'avait pas reçu le moindre fonds depuis cinq mois, que l'arriéré de sa solde montait à quatre millions. Desaix invoqua de nouveau le secours de Bonaparte. L'armée du Rhin, jusqu'alors tranquille, sage, patiente, n'allait-elle pas, sous le coup de trop longues souffrances, céder au dégoût et au désespoir? Et Bonaparte ne pouvait-il « faire suivre » avec les plénipotentiaires autrichiens cette négociation particulière des contributions de Souabe et de Bavière?

Bonaparte avait conçu pour Desaix estime et amitié. Il consentit cette fois à intervenir et, comme dit Desaix, il s'occupa de tout. Il amorça, il engagea la négociation, et, après l'avoir engagée, il voulut que Desaix la prît en main. « Il faut, écrivait Desaix à Reynier, qu'elle soit suivie par nous-mêmes et qu'elle ne soit suivie que par nous; elle nous revient tout entière. »

Le 17 septembre, Bonaparte et Clarke, en leur qualité de plénipotentiaires français, chargeaient Desaix de remettre des dépêches à l'Électeur de Bavière et au duc de Wurtemberg, et de faire verser dans les caisses du payeur général de l'armée de Rhin-et-Moselle le produit des contributions imposées à l'Électeur de Bavière et au cercle de Souabe par les armistices des 17 juillet et 7 septembre 1796. Il était autorisé à « prendre tous les arrangements qui lui paraîtraient justes et propres à assurer le succès de l'affaire ».

Six jours plus tard, le 23 septembre, Bonaparte, désormais seul plénipotentiaire, confirmait les pouvoirs de Desaix et priait les négociateurs autrichiens

de s'unir à lui pour que la Bavière et le cercle de
Souabe « missent plus d'empressement et de sollici-
tude à remplir les conditions de l'armistice » (1).

Après avoir reçu le 19 septembre à Udine des passeports signés par les ministres Gallo et Degelmann (2),
Desaix prit le chemin de Munich et de Stuttgart. Il
n'avait parcouru que l'Italie du Nord et il souhaitait
de faire le voyage de Rome : « C'était, disait-il, l'affaire de deux mois, et de bien de l'argent, mais je le
trouvais bien employé. » Une mauvaise fièvre qu'il
avait attrapée à Lodi et dont il souffrit vivement à
Pizzighettone et à Crémone, et l'urgente nécessité d'en
finir avec les négociations de Bavière et de Souabe, le
déterminèrent à partir sans avoir vu Rome.

Desaix était très content, il avait grand espoir, il
trouvait que l'affaire « prenait un peu de tournure » et
il comptait que la négociation entamée « sous de très

(1) Cf. les lettres de Desaix à Reynier, 3 et 18 septembre, et à
Bonaparte, 6 septembre 1797. (MARTHA-BEKER, 504-510.)

(2) Voici le texte de ce passeport :

« Wir endesgefertigte bevollmächtigte Ministers Seiner Majes-
tät des Kaisers Königs von Hungarn und Böhmen ertheilen
hiemit dem französischen Divisionsgeneralen Desaix samt sei-
nen Adjutanten und seiner Suite die Erlaubniss über Ala, Roveredo, Trient, Innspruck, München, Augsburg seine Routhe zu
nehmen, um sich zu der französischen Armee am Ober-Rhein
herfügen zu können. Diesem zufolge wird Jedermann nach
Standesgebühr ersucht, erwähnten französischen Generalen auf
obbenannter Routhe frei und ungehindert passieren zu lassen,
und im nöthigen Falle allen Vorschub zu leisten.

« Gegeben zu Udine am 19ten September 1797.

« Le marquis DE GALLO,
« VON DEGELMANN. »

bons et vigoureux auspices » aboutirait heureusement. Mais Bonaparte lui avait conseillé de se méfier, l'avait assuré qu'il ne serait guère écouté. Dès que Desaix eut quitté le sol italien, il fut partout, même à Munich, même à Stuttgart, accompagné par un officier autrichien qui ne le quittait pas, et il ne put voir que des Autrichiens ou des gens de leur parti. « J'étais, a-t-il dit, environné d'espions ; les Autrichiens sont d'habiles gens pour les petites choses. »

Il échoua par suite dans sa mission diplomatique. Les Français avaient en 1796 traité avec les États de Bavière, non avec l'Électeur Charles-Théodore, et l'Électeur refusait de ratifier la convention faite en son absence. Desaix voulut remettre à Charles-Théodore lui-même la lettre de Bonaparte qui, en sa qualité de plénipotentiaire du Directoire, priait Son Altesse Sérénissime Électorale d'acquitter immédiatement la dette qu'Elle avait contractée envers le gouvernement français. On lui déclara qu'il ne verrait Charles-Théodore qu'en présence du ministre d'Autriche, comte de Seilern : il était conduit par un officier autrichien, il devait être présenté par un ministre autrichien. Ce fut donc Seilern qui remit la lettre à l'Électeur, et l'Électeur fit dire à Desaix par son conseiller intime de légation, M. de Brot, que l'objet de la dépêche était trop important, qu'il répondrait soit au général Bonaparte, plénipotentiaire de la République, soit au Directoire. Desaix comprit dès lors que sa négociation ne réussirait pas. Pourtant, il écrivit une note vigoureuse. Il menaçait le gouvernement bavarois de la colère des armées françaises et de leur indiscipline ; il ajoutait qu'elles étaient sûres du succès, si les hostilités recommençaient, et que le Directoire ne souffrirait pas qu'un traité conclu d'une manière aussi solennelle et aussi conforme aux usages ne fût point exécuté. De nouveau il reçut une réponse évasive : l'Électeur, disait-on, ne s'était-il pas exprimé en termes clairs et qui n'étaient nullement équivoques, nullement « sujets à une interprétation sinistre »? Il eut une conférence avec le chancelier baron de Hertling et il essaya de l'intimider; mais il avait perdu toute l'influence qu'il aurait pu avoir; les gazettes allemandes annonçaient qu'il était compromis, destitué; le ministère bavarois redoutait et l'Autriche et les États qui ne manqueraient pas « de se donner de l'autorité si le traité était reconnu ». Après être resté quatre jours à Munich, le général, convaincu qu'il n'obtiendrait aucun résultat, s'éloigna.

Il se rendit à Stuttgart, toujours escorté de son officier autrichien. Le duc était absent et Desaix ne put lui remettre la lettre de Bonaparte. Les États du cercle de Souabe ne siégeaient pas. Là aussi, il était impossible « d'espérer quelque chose ».

On devait donc renoncer à ces contributions dont l'armée du Rhin aurait profité. Mais, sur ces entrefaites, le gouvernement avait envoyé des fonds et les troupes n'attendaient plus que la solde de deux mois. L'artillerie avait reçu des chevaux. Les réquisitionnaires venaient renforcer les bataillons.

En tout cas, le voyage de Desaix à travers l'Allemagne n'avait pas été absolument inutile. Plusieurs membres des États de Bavière lui avaient témoigné le désir de secouer le joug autrichien, la crainte d'encourir par la conduite de l'Électeur la vengeance des Français, et Desaix proposait, si les républicains envahissaient l'Allemagne, de tirer bon parti de l'influence qu'avaient ces membres des États, et surtout de donner l'Électorat au duc de Deux-Ponts, et, par là, de « susciter un ennemi dangereux à l'Empereur ».

Sa mission eut d'autres conséquences encore. Il comprit, et, selon sa fière expression, il fit connaître la grandeur de la nation française. Il avait vu de près les intrigues, les petites passions et la médiocrité des Autrichiens : leur armée était faible, incomplète; leurs recrues manquaient de vigueur, leurs officiers semblaient humiliés par les revers et croyaient que, si la guerre recommençait, elle serait de nouveau malheureuse. « Partout où j'ai passé, écrit-il avec orgueil, on tremble au nom des Français, et je ne saurais trop répéter combien il est superbe d'être Français en pays étranger (1). »

Enfin, il avait connu Bonaparte et conçu pour le vainqueur d'Arcole et le négociateur de Passariano une admiration sans bornes. Certes, il affectionnait cette armée du Rhin qu'il nommait avec Reynier « notre brave armée ». Il aimait toujours et estimait Moreau; il consentait à servir encore sous ses ordres, et, lorsqu'il sut que le général était rappelé par le Directoire, il eut de l'inquiétude, il souhaitait son

---

(1) Cf. les lettres de Desaix à Reynier et à Bonaparte, notamment celle du 24 octobre 1797.

prompt retour. « Je lui suis attaché, disait-il; ce me serait bien désagréable qu'il ne fût plus avec nous. » Mais il avait fait amitié avec Bonaparte, et Bonaparte ne devait plus l'oublier. « Ce sera, écrivait alors Desaix au général en chef de l'armée d'Italie, ce sera un jour bien agréable que celui où je pourrai vous rejoindre et contribuer à l'exécution de vos utiles et superbes projets; à présent que la gloire de l'armée du Rhin ne peut plus s'augmenter, je désire concourir à la vôtre. » Et Bonaparte, apprenant que le Directoire confiait à Desaix le commandement provisoire de l'armée d'Angleterre, jugeait qu'il était impossible de choisir un officier plus distingué. « Nous nous serions toujours entendus, disait-il à Sainte-Hélène, par conformité d'éducation et de principes; Desaix se serait contenté du second rôle, et il aurait toujours été fidèle. »

III

Desaix avait coutume de noter ses réminiscences de voyage dans des cahiers dont la plupart sont perdus. C'est ainsi qu'il raconta son excursion de 1790 en Suisse, et son séjour à Malte en 1799. Durant l'été de 1797, tandis qu'il traversait les cantons et visitait le nord de l'Italie, il tint un journal.

Ce journal est conservé aux archives du ministère de la guerre dans un cahier de format inégal, qui compte près de cent cinquante pages. Desaix y retraça ses souvenirs, non pas sur l'instant, non pas le jour même

ou le lendemain, mais, ce semble, au bout de plusieurs
jours, après être arrivé à Udine (1). Tantôt, surtout au
commencement de sa relation, il développe son sujet
avec un certain soin. Tantôt, et principalement vers la
fin du cahier, il se hâte, se presse, faisant une sorte
de canevas, dressant la table des matières qu'il veut
traiter, se rappelant soudain qu'il a omis tel ou tel
trait et l'insérant sur-le-champ, dessinant parfois à la
marge les choses dont il parle. Toujours il laisse
courir sa plume, et de sa fine et presque illisible écriture il griffonne rapidement ses impressions. Aussi
serait-ce injuste de lui reprocher des faiblesses de
style, des négligences, des répétitions; son journal
n'est que pour lui et il était loin de penser qu'on l'im-
primerait cent ans plus tard.

Ce qui frappe tout d'abord, c'est l'admiration que la
nature, soit gracieuse, soit terrible, inspire à Desaix.
Il a vu plusieurs fois le Jura bernois, et chaque fois
avec délices : selon lui, la nature, en présentant cette
chaîne de collines aux voyageurs qui veulent parcourir
la Suisse, a le dessein de les aguerrir. Lorsqu'il traverse
le lac de Lucerne, il s'étend sur de la paille au fond de
la barque, et « mollement couché, » il contemple les
montagnes avec ravissement. Il décrit la Reuss, sa
vallée, les effroyables éboulements de pierres qui se

(1) Lorsque, à l'article de Milan, il parle des fresques que les
Français ont emportées, il remarque qu'on les lève aisément à
Pompéi et à Herculanum, et que Monge lui a expliqué les procédés en détail; or, c'est à Udine qu'il s'entretient sur ce sujet
avec Monge, et il date du 13 et du 14 septembre, c'est-à-dire
d'Udine, des passages de son *Journal*.

sont produits sur ses rives, le fracas épouvantable avec lequel elle se précipite de rochers en rochers ; c'est, dit-il, la perfection du théâtre de la terreur, et il ajoute à la page suivante que cette rivière, qui semble indomptable, finit par couler « douce et tranquille en serpentant, faisant à peine un léger mouvement ». Bientôt s'annonce l'Italie. De loin, Desaix entrevoit le lac Majeur où le Tessin se jette après quelques replis, comme s'il était « fâché de disparaître dans cette grande masse » ; puis il le voit de plus près, à travers les détours du chemin ; puis il le découvre en plein et il pousse un cri de joie. Il est « transporté » à l'aspect des coteaux chargés de figuiers, de grenadiers, de citronniers, et, quand il s'embarque à Lugano pour gagner l'autre bord du lac, il assure qu'il ne s'éloigne qu'avec peine d'un si beau rivage. Le voilà à Côme et sur la route de Milan. Mais l'Italie, la plaine d'Italie, cette immense et magnifique plaine, ne se montre pas encore. Dévoré d'impatience, Desaix cherche, demande l'Italie, et vainement il regarde et « se crève les yeux » ; il n'aperçoit que des buissons, des arbres, des bois, des canaux. Enfin, il arrive à Milan et là éclate son enthousiasme. Quelles nuits agréables ! Quel air frais et pur ! Quel ciel serein ! Quelles heures charmantes il passe à l'observatoire de la Bréra ! Deux femmes qui sont là se mettent à chanter, et leur voix est parfaite. « J'en fus pénétré, écrit Desaix ; je ne l'oublierai jamais. » Pendant ce temps, les astronomes lui expliquent les phases de la lune, et ces abbés, Desaix les juge si bons, si honnêtes, si doux, si vertueux qu'il les prend pour des hommes du ciel qui ne sont jamais descendus sur une terre corrompue.

Son enthousiasme ne dure pas. Mais il observe curieusement le pays et en représente avec exactitude les aspects divers. C'est le Milanais, semblable à une vaste forêt de bois taillis, plein de blé, de maïs, de chanvres et de buissons, de cerisiers, d'ormes auxquels se marie la vigne; c'est la Brenta sillonnée de barques et ses rives riantes bordées de splendides villas; c'est la région qui s'étend entre Pordenone et Valvasone, « immenses prairies maigres coupées par quelques petits bouquets d'arbres clairs. »

Mais, comme il dit, il n'y a que les villes qui soient vraiment intéressantes. Il parcourt volontiers Padoue aux arcades si commodes et si fraîches. Il admire à Venise la place Saint-Marc et le Rialto, leurs riches magasins, le joli effet que fait dans la nuit l'illumination des boutiques et des gondoles. Il remarque à Trieste que la ville s'accroît, qu'elle sera dans peu de temps très considérable : partout des maisons neuves, grandes et belles; partout de grosses pierres de taille; partout le bruit des charpentiers et des maçons.

Il s'intéresse aux choses les plus variées. Il aimait le théâtre, et pendant son séjour à Paris, en 1790, il avait connu Beaumarchais, fréquenté le Théâtre-Français et applaudi Talma dans le *Charles IX* de Joseph Chénier (1). Aussi décrit-il quelques-uns des opéras et des ballets qu'il a vus à Milan, à Venise, à Udine. Les danseuses lui plaisent, surtout les danseuses de grotesques qui luttent à qui fera les sauts les plus hauts,

____

(1) MARTHA-BEKER, 34.

les plus prodigieux, et il les nomme les bouffons de la danse. Mais il n'a pas l'engouement irréfléchi de Stendhal pour le théâtre italien : Stendhal s'extasie sans mesure sur la Scala, sur ses loges, sur ses spectacles ; Desaix, plus froid, plus rassis, nous montre que ces spectacles sont tristes, monotones, et que ces loges sont étroites et obscures.

Il avait, dans ses loisirs de garnison, étudié la botanique, et en 1790, durant son séjour à Paris, passé de longues heures au Jardin du Roi. A Milan, à Mantoue, à Padoue, il visite le jardin des plantes.

Il s'arrête devant les chefs-d'œuvre de l'art, et, mieux que les voyageurs du temps, mieux que Cochin et que La Lande, il apprécie plusieurs peintures, comme l'*Assaut de l'Olympe* de Jules Romain dans le palais du Tè, à Mantoue, et le tableau de Véronèse qui représente la victoire de Contarini.

Il recherche les ressources de tout genre que renferme un pays. Dans son mémoire sur l'île de Malte, il expose les produits du commerce et de l'agriculture, les revenus des douanes, ce que rapporte la vente des oranges. De même, dans ces pages sur l'Italie et la Suisse. A Liestal, il note que les habitants font des gants de peau et des bonnets de laine enjolivés de rouge. Il s'entretient dans le Jura bernois avec les vieilles gens de leur récolte et de leurs troupeaux. A Hospenthal, il visite l'écurie de l'auberge pour savoir quelle litière ont les bestiaux en un lieu où il n'y a ni feuille ni paille, et il est surpris de trouver que c'est de la mousse. Il remarque en Lombardie que les cochons sont noirs, qu'ils ont les oreilles basses et plates, la peau presque rase et sans poil, et, dans le Mantouan, que les bœufs ont des cornes immenses, toutes droites, qui partent du dessus de la tête et semblent se tenir par leurs racines. Il décrit le costume des habitants et il dira, par exemple, que les femmes d'Aarbourg ont une jupe si courte qu'elles laissent voir leur jarretière quand elles sont debout, et leurs cuisses quand elles se baissent; que les paysans du Milanais vont pieds et jambes nus, sans autre vêtement qu'une chemise et des culottes. Rien n'échappe à son regard. Il avait, comme a dit Larrey, l'esprit constamment en éveil et voulait se rendre compte de chaque chose. Les renseignements qu'il a recueillis sont parfois si précis qu'on ne trouve nulle part, même dans les meilleurs guides de cette époque, certains détails qu'il donne sur l'industrie et le commerce de l'Italie du Nord.

Ses aperçus sur la vie intime des Italiens témoignent de sa finesse et de sa sagacité.

Sans doute son républicanisme influe sur ses jugements. Desaix n'est plus le royaliste constitutionnel de 1792 ni le tiède républicain de 1793. Il blâme l'ignorance et la superstition des paysans de la Suisse; il trouve que les couvents encouragent la fainéantise; il applaudit à l'expulsion de Mallet du Pan qui n'écrit que des « infamies »; il ne parle qu'avec une sorte d'horreur des « vieilles carcasses » de châteaux forts qu'il voit sur les sommets des Vosges et du Jura et qu'il regarde comme des repaires d'oppresseurs; s'il rencontre un prêtre émigré qui l'assure que le pays des Ligues grises est le plus démocrate du monde sans en être plus heureux, « un prêtre royaliste, note le général dans son cahier, devait tenir ce langage. » Il déteste donc les nobles ou les riches de Milan. Au cimetière, lorsqu'il remarque que les illustres familles de la ville ont chacune leur caveau et leur terrain, « ils ont beau faire, s'écrie Desaix, ils ont beau se séparer des autres ; après leur mort, ils n'en sont pas moins oubliés et confondus ! »

Mais il a peut-être raison de mépriser ces nobles milanais. Ce sont eux, dit-il, qui ont perdu leur pays. Ils ne tiennent en honneur ni les sciences ni les arts. Ils ne payent pas l'habitant et ne lui donnent que ce qu'il faut strictement pour vivre. Une foule de domestiques humbles et rampants, un peuple déguenillé qui se nourrit de maïs, voilà le Milanais. Quelle pauvre espèce d'hommes ! Quelle nation dégradée !

Il dirait donc, comme Stendhal, que les Milanais de 1797 ne savaient rien désirer avec force (1). Toutefois il a des vues que Stendhal n'a pas. Stendhal prétend que les riches Milanais étaient heureux et que jamais riches n'ont en aucune contrée plus doucement vécu. Desaix juge qu'ils n'ont que le luxe de l'ostentation extérieure, qu'ils ignorent les agréments réels de l'existence, la table, les bains, les bons lits, l'élégance du costume, et la façon même de se garantir du froid. Quelle est la journée d'un Italien opulent, qu'il soit du Milanais ou de la terre ferme ? Il se lève tard, et, après avoir fait sa

(1) *Chartreuse de Parme*, 6 ; cf. *Rome, Naples et Florence*, 409.

toilette, il va dans les cafés demander à ses amis des nouvelles de leur santé ; puis il dîne et dort ; à 5 heures, il monte dans sa voiture qui le conduit près d'un café ; il prend des glaces. Il se rend de 10 heures à minuit au théâtre où il mange et boit sans s'intéresser au spectacle ; enfin, il se couche.

Desaix reproche aux Italiens leur mollesse, leur paresse, leur vie monotone. Leur bonheur, c'est d'avoir des loges à eux et des cafés où ils s'assemblent : ils pourraient faire une chère délicieuse et ils n'en ont cure ; ils ne soignent ni leurs fruits ni leurs légumes ; ils ne prennent même pas la peine de mettre leur vin en bouteilles et de le tenir au frais ; ils n'engraissent pas leur volaille ; ils n'aiment ni à se baigner ni à se promener (1). Et, sur ce point, Bonaparte partage l'opinion de Desaix ; il n'a pas assez d'épithètes pour caractériser l'effémination du peuple italien ; c'est un peuple superstitieux, un peuple énervé, lâche, qui n'a pas le goût des armes, un peuple *pantalon*. Il a quinze cents Italiens à son armée, et ce sont quinze cents polissons qui pillent et qui ne sont bons à rien (2).

Avant tout, les choses de son métier, les choses de la marine et de l'armée intéressent Desaix. Comme Bonaparte, comme Saint-Cyr, il voulait d'abord être

(1) M. DE RÉMUSAT décrit de même à sa femme *(Mém.,* II, 139) le genre de vie des Milanais, « leur ignorance de tous les agréments de la société » et « leur manque absolu des jouissances de la vie de famille ».

(2) Voir sa lettre du 7 octobre 1796 au ministre des relations extérieures.

marin. Dans son enfance il lisait avidement les livres
de voyages, et les exploits de Duquesne et de Duguay-
Trouin avaient enflammé son imagination. A l'école
militaire d'Effiat, en 1781, il enviait le sort de deux
de ses camarades qui partaient « pour aller à la marine ». Après les préliminaires de Léoben, lorsqu'il
crut les hostilités terminées sur le continent, il eut
l'idée de servir sur les flottes françaises et il demandait combien de temps il faudrait pour devenir un
bon officier. Il n'avait pas encore vu la mer en 1797;
aussi, il se hâte d'arriver à Venise; il ne se lasse pas
de contempler l'Adriatique; il goûte l'eau salée, il
analyse son odeur, il remarque les brillantes étincelles
qui jaillissent du flot agité par la rame. Durant son
voyage, à Venise et à Trieste, il examine avec soin les
navires de guerre; il les visite minutieusement du
haut en bas; il parcourt la cale, le premier et le second
pont, les chambres; il s'arrête devant les bâtiments qui
portent le nom des généraux morts dans la récente
campagne, le *Laharpe*, la *Muiron*, le *Stengel*, sans penser
que dans trois ans un vaisseau de 74 s'appellera, et
pour la même cause, le *Desaix*.

Il étudie attentivement certains champs de bataille.
Dans les pages consacrées à Lodi, il décrit le célèbre
pont de bois, la rue qui forme son extrémité, la demi-
lune, l'ouvrage à corne, les deux coudes que fait l'Adda,
les saules qui coupent sa rive droite. Lorsqu'il arrive
à Mantoue, il est « tout yeux pour bien juger et regarder », et il note que la place n'a qu'une mauvaise
enceinte, que ses dehors ont peu d'étendue, que les
eaux constituent presque son unique boulevard.

La fortification l'attire. Il s'était à Kehl, à la fin de 1796, familiarisé avec la défense des places; il avait alors conversé longuement avec Boisgérard; il avait même pris en 1797, à la direction de l'artillerie de Strasbourg, des leçons de dessin linéaire. Pendant son voyage en Italie, à Pizzighettone, à Palma-Nova, ailleurs encore, il remarque l'état des ouvrages, recherche si les fossés sont pleins d'eau et si les remparts sont casematés, s'il faudra beaucoup de temps et de travail pour réparer les bastions dégradés et les chemins couverts effacés. Il s'entretient avec Chasseloup-Laubat, le commandant en chef du génie, le grand ingénieur de l'armée d'Italie, — et le grand ingénieur de l'époque napoléonienne, — celui qui conduisit tous les sièges, et Chasseloup expose à Desaix quelle ligne protégera le mieux les frontières de la République cisalpine, et quelles sont les mesures de précaution ordonnées par ce Bonaparte qui joint la prudence à l'audace (1).

Les mœurs de l'armée d'Italie revivent dans le *Journal* de Desaix. Certes, c'est une armée ardente, fière, exaltée; elle se plaint de languir dans l'oisiveté, de ne pas tirer des coups de fusil, et Desaix s'étonne de l'exagération, de la fermentation de toutes ces têtes.

(1) « Le général (c'est-à-dire Bonaparte), écrit Chasseloup dans une lettre inédite du 3 avril 1797, le général joint aux qualités les plus brillantes une très grande prudence pour ses derrières; depuis Coni jusqu'à Klagenfurt, toutes les rivières ont des ponts, couverts par des ouvrages, et toutes les places sont mises en état de défense. »

Une demi-brigade ne vient-elle pas dire à Bonaparte qu'elle s'ennuie et qu'il lui faut des événements? Mais, puisqu'il y a trêve, cette armée jouit de la trêve, et, tout en regrettant de ne plus se battre, elle est, dit notre général, très gaie et très contente; elle s'amuse bien, elle danse le soir dans les cafés avec les femmes du pays comme les soldats que Desaix voit à Conegliano; elle fait l'amour.

Dès que Desaix met le pied à Côme, sur le sol italien, il voit des officiers français assis dans de brillantes voitures à côté de jolies femmes; tel « fut pour nous, écrit-il, le prélude du bonheur de l'armée d'Italie », et voilà ce qu'il rencontre d'un bout à l'autre de son voyage.

Chacun a sa chacune. Bonaparte fait venir Joséphine; il n'aime qu'elle, et il danse l'allemande avec elle dans les bosquets de Mombello. Toutes les dames, disait-il plus tard, étaient à la disposition du libérateur de leur patrie; il les dédaigna, même la Grassini qu'il se paya dans la seconde campagne.

Ainsi que Bonaparte, quelques officiers supérieurs, Leclerc, Léopold Berthier, Lannes, Vial, ont leur femme avec eux. Certains, comme l'adjudant-général Roze, ont emmené de France leur maîtresse, et, un après-midi, Joséphine et Pauline s'amusent à compter les dames de leur cercle qui sont mariées de la main gauche.

Desaix nomme les Françaises qu'il vit à Milan, et, entre autres, Pauline Bonaparte, Mme Hamelin, Mme Regnaud de Saint-Jean-d'Angely. Il dit de Pauline que c'est une très belle femme; de Mme Hamelin, qu'elle a les yeux noirs et qu'elle est jeune, jolie, vive; de Mme Regnaud, que c'est une femme à vapeurs fréquentes — et Thiébault rapporte en effet que Mme Regnaud prétendait à la sensibilité parce qu'elle avait à tous instants des attaques de nerfs et qu'elle semblait mourante, bien qu'elle tînt tête, en fait de plaisir, à tous les grenadiers de France.

Mais nombre de Français s'attachent à des Italiennes. Les fournisseurs et entrepreneurs de vivres entretiennent des actrices, et Auzou protège la célèbre chanteuse Billington. Brune est l'amant de la Bertinotti; Franceschi, d'une danseuse de Milan; Kilmaine. de Mme Pellegrini; Victor, d'une Romaine. Le beau Marigny, couvert de diamants, mène au café de Trévise une demoiselle vénitienne, fille d'un noble ruiné, qui s'est engouée de lui, et à ce même café Desaix trouve le général Beaumont accompagné de sa maîtresse, une Autrichienne vieille, laide, plate, fardée, mais extrêmement polissonne et qui parle très bien le français. La comtesse Dotti reçoit, écrit Desaix, les hommages de Colbert; mais elle flirte en même temps avec Thiébault, et, si elle n'était surveillée de fort près, elle tomberait dans les bras de l'officier qui, nous dit Desaix, a la figure douce et la physionomie agréable.

Berthier — que Desaix nous peint « petit, gros, riant toujours, très affairé » — Berthier aime passionnément Mme Visconti, cette Visconti qui joint la grâce française à la beauté romaine et qui, à trente-cinq ans, éclipsait encore les femmes les plus jeunes et les plus fraîches; il fait pour elle mille folies; il lui donne alors un diamant de cent mille francs, présent de

Bonaparte, et plus tard, en Égypte, il adore au fond d'une tente réservée le portrait de sa déesse, lui brûle des parfums, l'entoure de tapis, de châles, de cachemires du plus grand prix; si bien qu'en 1811, une dame, voyant les soins qu'il prodigue à son idole, assure qu'elle est pénétrée d'attendrissement, qu'il n'y a rien de si doux, de si parfait, qu'elle voudrait avoir sur la fin de sa vie un ami semblable. Et pourtant, la Visconti se moque de Berthier; elle lui avoue ses infidélités, lui conte qu'elle a eu Elleviou et que le chanteur était charmant, mais avait un drôle de goût!

Murat courtise toutes les femmes, non seulement cette Mme Ruga mentionnée par Desaix, mais la comtesse Gerardi, sœur des généraux Lechi, qui passait pour la plus jolie femme de Lombardie et dont Stendhal a vanté les beaux yeux, les plus beaux yeux de Brescia. « Combien de fautes, s'écriait Napoléon, Murat a commises pour établir son quartier dans un château où il y eût des femmes! Il lui en fallait tous les jours; aussi, pour éviter cet inconvénient, je tolérais qu'un général eût avec lui sa catin. »

A vrai dire, nos officiers jugent que les Italiennes n'ont pas la vivacité piquante des Françaises du Midi. Mais elles ne sont pas cruelles, et leurs scrupules, quand elles en ont, durent peu. Un colonel obtient les faveurs d'une dame; il la voit soudain se refroidir; il n'y comprend rien. Un jour, elle lui saute au cou : elle est déchargée, *descargata*. Elle vient de se confesser, elle a communié, et, absoute, purifiée, elle peut recommencer. « Avec les Italiennes, écrit un officier, on va vite en besogne : il suffit de leur plaire.

Les maris ne sont pas gênants. » Et il raconte que Demarçay, allant de Turin à Mantoue, commander l'artillerie, emmène une Turinoise, la jolie Mme F... : « En France, on crierait au scandale, à l'abomination; en Italie, les mœurs sont différentes; on n'y fait pas attention. »

Pourtant, ces bonnes Italiennes ont parfois ce que Desaix nomme le venin de l'amour. « Lorsqu'elles vous font un cadeau, remarque un chef de brigade, on s'en souvient longtemps. » Et Courier assure que les Français de 1796 et de 1797 qui, sans précaution, usèrent des femmes du pays, coulèrent des jours fort désagréables. Le pauvre Louis Bonaparte en sut quelque chose.

Desaix cite ainsi dans son *Journal* plusieurs des beautés milanaises que vantera Stendhal. Trois ou quatre années plus tard, en 1800 et en 1801, d'autres Français sont à Milan : Auguste Petiet, Martial Daru, Joinville, Mazeau, Dervillé, Stendhal-Beyle. Mais le personnel féminin n'a pas changé, et les Milanaises sont encore les mêmes, faciles et, comme dit Desaix, aimant les plaisirs. L'auteur du *Journal* ne mentionne pas la femme du médecin Pietragrua; cette belle Pietragrua qui fut la maîtresse de Joinville et que Beyle vint exprès conquérir à son tour dix ans après; cette Pietragrua moins gracieuse en 1811 qu'en 1804, mais plus majestueuse, toujours superbe, toujours spirituelle, et que Stendhal allait voir en faisant des moulinets avec sa canne « comme un homme du grand monde et un homme à femmes », et en se répétant, pour s'exciter, qu'il portait le même pantalon le jour où il livrait bataille à la comtesse Palfy. Mais peut-être cette Angelina Pietragrua était-elle à Milan en 1797 quand Desaix y passa, et commençait déjà la série de ses françaises amours.

Au reste, les Autrichiens donnent l'exemple. Le prince Belgiojoso, naguère colonel du régiment de ce nom, et le père du général Alcaini ont pour maîtresses les deux sœurs, les deux actrices Marianne et Élisabeth Gafforini. Le colonel Merveldt, un des deux plénipotentiaires de l'Autriche, obtient les faveurs de son hôtesse; l'autre, l'ambassadeur de Naples, le marquis de Gallo, a conquis le cœur d'une jolie femme d'Udine, et il la mène au café, il la fait dîner avec les généraux des deux armées, et à la fin du repas, par une échappée plaisante, comme dit Desaix, il l'entraîne dans sa chambre malgré le cavalier servant (1).

L'armée d'Italie, telle qu'elle paraît dans le *Journal* de Desaix, mène donc joyeuse et folle vie. Elle a de l'or à foison. « Ici, écrit le colonel Dupuy, tout le monde vole. » Les soldats jouent gros jeu dans les cafés de Milan et tirent de leur poche des poignées d'écus. Des généraux, des adjudants-généraux amassent une fortune. Clarke, dans son grand rapport au Directoire, nomme les plus coupables en se servant de

____

(1) PUGET-BARBANTANE, *Mémoires*, 182, 196; GOURGAUD, II, 53; I, 132, 307, 585; THIÉBAULT, *Mémoires*, II, 112; III, 313; V, 322; TROLARD, *De Montenotte à Arcole*, 388; D'ESPINCHAL, *Souvenirs militaires*, I, 192; PÉLISSIER, *le Portefeuille de Mme d'Albany*, 107; BOULART, *Mémoires*, 80; D'HAUTERIVE, *Lettres d'un chef de brigade*, 44; COURIER, lettre du 8 janvier 1799; STENDHAL, *Vie de Napoléon*, 139, et *Journal*, passim.

formules discrètes; il dit, soit qu'ils aiment beaucoup l'argent, soit qu'ils aiment un peu l'argent, soit simplement qu'ils aiment l'argent, et il cite Masséna, Augereau, Cervoni. Lannes, Vial. Lanusse, Murat, Chabran, Franceschi, Lorcet, Galeazzini, Kellermann fils, Meynier, Davin. Dugommier fils, sans s'indigner qu'il y ait à la tète des troupes de la République tant de pillards et de fripons. Avant tout, il faut vaincre. Chasser, renvoyer des hommes entachés d'improbité, mais pleins de bravoure et de talent, ne serait-ce pas désorganiser l'armée? Qu'ils désirent s'enrichir; qu'ils combattent pour satisfaire leur cupidité; qu'ils soient mus par leur passion personnelle et non par leur patriotisme, qu'importe? Ils sont utiles, indispensables; sans eux, le gouvernement ne pourrait soutenir et terminer la lutte contre l'Autriche, et la raison d'État prime toutes choses. Voilà ce que pense Clarke, et voici ce que pense Bonaparte. Après Arcole, Bonaparte déclare que le courage et le dévouement de ses lieutenants sont sans exemple, et il irait leur chicaner les profits qu'ils tirent de la guerre, il n'userait pas d'indulgence envers ceux qui versent leur sang pour rehausser sa gloire! Et l'armée de Rhin-et-Moselle, l'armée de Desaix, n'offrait-elle pas le même spectacle? Le représentant Haussmann n'assurait-il pas qu'il aurait mille faits déshonorants à prouver, et que des chefs, des officiers généraux. Duhesme, Delmas, Vandamme, Taponier, Lambert, se permettaient de piller et de voler (1)?

(1) Voir la lettre de Clarke au Directoire, 20 décembre 1796 (A. DRY, *Soldats ambassadeurs*, II, 26-35), et celle de Haussmann,

Desaix, lui, note que l'adjudant-général Solignac est
« pillard à l'excès », et Thiébault dit, en effet, que Solignac faisait de l'argent par tous les moyens pour le
compte de Masséna, afin d'en faire pour son propre
compte, et qu'il rapporta d'Italie quatre cent mille
francs en or.

Il note qu'Augereau, entrant au mont-de-piété d'une
ville de Romagne, remplit ses poches de diamants et
d'objets précieux, puis plaça une sentinelle qu'il accusa
du vol et qu'il fit fusiller (1).

Il note que Junot toucha cinquante mille livres en
Romagne et que Marigny a fait de bonnes affaires.

Il a, d'un crayon rapide, dessiné le portrait de
quelques officiers.

Il ne se contente pas de décrire leur physique, de
dire s'ils sont laids ou jolis garçons, s'ils sont grands
ou petits, gros ou maigres, s'ils ont le teint pâle ou
bilieux ou basané, la figure ridée ou marquée de petite
vérole ou semée de taches de rousseur — et ces détails
ont souvent un grand prix.

18 juin (Du Casse, *Vandamme*, I, 313). Napoléon ne disait-il pas
en 1809, au roi de Wurtemberg qui demandait pour ses troupes
un autre chef que Vandamme : « La grande affaire est de
triompher; je ne me dissimule pas les défauts que Vandamme
peut avoir, mais, dans le grand métier de la guerre, il faut
supporter bien des choses »?

(1) Mais n'est-ce pas Augereau qui, à Vérone, au cabinet des
médailles du palais Bevilaqua, met dans ses poches toutes les
monnaies d'or et d'argent en disant qu'il est l'ennemi juré de
la superstition? (*Mém.* de Landrieux, chap. xliv; cf. Trolard,
De Montenotte à Arcole, 386.)

Il nous révèle leur caractère : Bruyère a l'air fier et dédaigneux; Colbert est honnête et bien élevé; Miollis, doux et simple.

Il apprécie leur mérite et prononce sur plusieurs d'entre eux un jugement sévère : Motte est digne de confiance et d'estime, Ménard n'a pas de grands moyens, Chevalier ne sera jamais qu'un pauvre homme.

Tous ces portraits sont, dans leur brièveté, exacts et justes.

Il y avait alors à l'armée d'Italie un général d'artillerie, nommé Verrières, qui manquait d'énergie et qui, en 1814, au blocus de Landau, passait le temps à des commérages : Desaix le perce à jour dès 1797; ce n'est qu' « un brave homme (1) ».

Le chef de brigade Boussard, le futur général qui, en Espagne, donnera des preuves éclatantes d'ineptie et ne saura ni donner ni comprendre un ordre, Desaix le note ainsi : « est sans éducation et ne paraît pas grand génie. »

Il écrit sur Augereau les mots suivants : « Soldat à peu près, vantard beaucoup, » et, de même, Marmont qualifie Augereau de hâbleur; de même Thiébault assure qu'Augereau était un homme ordinaire à qui l'impétuosité et un certain instinct tenaient lieu du génie de la guerre, et qu'il semblait à la tête des troupes un tambour-major, un prévôt de salle, un recruteur du quai de la Ferraille (2).

(1) A. CHUQUET, *l'Alsace en 1814*, 295.
(2) Desaix, de retour à l'armée de Rhin-et-Moselle commandée par Augereau, et non par Moreau, parle dans une lettre à Bona-

Il a parfaitement caractérisé ce Dupuy qui commandait l'intrépide 32ᵉ demi-brigade : « Très brave, mais tête chaude et bien révolutionnaire; il n'est pas aimé; il est roide et dur et peu honnête avec l'officier. » Et, en effet, Dupuy se faisait remarquer par la fougue de ses sentiments jacobins; il traitait Menou de coquin et Dufresse de bon bougre; il écrivait à Berthier qu'il s'honorait du titre de factieux; il souhaitait au banquet du 10 août 1797 que la minorité des Conseils pût « former une Montagne d'où partirait la foudre qui de ses coups écraserait la majorité conspiratrice ». Mais, comme remarque Desaix, il n'avait pas l'affection du soldat, et, le 28 juin, les sergents-majors, sergents et fourriers de sa demi-brigade avaient protesté dans une lettre à Rampon contre ses actes arbitraires, l'accusant de hauteur et de despotisme, lui reprochant de mépriser les sous-officiers, de les avilir et de les condamner au gré de ses caprices. Bien des années plus tard, Thiébault ne disait-il pas que Dupuy était ardent, vigoureux, crâne et l'un des plus terribles hommes de France, l'épée ou le sabre à la main, mais très caustique et assez mauvais homme (1)?

D'autres personnages que Desaix nous présente dans

parte du nouveau général, et, à travers ses réticences, on sent qu'il a confiance dans l'armée, non dans le général en chef; il ignore « ce que seront les plans généraux », et Bonaparte connaît ceux qui les feront; c'est sur la bonne volonté de tous qu'il faut compter.

(1) Cf. Thiébault, II, 5, 29, 35, 116, 127, 133; Gachot, *Campagne d'Italie*, 390; Trolard, *De Rivoli à Magenta*, 196; Dupuy à Berthier, 3 septembre 1797. (A. G.)

son *Journal*, n'appartiennent pas à l'armée. Ce sont des artistes : Gianni l'improvisateur, petit, bossu, railleur, plein de moyens, et qui passe à cette époque pour le plus habile poète de l'Italie; le sculpteur Ceracchi qui faisait alors le buste de Bonaparte; le peintre Appiani aux yeux noirs et au visage bourgeonné; le peintre Gros, jeune, joli, charmant, qui, selon Stendhal, au mois de mai 1796, avant l'entrée de Bonaparte, a dessiné sur une table de café, au dos d'un menu, une caricature qui courut tout Milan : l'archiduc spéculait sur les grains; Gros lui prêtait les traits d'un homme obèse auquel un soldat français ouvrait d'un coup de baïonnette le ventre d'où sortait, au lieu de sang, une incroyable quantité de blé (1).

Ce sont les membres de la commission des arts : outre Gros, Monge aux sourcils épais; Berthollet au long nez, à la figure douce et ridée; Berthelemy; Tinet; tous « estimables, honnêtes, vertueux ».

C'est Marina Querini-Benzon dont Stendhal vante en 1817 l'esprit et la grâce; l'auteur de *Rome, Naples et Florence* ne dit-il pas que les plus brillants salons de Paris sont bien insipides et bien secs, comparés à la société de Mme Benzon?

C'est la charmante Isabelle Albrizzi-Teotochi. Près de Trévise, dans la villa de Gordigiano aux grandes et ombreuses allées, Desaix voit avec plaisir cette Mme Albrizzi que Byron appelait plus tard la Staël vénitienne et qui tint à Venise un salon presque aussi renommé que celui de la comtesse d'Albany à Florence. Cette

(1) STENDHAL, *Chartreuse de Parme*, 6.

Grecque de Corfou savait recevoir son monde et laissait ses hôtes exprimer librement leurs opinions. Desaix la dépeint comme une aimable femme, très instruite, avisée, et il la montre tantôt occupée d'une « petite ménagerie » que Pindemonte a plaisamment célébrée, tantôt conversant avec le général Fiorella qui lui fait la cour (1).

Parmi ces « intellectuels », Monge surtout attire Desaix; et Monge, en effet, étonne, éblouit les généraux de l'armée d'Italie, non seulement, comme dit Desaix, par ses excellentes qualités, mais par l'étendue et la variété de ses connaissances. Bonaparte le charge, ainsi que Berthier, de porter à Paris le texte définitif du traité de paix : « Monge, écrit le général en chef, a acquis une part distinguée dans mon amitié. » Et il prie le Directoire d'accueillir avec une égale distinction le guerrier et le professeur, qui tous deux, chacun à leur manière, illustrent la patrie (2). N'est-ce pas Monge qui, pendant le séjour de Bonaparte à Passariano, lui propose l'expédition d'Égypte? « La première idée de ce projet, témoigne Miot, est issue du cerveau de Monge. » A Venise et surtout à Passariano, Desaix ne cesse donc de s'entretenir avec Monge. Le savant lui raconte ses débuts à Paris, ses relations avec

(1) Cf. DEJOB, *Madame de Staël et l'Italie*, 73-75, et MALAMANI, *Isab. Teotochi Albrizzi*.

(2) *Correspondance*, n° 2306; cf. MIOT, *Mémoires*, 1, 217. « Si vous étiez dans ce pays-ci, écrit Desaix à Reynier, vous vous amuseriez bien, car vous y verriez beaucoup d'hommes bien intéressants et instruits avec lesquels vous causeriez avec plaisir. » Il met évidemment Monge au premier rang de ces « hommes bien intéressants et instruits ».

Vandermonde et d'Alembert qui semblait nourrir contre Rousseau une jalousie profonde. Il lui décrit les villes d'Italie, Rome, Naples, les ruines de Pompéi et d'Herculanum, les éruptions du Vésuve. Il lui démontre les dangers dont le Pô menace la Lombardie. Il lui analyse le livre de Dupuis sur l'*Origine des cultes* et lui développe ses idées sur le rôle de Jésus-Christ. Il lui explique la façon d'imiter les antiques, de damasser les sabres, de fondre les obus.

Outre Monge, deux personnages fixent l'attention de Desaix. Ce sont les deux hommes à qui le Directoire a confié la mission de négocier la paix : Clarke et Bonaparte.

Desaix avait connu Clarke à l'armée du Rhin. En 1793, l'un et l'autre s'étaient signalés à Rülzheim, et, le surlendemain de ce combat, l'un et l'autre avaient eu de l'avancement ; pendant que le capitaine Desaix recevait le grade d'adjudant-général lieutenant-colonel, le lieutenant-colonel Clarke, du 2ᵉ cavalerie, qui, durant l'affaire, avait mis pied à terre et pris le fusil d'un blessé, était nommé général de brigade. Aussi, Clarke, si diplomate qu'il soit, et bien qu'il se tienne d'abord sur une grande réserve, s'ouvre entièrement à Desaix. Il lui raconte son mariage, qu'il a été aimé d'une Anglaise, qu'il a d'elle une fille, mais qu'elle l'a quitté pour vivre dans la retraite. Il lui raconte comment il est venu en Italie : Carnot a proposé de l'envoyer à Vienne et les collègues de Carnot l'ont agréé sur-le-champ. Seul, Barras, dont le caractère est « brusque, dur, peu agréable », élève des objections. Enfin Clarke se met en route ; Carnot l'embrasse au départ ; les autres lui font bon visage : Barras, qui ne l'accepte qu'à contre-cœur, pousse un « rire plaisant de protection ». Mais Clarke compte, sa mission remplie, obtenir une superbe place. Certain incident, à vrai dire, le contrarie fort, — Desaix parle évidemment du 18 fructidor, — et Barras, qui maintenant « est à la tête », Barras qui mène le nouveau gouvernement, « n'est pas très ami. » Une lettre écrite par Clarke — sans doute le fameux rapport sur l'improbité des généraux (1) — pourrait être dangereuse. Toutefois il ne perd pas l'espoir. A son arrivée à Milan, il fut « mal vu » et « assez mal traité »; il n'eut d'invitation à aucune fête, à aucune assemblée, et il finit par vaincre les défiances (2).

C'est surtout Bonaparte, le *général*, comme il l'appelle simplement, que Desaix voulait rencontrer. Il nous dit que des paysans venaient de cinquante à

(1) On sait qu'au même instant, Clarke était révoqué et Bonaparte seul chargé des négociations. Augereau mandait au général en chef le 8 septembre (A. G.) : « M. Clarke, le maussade envoyé de ce coupable directeur (Carnot), lui mandait que les généraux de l'armée d'Italie étaient un ramas de brigands; le gouvernement indigné a décidé le rappel de ce calomniateur; j'espère que sa justice ne s'en tiendra pas là et que j'obtiendrai pour mes camarades, pour moi une satisfaction plus ample. » Clarke répliqua le 26 septembre que le fait était faux, qu'il repoussait cette « stupide calomnie », qu'il n'avait jamais dit que « les généraux étaient un ramas de brigands ». Heureusement pour lui, il fut autorisé par Bonaparte à rester à Passariano. Cf. A. DRY, II, 111-114.

(2) On le soupçonnait, en effet, de vues hostiles à Bonaparte, et un jour, à la nouvelle d'une victoire, Joséphine, le tirant par l'habit, lui dit malignement : « Je crois que c'est le cas d'enfoncer la destitution dans la poche. » (PUGET-BARBANTANE, *Mém.*, 181.)

soixante lieues voir et consulter le général, et nous lisons dans les Mémoires de Miot que, durant les repas. les habitants de la région entraient dans la salle à manger pour fixer sur le vainqueur de Lodi et d'Arcole des yeux avides. Desaix comprend et partage cette curiosité.

Selon lui, Bonaparte est extrêmement intrigant, est fier, dissimulé, vindicatif; il ne pardonne jamais; il suit ses ennemis au bout du monde — en quoi Desaix a tort, car Bonaparte a su pratiquer le pardon des offenses.

Desaix semble même penser que Bonaparte s'est enrichi aux dépens des vaincus. A la fin de son *Journal*, il cite certains propos du général qui regarde la probité et la délicatesse comme les vertus des sots, comme des vertus inutiles et qui n'existent pas sur cette terre, et il remarque que Bonaparte, qui touche les revenus de tout un pays, n'a jamais rendu de comptes (1); qu' « on a bien de la peine à dire sur lui, parce que tout est bien arrangé ». Il paraît croire que le général a fait sa main dans l'affaire des mines d'Idria.

On connaît peu cet incident. Lorsque, au mois de mars 1797, un parti d'infanterie et de cavalerie de la division Bernadotte, commandé par Mireur, s'empara des mines d'Idria, dans le Carniole, il y trouva douze à treize mille caisses d'argent-vif. Collot, entrepreneur des subsistances militaires, les obtint de Bonaparte à compte des fournitures qu'il avait faites à la Répu-

---

(1) « Il rend aussi peu compte des sommes d'argent qu'il touche qu'il rend compte de la négociation qu'il traite avec Vienne. » (Lettre de Sandoz, cf. BAILLEU, *Preussen und Frankreich*, I, 135.)

blique, et ce fut Mireur qui lui procura les moyens de les charroyer et qui protégea le transport. Collot, reconnaissant, fit, selon l'expression de Mireur, un cadeau, et Mireur, de son aveu. reçut une lettre de change de 11,000 livres payable à Gênes. Or. lisons-nous dans le *Journal* de Desaix. « Collot a distribué 800,000 livres entre tout l'état-major; le chef en a eu sa part; les principaux aides de camp, 15,000 livres; les autres, 8 à 10,000. » Desaix ne prononce pas le nom de Bonaparte. Mais pourquoi écrit-il ces lignes sur les mines d'Idria après avoir dit que le « général » sait bien arranger tout? Pourquoi a-t-il ajouté que les mines ont été vendues trois millions à Collot et qu'elles en valaient cinq (1)?

Quoi qu'il en soit, Desaix ne cesse d'admirer le génie de Bonaparte. Le conquérant de la Lombardie dit alors dans ses lettres que les grands événements ne tiennent qu'à un cheveu, qu'un seul pas sépare le triomphe de la chute. et que l'homme habile ne néglige rien de ce qui peut lui offrir quelques chances de plus (2). Desaix

---

(1) Cf. *Journal*, 291, et aussi 237 (les vaisseaux espagnols « ont une cargaison de 5,000,000 de livres, valeur du mercure »). Voir également *Correspondance*, Bonaparte au Directoire, 24 mars 1797 (il dit qu'on a trouvé à Idria des matières préparées pour deux millions); Jean LOMBARD, *Mireur*, 265 (lettre de Mireur à son père); BOURRIENNE, *Mémoires*, réimp. LACROIX, I, 210 (« il est revenu d'Italie avec un peu plus de trois millions... on avait trouvé les mines d'Idria »). Ne disait-on pas à Paris, sous le Consulat, que Bonaparte, réduit aux expédients pendant une partie de sa vie, ne pouvait avoir la même délicatesse, le même instinct de probité que l'homme qui a toujours joui d'une fortune aisée? (REMACLE, *Relation des agents de Louis XVIII*, 96).

(2) *Correspondance*, III, 454, 490.

insiste sur cette habileté du « général » qui met tout en œuvre pour arriver à ses fins.

Il rappelle dans son cahier les encouragements que Bonaparte prodigue à son armée, multipliant les avancements, conférant les emplois supérieurs à des jeunes gens, congédiant les officiers qu'il juge médiocres ou trop vieux, plaçant dans les troupes italiennes ou polonaises ceux qui se trouvent à la suite des corps, parlant toujours à l'imagination, usant avec une merveilleuse adresse du pouvoir que les mots ont sur les hommes, réconfortant, animant les soldats, assurant à l'armée d'Italie qu'elle est invincible et qu'elle serait déshonorée si l'ennemi la battait, persuadant à chacune des demi-brigades qu'elle est la première de toutes, donnant à chacune de nouveaux drapeaux où il fait inscrire en lettres d'or les noms des batailles où elles se sont distinguées et les paroles qu'il a prononcées dans de décisives circonstances : *la 32ᵉ était là, la terrible 57ᵉ*, etc., conservant et tenant ensemble les divisions qui viennent du Rhin et de Sambre-et-Meuse pour qu'elles rivalisent de bravoure avec celles d'Italie, semant à propos certains bruits pour exciter leur enthousiasme et enflammer leur émulation, destinant de beaux sabres damassés aux cent plus braves (1).

La guerre semble terminée, mais les négociations sont lentes, difficiles, et on croit un instant que les

(1) Desaix oublie un autre moyen dont usait Bonaparte. Il donne de l'argent aux soldats : six braves carabiniers de la 18ᵉ légère, qui s'étaient distingués au combat de la Favorite, reçurent chacun quatre louis avec une lettre de félicitations. *(Corr.,* nº 1014.)

hostilités vont recommencer; il y a dans l'armée un branle-bas universel et le délire d'une véritable joie (1). Desaix loue les mesures que prend alors Bonaparte. Le « général » ne se borne pas à fortifier Palma-Nova et Osoppo qui seront comme ses pivots; il assure solidement ses derrières (2).

Desaix ignore encore, ce semble, ses projets sur Venise. Il dit bien que les Français occupent les îles et que la ville n'ose bouger dans la crainte d'être brûlée; qu'ils ont mis quatre canons à l'une des extrémités de la place Saint-Marc; que, si la campagne se rouvre, Bonaparte prendra comme otages trois cents chefs de famille. Mais Desaix pense que Venise restera libre, et tel est aussi l'avis du gouvernement : Talleyrand écrit à Bonaparte que l'Empereur doit renoncer à Venise, et Larevellière-Lépeaux, que les Français seraient expulsés de toute l'Italie s'ils cédaient Venise à l'Autriche. Et c'est pourquoi Desaix fait l'éloge des dispositions de Bonaparte. Évidemment, Bonaparte tirera parti des patriotes qui « se montent » et qui veulent planter un arbre de la liberté; Bonaparte cherche à s'attacher par tous les moyens la population de Venise; Bonaparte ordonne de lever des compagnies de guides ou de hussards composées de jeunes Vénitiens; Bonaparte a l'intention de convoquer une Convention vénitienne formée de chauds républi-

---

(1) THIÉBAULT, *Mémoires*, II, 129.

(2) *Correspondance*, III, 472; et Desaix écrit alors à Reynier : « On est plein de vigueur et d'espérance; on est sûr du succès, si la guerre recommence; on la regarde comme certaine et on la désire plus qu'on ne la redoute. »

cains : « d'après cela, il est tranquille et sûr. »

L'auteur du *Journal* admire ainsi l'homme d'État non moins que l'homme de guerre. Bonaparte disait à ce moment qu'il témoignait à la religion beaucoup de respect et cajolait ses ministres (1). Desaix applaudit à ses procédés : demander le chapeau de cardinal pour l'archevêque de Milan et féliciter publiquement l'archevêque de Gênes de montrer le zèle d'un véritable apôtre de l'Évangile, n'est-ce pas de la « bonne politique »?

Sur d'autres points, par exemple, sur le meilleur gouvernement, Bonaparte s'entretient avec Desaix. Il ne lui dit pas, comme à Miot, en un instant d'abandon, qu'il ne croit pas à la République, qu'il n'a pas triomphé pour faire la grandeur des avocats du Directoire, qu'il a goûté du commandement et qu'il ne saurait plus obéir, que les Français ont besoin d'un chef dont le nom soit entouré de gloire (2). Mais il avoue à Desaix qu'il déteste les jacobins. Il juge nécessaire d'établir un corps formé d'anciens fonctionnaires, ministres, ambassadeurs, généraux et autres : « Ce corps aura la connaissance des affaires d'administration générale et le droit de censure sur le gouvernement; cela réduirait les Conseils au simple rôle de législateurs. » Bonaparte a donc, dès le mois de septembre 1797, l'idée d'organiser un Conseil d'État; un Conseil qui sera, selon le mot de Pasquier, le principal ressort de son administration; le Conseil où entrera « tout ce que la Révolution a fait naître de talents utiles dans toutes les carrières (3) ».

(1) *Correspondance*, III, 490.
(2) Miot, *Mémoires*, I, 154, 184.
(3) Pasquier, *Mémoires*, I, 147.

Mais le plus souvent Bonaparte développe à Desaix ses projets sur l'Égypte. C'est à cette époque qu'il propose au Directoire de s'emparer de Malte, même de l'Égypte, pour détruire l'Angleterre; si la France fait la paix avec Albion et cède le Cap, pense Bonaparte, elle doit se saisir de la terre des Pharaons. Pourquoi, dit-il à Desaix, ne pas partir de Venise avec de l'artillerie et cinq divisions d'infanterie? On assemblera tous les moyens, on emmènera des hommes très instruits; les *Lettres* de Savary et l'ouvrage de Volney seront d'excellents guides.

L'Orient hante l'esprit de Bonaparte. Il a pris Corfou où ses troupes ont reçu le meilleur accueil, et il croit que la grande maxime de la République doit être de ne jamais abandonner les îles Ioniennes. Il espère que la Grèce se souvient encore de Sparte et d'Athènes et qu'elle se relèvera de son abaissement, qu'elle renaîtra de ses cendres. Il noue des correspondances avec les pachas et les principaux chefs; il leur envoie des agents, il les flatte, il les caresse. Il fait imprimer à Ancône des proclamations et les répand parmi les Grecs; elles leur rappellent leur ancienne gloire et les instruisent des prodigieux exploits de l'armée d'Italie. Les Grecs, note Desaix dans son *Journal*, « sont très avides de ces nouveautés, et, lorsqu'ils viennent à Ancône pour charger des marchandises, un de leurs grands plaisirs est de prendre de ces proclamations pour les lire et en porter dans leur pays. » Bonaparte lui montre les lettres des pachas et Desaix juge leur style oriental très plaisant : ils nomment Bonaparte « l'homme grand » ou « l'homme fort de la grande nation »; les Maïnotes, qui se vantent de descendre des Spartiates, lui offrent 4,000, et les Albanais 6,000 hommes; les Bosniaques veulent s'unir à lui pour marcher contre les Autrichiens, et Desaix se récrie sur l'adresse du général qui « donne à tous ces gens-là une grande idée de la nation française ».

Il s'attache à connaître les antécédents de cet extraordinaire génie, et il apprend, de la bouche même de Bonaparte, comment le général en chef de l'armée de l'intérieur a su, après le 13 vendémiaire, gouverner Paris et mater les ennemis du Directoire, usant de ruse, gagnant ou intimidant les meneurs, dissipant les rassemblements, non par la force, mais par des paroles et par des expédients.

Cette relation du voyage de Desaix est comme un portrait où lui-même s'est peint, et l'homme y paraît de pied en cap. Quoi de plus intéressant, de plus piquant que d'entendre ce héros s'écrier que telle ou telle chose est assommante et s'impatienter contre son hôte qui le sert lentement, ou contre son postillon qui n'arrive pas? D'un bout à l'autre du *Journal*, il se livre naïvement à ses impressions. A tout instant, quand il parcourt cette merveilleuse Italie, il assure qu'il jouit du plus beau coup d'œil de sa vie. Il voit à Venise, sur la scène, un mari se houspiller avec des Turcs qui lui enlèvent sa femme, et il déclare que rien n'est plus agréable que ce spectacle. Comme, à Trieste, il s'amuse — c'est son mot — de la variété des costumes! Avec quelle complaisance, avec quelle joie d'enfant il regarde ces Orientaux aux tuniques flottantes; ces Levantins à la veste brune, à la ceinture rouge, à la culotte noire et aux bas blancs; ces Turcs qui restent assis des heures entières, les jambes croisées, en fumant de longues pipes!

Il y a dans ce qu'il fait je ne sais quoi d'aimable, d'attachant et parfois de tendre. En un village de la vallée du Tessin, il s'arrête à contempler un petit garçon aux cheveux blonds bouclés, et il mentionne dans ses notes les gentils enfants du peintre Appiani.

Il disait un jour à sa sœur que les chroniques scandaleuses ne lui avaient jamais déplu, et il ne fuyait pas le beau sexe et les galantes aventures (1). « Je redoute, écrivait-il plaisamment à Reynier, durant son voyage de 1797, de retourner avec vous; on m'aura sûrement enlevé toutes mes conquêtes, et j'arriverai pour me voir dépouillé; on m'a mandé que vous aviez fait des vôtres, que vous vous étiez signalé, et je crains beaucoup que vous ne m'ayez joué quelques tours. » Les lecteurs de

---

(1) Les grands hommes ont leurs faiblesses, et Desaix, avouons-le, n'était pas l'homme chaste que nous ont représenté ses panégyristes. Durant ce voyage de 1797, il confie à Larrey qu'une ancienne maladie mal guérie a pris sous le climat d'Italie un peu plus de malignité et il lui demande un bon suspensoir. En Égypte, dans une tournée, il prie Larrey de lui envoyer le chirurgien Renoult : « Je pars avec ma *jeunesse* pour un voyage agréable; elle peut avoir, ainsi que moi, besoin des secours d'un officier de santé. » (CABANÈS, *la Chronique médicale*, 15 septembre 1907, p. 600). Enfin, il avait une liaison avec une Strasbourgeoise, femme d'un capitaine, Mme Montfort, et il eut d'elle une fille, nommée Hortense, qui naquit le 12 mars 1797 à Poussay, près de Mirecourt. (Cf. les articles de Maurice Dumoulin, supplément du *Figaro*, 28 juillet et 4 août 1906.)

son *Journal* aimeront peut-être à le considérer sous cet aspect. Il ne se borne pas à tracer le portrait des belles Italiennes auxquelles ses camarades le présentent. A l'auberge d'Olten, il s'intéresse à une jeune Française émigrée qui court la Suisse pour y vendre des ouvrages de mode. A Mantoue, au palais du Tè, il se détourne des tableaux pour envisager une très jolie demoiselle qui les lui montre, et il remarque qu' « il était permis alors d'être distrait ». A Milan, il regarde avec plaisir les dames qui viennent, comme il s'exprime, dans les endroits publics, moins pour goûter l'agrément de la promenade que pour se faire voir et pour comparer la toilette des autres à la leur propre.

L'image de son pays natal s'offre souvent à son esprit. A l'armée du Rhin, en 1794, lorsqu'il rencontrait des volontaires du Puy-de-Dôme, son département, il était dans la joie, et il leur rappelait les montagnes et les rochers de la patrie. De même, en 1797, à Hospenthal, il noue conversation avec des gens qui voyagèrent en Auvergne, et l'un d'eux lui parle de la famille Desaix, lui demande s'il connaît le général de ce nom! Il n'oublie pas dans ses notes qu'un des aides de camp de Bonaparte, le brave Croizier, est natif de Riom.

Il a toujours un faible pour cette armée du Rhin dont il a partagé les bivouacs et les combats durant cinq ans. Les troupes de Bernadotte, — de ce Bernadotte qu'il juge « très estimable » et « plein de feu, de vigueur, de belles passions, de caractère surtout », — lui semblent les mieux tenues de l'armée d'Italie. Partout il s'entretient de bon cœur avec des officiers qu'il a connus sur les bords du Rhin ou qui con-

naissent ses amis « de 93 » : à Mantoue, avec le frère
du chef de brigade Kister; à Padoue, avec le chef
d'escadron Terray, le quartier-maître Guillon et l'adjoint Thiébault; à Trévise, avec le chef de brigade
Doumerc; à Conegliano, avec le futur général Robin
et les officiers de la 21ᵉ légère; à Udine, avec les commissaires des guerres Buhot et Cetti.

Le Desaix de ce *Journal* est bien le Desaix que Thiébault nous a représenté dans ses *Mémoires*. Thiébault
témoigne que Desaix aimait beaucoup les lazzi des
camps, qu'il avait fait un recueil volumineux de plaisanteries militaires, et qu'il racontait à Rome, avant son
départ pour l'Égypte, les historiettes les plus drôles :
deux soldats portant une civière après un combat et
Desaix découvrant que le blessé est un cochon que
nos gaillards viennent de dérober et de tuer; un hussard tenant sur le devant de sa selle un sac énorme
d'où s'échappent l'un après l'autre un mouton noir et
un mouton blanc; un grenadier ivre qui bat les murs
en répétant : « Rouge et blanc, rouge et blanc, si vous
ne vous accommodez ensemble, je vous fiche à la
porte (1). » Dans le *Journal* de 1797, Desaix recueille
des anecdotes de toute sorte. Il remarque que les soldats ont à Udine ôté de deux statues en pierre des
plaques de fer, « de manière qu'on y voit des apparences brillantes et séduisantes pour les dames. » Il
transcrit de curieux détails sur la cour de Vienne, sur
l'avarice de Thugut, sur les bonnes fortunes du marquis de Gallo. Au milieu de ses souvenirs de voyage,

____

(1) THIÉBAULT, *Mémoires*, II, 198-199.

il jette la note suivante : *anecdotes à ne pas oublier*, et il rappelle, par exemple, qu'un cardinal prisonnier de guerre, et relâché sur parole, refusa de rejoindre le quartier général français en objectant qu'il avait une dis pense et qu'un bref du pape le dégageait de sa promesse. Lorsqu'il chemine avec Larrey, il fait raconter au chirurgien sa vie, ses études de jeunesse, ses traversées.

Mais, puisque nous avons prononcé le nom de Larrey, pourquoi ne pas terminer par deux de ces anecdotes qui ravissaient Desaix, par deux aventures qu'a narrées le célèbre chirurgien et qui mettent en une vive lumière le caractère de notre héros, sa douceur, sa modération, sa modestie ?

Larrey avait servi sous les ordres de Desaix en 1793 à l'armée du Rhin; ce fut lui qui, le 20 août, après le combat de la forêt de Bienwald, pansa sa blessure, et il lui avait voué une admiration passionnée. Au mois de septembre 1797, les deux hommes allèrent ensemble d'Udine à Trieste. Ils étaient en habit bourgeois. A Monfalcone, des officiers français, arrivés après eux, voulurent s'emparer des chevaux; ils avaient le verbe haut et le geste menaçant. Desaix n'opposa qu'un calme dédain à leurs provocations. A peine était-il parti que le maître de poste leur apprit que cet inconnu était le général Desaix. Ils coururent après lui et, n'osant l'aborder, ils chargèrent Larrey de lui faire leurs excuses. « Eh quoi, mon cher Larrey, dit Desaix, vous pensez encore à cette histoire ? Je l'avais, pour ma part, oubliée en sortant du bureau de poste. » Et, dans son *Journal*, il se contente d'écrire qu'il eut une querelle, une dispute, qu'il fut dans une situation pénible, et qu'il reçut les excuses d'officiers malhonnêtes et grossiers.

Les deux amis visitèrent le port de Trieste. Le soir, ils dînèrent dans une auberge, à la même table que les officiers autrichiens qui tenaient garnison dans la ville. Ces officiers, les prenant pour des employés d'administration, parlèrent avec éloge des généraux de l'armée française et vinrent à prononcer le nom de Desaix; ils vantèrent les talents qu'il avait déployés dans la retraite du val d'Enfer et à la défense de Kehl. Desaix gardait le silence et les officiers crurent qu'il les désapprouvait. Une discussion désagréable allait s'engager. Larrey se hâta de quitter la place et d'emmener Desaix qui riait sous cape et qui s'applaudissait, disait-il, avec une joie inexprimable, d'avoir laissé tous les convives dans l'erreur (1).

(1) LARREY, *Mémoires de chirurgie militaire et campagnes*, 1812, tome Ier, 172-176; cf. TRIAIRE, *Larrey*, 102-105; WERNER, *Larrey*, 8-10.

JOURNAL DE VOYAGE

DU

GÉNÉRAL DESAIX

SUISSE

Bâle. — Saint-Jacques. — Liestal. — Passage du Jura. — Olten. — Aarbourg. — Zofingen. — Sursee. — Lucerne. — Lac. — Altorf. — Amsteg. — Avalanche. — Pfaffensprung. — Wassen. — Rocher du Diable. — Teufelsbrücke. — Urseren. — Hospental. — Description de la route. — Source de la Reuss. — Hospice du Saint-Gothard. — Airolo. — Cibles des Suisses. — Zollhaus. — Description de la vallée. — Habitants du Levantin. — Rencontre. Conversation. Vallée de Mesocco. — Bellinzona. — Lac Majeur. — Montée. — Gibet fréquent. — Lugano. — Lac, embarcation. — Discussions des Suisses. — Capolago.

Bâle. — Parti de Strasbourg le 1ᵉʳ thermidor (1), j'ai eu bien rapidement franchi, en poste, le terrain qui est entre cette ville et Bâle. Arrivé sur le soir à Huningue, je n'ai pu partir le lendemain que tard de cette ville et, après avoir dîné et après

(1) Le 1ᵉʳ thermidor an V (19 juillet 1797).

avoir fait marché avec un conducteur pour Lucerne à raison de 84 livres de France, nous nous sommes embarqués, un domestique sur le siège, Rey (1) et moi, dans une voiture antique qui dans son temps peut-être fut carrosse magnifique; deux chevaux vieux, un jeune postillon fort gai : voilà notre équipage.

Sur les 2 heures nous cheminons lentement à travers les rues escarpées, étroites et difficiles de Bâle. Après beaucoup de détours et bien de la lenteur, nous sortons de cette ville considérable, déserte, industrieuse et située bien heureusement pendant la guerre.

Saint-Jacques. — Nous avons suivi assez près les bords du Rhin, à peu de distance. Le beau paysage qu'offrent ses deux rives nous occupait et amusait sans cesse. De tous côtés se présentaient à notre vue des champs célèbres par des événements guerriers : Dorneck, Sainte-Marguerite, Saint-Jacques rappelaient les faits prodigieux des Suisses; Rheinfelden, les talents, la constance et surtout la fermeté des généraux suédois; Friedlingen, l'audace de Villars (2). La route est belle;

(1) Aide de camp du général.
(2) Dorneck ou Dornach (canton de Soleure), dont les baillis

elle traverse assez longtemps une forêt située sur la rive droite de la Birse; dans son bassin, on vient bientôt tomber dans le cours de la petite rivière parallèle à la Birse (1), qui, passant par Liestal, occupe une grande quantité des gorges qui forment le versant occidental de la chaîne du Jura.

Liestal. — Nous avons suivi cette vallée jusqu'à Liestal, petite ville du canton de Bâle, où l'industrie et le travail ont réuni un assez grand nombre d'habitants qui ont l'air heureux. Ils sont occupés en grande partie à faire des gants de peau, comme aussi des bonnets de laine, qu'ils enjolivent en petits dessins rouges et d'autres couleurs.

De Liestal à Bâle, on compte quatre lieues.

résidèrent dans le château jusqu'en 1798, célèbre par la bataille du 22 juillet 1499 où les confédérés battirent l'armée de la ligue de Souabe. — Sainte-Marguerite, près de Saint-Jacques. — Saint-Jacques, à un kilomètre au sud de Bâle : 1,500 Suisses y combattirent 20,000 Armagnacs, commandés par le dauphin, depuis Louis XI, dans la journée du 26 août 1444, et y périrent presque tous. — Rheinfelden, sur la rive gauche du Rhin; Bernard de Saxe-Weimar assiégeait cette place depuis le 5 février 1638 lorsqu'il fut attaqué et battu, le 28, par une armée de secours que commandaient Jean de Werth et Savelli; mais, le 3 mars, il surprenait les vainqueurs et les mettait en une complète déroute; Rheinfelden se rendit le 22 mars. — Friedlingen, sur la rive droite du Rhin, non loin de Huningue; Villars y vainquit le 14 octobre 1702 les Impériaux commandés par le prince Louis de Bade.

(1) L'Ergolz.

Nous y arrêtâmes un instant pour faire reposer nos chevaux et prendre de l'avoine; ce fut l'affaire d'un quart d'heure.

En nous rembarquant dans notre étroite machine, nous suivîmes presque de suite la route à gauche; celle de droite, perpendiculaire au Rhin, mène à Langenbruck et de là à Soleure; l'autre lui est parallèle pendant l'espace d'une lieue ou deux; alors on reprend aussi à droite pour aller joindre Waldenbourg, bailliage et village assez agréablement situé. Le château du bailli est sur la crête de la montagne et domine toutes les vallées voisines; c'est une de ces vieilles carcasses de châteaux forts qu'on voit très fréquemment dans les montagnes du Jura et des Vosges et qui servaient de retraite aux nobles qui autrefois opprimaient si fort toutes ces contrées.

Peu après ce village, qui n'est pas considérable, on quitte les chemins unis, et une montée peu longue se présente. Il est d'usage de prendre des chevaux du pays qu'on attelle devant les voitures, pour aider à la montée. Nous fûmes dans le même cas, et dans celui de les attendre un peu longtemps.

Passage du Jura. — Quoique naturellement impatients, cependant nous attendîmes tranquillement en causant avec de respectables vieillards qui se trouvaient là. Ils nous racontèrent qu'ils étaient heureux, ne payant rien, et ayant de quoi vivre avec leur petite récolte, leurs pâturages, leurs vaches et brebis. Ils étaient surtout dans la joie parce que leur récolte en tout genre avait très bonne apparence. Leur contentement me fit grand plaisir. Ces respectables habitants des champs ne sont pas accoutumés aux jouissances; leur vie est pénible, les vexations les enveloppent de toutes parts, et la crainte de perdre le fruit de leurs travaux les suit jusqu'au moment où, suant à grosses gouttes, courbés vers la terre, exposés au plus brûlant soleil, ils renferment enfin leurs productions dans leurs habitations.

La montée n'est pas très longue et rapide de ce côté-là. Au bout d'une demi-heure, on est bientôt au sommet. La nuit était belle; mais elle nous priva d'un bien brillant ou plutôt magnifique spectacle, celui de la vue que présentent ces hauteurs. J'en ai joui plusieurs fois, et toujours avec délices. Du côté du Rhin, la vallée du Jura, longue de six à sept lieues, se creuse tout, tout doucement devant vous, présentant mille formes agréables, mille sites charmants. Le fond, dont la largeur varie d'un quart de lieue à quelques centaines de pas, est toujours des prairies bien fortes coupées à tout instant d'arbres fruitiers de toute espèce et couvertes d'habitations assez propres et bien bâties, et même quelquefois de maisons de campagne assez riches. Une, entre autres, appartenant à la ville de Bâle, est bien située en amphithéâtre. Ses jardins, séparés de la campagne que par une petite haie, laissent voir avec facilité beaucoup de jets d'eau et la symétrie des jardins français. On peut proprement dire qu'elle est environnée d'un immense parc dans le genre anglais, car la nature l'y a fait et l'homme n'a rien à y changer. Les prairies, des deux côtés des montagnes, sont suivies de bois de toute espèce qui en occupent le flanc et qui contrastent bien avec les pins qui se sont élevés sur les sommets. Ceux-ci ne sont point décharnés; ils sont, pour ainsi dire, couverts de terre jusqu'à la cime. Cependant, d'espace en espace, quelques rochers se montrent pour embellir et faire ressortir tout l'aspect du paysage.

En général, cette chaîne de montagnes est très agréable. On dirait que la nature a voulu aguerrir le voyageur qui se destine à parcourir la Suisse. Il est d'ordinaire épouvanté à ce nom de montagnes qui ne lui présente que des idées de fatigue, de peine et de spectacles effrayants. Ici, pas du tout; tout est riant; la montée, quoique longue, n'est pas fatigante. L'arrivée au sommet du col est un peu pénible, mais il est bien dédommagé par un air pur et par le plus riche des spectacles. Il doit être étonné, si c'est la première fois qu'il le découvre. Les montagnes ont changé tout d'un coup de face; leur pente très rapide présente, pour ainsi dire, un abîme; les rochers se prononcent fortement et sont très communs; ils offrent un long espace de terrain décharné et que les pins ont peine même à occuper. Cela l'étonne; mais il est bientôt distrait de cette vue qui le surprend par celle que lui présente, sur la rive droite de l'Aar, une plaine riche, fertile et variée au delà de toute expression; il en admire les détails, s'y perd et reste confondu, lorsque, levant les yeux, il voit son horizon terminé par ces énormes glaciers qui présentent des neiges immenses au milieu des chaleurs brûlantes. Surpris de tout ce qu'il a vu, plein du désir de le voir de plus près, il descend rapidement à pied la montagne, et, presque sans s'en apercevoir, il se trouve avoir passé le premier obstacle que la nature a mis devant lui Cependant, après mille détours, on est tout surpris de voir derrière soi et bien haut ces rochers qu'on foulait aux pieds et qui s'élèvent dans les nuages.

Olten. — De là à Olten, petite ville du canton de Soleure, placée sur l'Aar, il y a très peu loin, une demi-lieue environ. Le paysage devient riant, les arbres fruitiers sont communs et enjolivent les environs des habitations; on a fait huit lieues depuis Bâle.

Nous y sommes arrivés fort tard, bien fatigués. Logé à l'auberge assez propre de *la Couronne*. Nous avons trouvé une dame toute seule, assez jeune et jolie. C'était assez pour égayer des Français. Il n'a fallu qu'un instant pour lier conversation et apprendre qu'elle était Française, émigrée, vivant de son industrie et courant toute la Suisse pour y vendre des ouvrages de mode. Elle n'avait pas été faite pour cet état.

Il était tard; nous étions fatigués; nous devions partir de très bonne heure; c'étaient des raisons plus que suffisantes pour que des dormeurs intraitables ne tirassent pas tout le parti qu'offrait l'occasion. En effet, le lendemain nous nous fîmes bien tirer l'oreille pour nous lever à 5 heures, et notre voisine de nuit était déjà loin. Nous nous mîmes donc en route, et, traversant le bourg

placé en long sur les bords de l'Aar, nous pas
sâmes la rivière sur un pont de bois et couvert,
comme tous ceux de Suisse. Il n'avait rien de
remarquable; aussi y fîmes-nous peu d'attention.
Nous côtoyâmes assez longtemps l'Aar, admirant
la limpidité et la rapidité de ses eaux toujours
réunies dans le même lit et dont le beau vert dis-
paraissait parfois à côté de celui des prairies et des
arbres qui le bordaient. A notre gauche se présentaient quelques hauteurs, pas extrêmement élevées, mais riantes et agréables; sur la droite, la
chaîne du Jura était toujours escarpée et paraissait
difficile.

Aarbourg. — Au bout d'une heure, nous sommes
arrivés vis-à-vis Aarbourg, forteresse du canton
de Soleure, placée sur une hauteur parallèle à
l'Aar et qui la domine d'une centaine de toises.
C'est un plateau très étroit, qui se termine en descendant en pointe. Ce plateau est fort long. Aarbourg n'en occupe qu'une partie; ses côtés sont
assez escarpés. On y a ajouté peu de fortifications.
Du côté où vient le plateau, on l'a fortifié par un
front d'ouvrages à corne qui en occupe toute la
largeur; à côté, est une carrière en activité, qui
tend par le travail successif à isoler le fort du pla-

teau auquel il tient. En suivant la route, on en fait presque tout le tour; on traverse le village, qui est placé en demi-cercle au pied; il n'est pas considérable.

Là, on s'éloigne des bords de l'Aar, et, l'œil toujours fixé sur les glaciers qui se présentent dans le lointain, on entre dans une vallée assez large, riante, et dont les montagnes latérales sont peu élevées; elle est perpendiculaire à l'Aar, elle est riche et bien cultivée. Des récoltes abondantes et de toute espèce de grains la couvrent; les coteaux qui la bordent s'élèvent peu à peu du côté des montagnes; ils ont leur sommet couvert de bois.

Costume. — Les habitants du pays étaient occupés à leur moisson et nous amusaient beaucoup par la singularité de leur costume. Les hommes avaient de grandes culottes plissées, soutenues par des bretelles au-dessus des épaules; mais les femmes étaient bien singulièrement costumées. Leurs cheveux noirs étaient tressés, tous réunis, et descendaient jusqu'aux reins; leur tête était couverte par des chapeaux de paille ronds qui n'avaient point de fond, ou seulement d'un demi-pouce, de manière qu'ils étaient fichés sur la tête; leur jupe très courte laissait toujours voir la jarretière quand elles étaient droites, et au moins la moitié des cuisses quand elles travaillaient courbées. En quelques endroits, ces chapeaux étaient à quatre cornes et désagréables ; les hommes les portent aussi de paille l'été et quelquefois ornés de rubans qui font un très bel effet. Tous ont l'air aisé et riche, bien vêtus, les pieds chaussés de bons souliers. Ils ont aussi du linge blanc et fin. Les maisons sont en bois, mais grandes et commodes. Les paysans n'y sont point tous entassés dans la même chambre où l'on couche, où l'on habite le jour, fait la cuisine et mange ; ils ont toujours une cuisine à part, une chambre où l'on s'assemble, où personne ne couche.

Zofingen. — D'Aarbourg, on arrive à Zofingen, distant de deux lieues. C'est une ville assez étendue, environnée de murailles, où nous avons eu tout le temps de nous ennuyer à la porte, vu qu'on l'avait fermée, parce qu'un habitant s'y mariait. Il était en uniforme complet, et le ministre (cet endroit étant protestant et du canton de Berne) avait aussi une épée au côté pendant la cérémonie. Il est d'usage à Berne qu'un garçon ne puisse pas se marier sans présenter tout ce qu'il faut pour être en état de faire son service. Zofingen est dans une belle vallée dont les montagnes sont peu élevées; elle est assez grande, les rues étroites et élevées.

Sursee. — De Zofingen, nous sommes venus dîner à Sursee. Avant que d'y entrer, on monte un plateau d'où l'on a une assez jolie vue. Tout le lac de Sempach, de deux lieues de long, se présente, et les très beaux coteaux qui le dominent. et, dans le lointain, les vallées et hautes montagnes du haut canton de Berne. Le mont Pilate se distingue à merveille.

Nous sommes descendus par un long détour à Sursee, petite ville ronde environnée d'une enceinte de murs et baignée par des eaux très claires sortant du lac. Il y a une petite place. Les rues sont assez larges, les maisons élégantes. Nous y avons dîné et mangé d'excellent poisson, une espèce très délicate, qui meurt à l'instant où elle sort de l'eau. Après avoir reposé, non sans besoin, un peu dormi, nous sommes partis. Nous laissions le lac à gauche. La route monte un peu sur le coteau; elle est très agréable. Le lac, dont on n'est jamais bien près, présente beaucoup de petites barques de pêcheurs. Les deux hauteurs qui le bordent, plus hautes de deux cents pieds que le lac de Lucerne, forment un amphithéâtre cultivé et coupé de toute sorte de plantations et habitations. Sempach le termine presque. Il est célèbre par la bataille que les Suisses y gagnèrent sur les Autrichiens commandés par l'archiduc Léopold d'Autriche qui y périt (1).

On arrive bientôt, en suivant cette vallée, dans celle de l'Emmenthal dont on aperçoit un instant l'échappée de la vue avec quelques neiges sur les sommets des montagnes. L'Emme n'est qu'un petit torrent qu'on traverse sur un pont. J'y ai vu une singulière promenade. Elle a quatre rangs d'arbres tout juste le long de la rivière; la perspective et la fin de cette plantation sont des fourches patibulaires.

On suit après cela les bords de la Reuss; ses eaux sont limpides et rapides, remplissent bien les bords. On découvre la ville de Lucerne et ses tours. On y est bientôt, ayant à la droite une montagne rapide, roide, où se trouvent de belles carrières. Le chemin est bordé souvent de maisons bien bâties.

Lucerne. — Lucerne est petit, 3,000 âmes, en

(1) Le duc Léopold — et non le duc Jean, comme écrit Desaix — d'Autriche fut battu et tué le 9 juillet 1386 à Sempach.

demi-cercle sur l'extrémité du lac de son nom. J'en ai déjà parlé dans un de mes voyages. J'y ai passé la nuit à l'*Aigle noir* et me suis occupé toute la soirée à voir les cartes en relief de M. Pfyffer très intéressantes par les hauteurs des montagnes, écrites à côté de chacune. On voit que leurs sommets s'abaissent vers le Schreckhorn, qui a 2,200 toises, jusqu'au mont Pilate, dernier de cette chaîne, qui en a 1,200. Le lac de Lucerne est de 220 toises au-dessus du niveau de la mer. Les hauteurs des montagnes sur le plan de M. Pfyffer sont toutes prises sur ce niveau; ce qui est très intéressant pour avoir les hauteurs réelles qu'elles ont au coup d'œil (1).

(1) L'abbé Cognet, volontaire dans l'armée française (ERNOUF, *Souvenirs militaires d'un jeune abbé*, 63), va voir, lui aussi, ce « célèbre plan en relief de la Suisse du général Pfyffer ». Cf. sur le général François-Louis Pfyffer (1715-1802), et sur sa carte de Suisse, le passage suivant du *Voyage* de Halem en Allemagne, en Suisse et en France, dans l'année 1790 (1791, I, 105-106) : « Nous avons vu, ce qui nous avait attirés en grande partie à Lucerne, le célèbre modèle de la Suisse. Le général a durant vingt ans observé et mesuré les montagnes. Son œuvre, qui a la forme d'un billard, mais plus grande, est exposée dans une vaste salle de sa maison. Le lac de Lucerne en est le centre. L'œil embrasse avec un indescriptible plaisir, à vol d'oiseau, tout le pays qu'on a parcouru et qu'on veut parcourir à la sueur de son front. On s'étonne de la hauteur du Gothard et de ses frères; auprès d'eux, l'Albis, le Rigi et le Pilate descendent au rang de collines. La neige couvre les cimes. Chaque village est bâti dans sa vallée; chaque chemin, chaque sentier apparaît; chaque rivière

Lac. — Embarcation à Lucerne; trois bateliers :
un, sortant des gardes; un gros, très lourd, mal
habillé; un troisième parlant peu; tous bons enfants. Bateau couvert. Nous, mollement couchés
sur la paille, admirant le beau spectacle des nombreux bateaux, la vue admirable des montagnes.
Nos bateliers ramaient fort, et très en cadence. Le
lac très peu profond. Le fond se voit très aisément
pendant une demi-lieue. Vue de Stanz et de
Küssnacht. Navigation lente vis-à-vis Gersau.
Près de Brunnen, le vent se lève; nous allons à la
voile assez vite. Vue magnifique de Brunnen, de
Schwyz et des montagnes qui la dominent. Vent
fort, navigation rapide. Chapelle de Guillaume Tell.
Bouffées de vent si fortes : obligés d'abattre les
voiles. Arrivés à Fluelen, petit village. Nous avons
débarqué, payé 14 livres pour notre transport.
Une demi-douzaine de petits enfants à demi imbé-
ciles nous ont entourés et pressés avec leurs mains
lorsqu'ils ont eu reçu quelques petites pièces.

Altorf. — Il y a une demi-lieue jusqu'à Altorf.

a son pont, et chaque forêt, son feuillage; chaque chute d'eau
est indiquée par de petits fils d'argent. Nous pûmes remercier
personnellement l'auteur de la joie que son chef-d'œuvre nous
avait donnée... »

Nous nous sommes mis en route à pied pour faire ce trajet. Les habitants n'ont plus les culottes larges de Lucerne; ils sont bien habillés et vêtus, chaussés avec des sabots entièrement découverts, tenant par une large bande de cuir en forme de sandales. Les filles ont la même chaussure, qui se retrouve jusqu'en Italie.

A Altorf, logés à l'*Aigle noir*. Je me suis bien impatienté, parce que tout ce que je désirais devait m'être donné à l'instant et qu'il me fallait l'attendre un temps infini. J'en suis parti à 4 heures, après une forte ondée, et m'être bien impatienté de ce qu'il fallait s'en aller si tard. Enfin, nous sommes montés chacun sur une haridelle, ce qui faisait trois, pour nous conduire à Lugano, à 30 lieues, au prix de 54 livres par cheval, à charge de ne rien payer pour la nourriture des chevaux et de l'homme qui vous conduit et ramène les chevaux.

Notre conducteur était un homme vigoureux de quarante-six ans environ, qui faisait ce métier depuis près de vingt et se soutenait par force vin dont on voyait bien l'empreinte sur sa figure. Nous partîmes donc suivant la vallée de la Reuss, large d'un quart de lieue au plus et occupée toute par des prairies. Le chemin est étroit, mais point fatigant; les voitures le suivent à trois lieues d'Altorf jusques à Amsteg. On laissa à gauche la vallée de Spiringen que j'avais suivie en 90 dans le même temps à peu près. Que d'événements depuis! Le chemin jusqu'à Amsteg est bordé d'une grande quantité d'arbres fruitiers, de cerisiers surtout. Il y a beaucoup de maisons en bois dont les habitants ont l'air peu riches ou aisés, à en juger par leurs habits déchirés et par leur air sale annonçant peu le contentement.

Amsteg. — A Amsteg, nous n'avions fait que trois lieues, nous n'étions pas fatigués; nous avons voulu pousser plus loin. Nous avons causé avec les braves gens de cet endroit; ils nous ont dit qu'ils étaient amis des Français, que, comme eux, ils avaient chassé les seigneurs qui les tyrannisaient. Ce village est parfaitement bâti; les maisons, grandes; il fut tout brûlé il y a six ans et rétabli par les secours de tous les cantons. Il y a de l'industrie et du travail parce que c'est là que se déchargent les marchandises venues à dos de mulet par le Saint-Gothard, et qui sont conduites par des voitures jusqu'à Altorf, et là embarquées, et *vice versa.*

Avalanche. — A peine sort-on d'Amsteg que l'on trouve une montée très forte, et rapide, et longue. On s'élève bientôt au-dessus du niveau de la rivière que l'on entend bouillonner au loin sous ses pieds. On découvre tout de suite les terribles effets des avalanches (1); une, sur la gauche, descendue du sommet de la montagne, a entraîné avec elle des rochers énormes, deux humbles cabanes, heureusement pas occupées dans ce moment, et une immensité de sapins. Tout le terrain qu'elle a ravagé est nu et imprime à la vue l'idée de la terreur.

La route jusqu'à Wassen est toujours élevée au-dessus de la rivière de plusieurs centaines de pieds. Des sapins immenses et prodigieusement hauts, plantés par gradins sur le penchant de la montagne, en marquent la profondeur. Toutes ces montagnes paraissent presque arides. Cependant on y rencontre souvent de petites maisonnettes en planches qui se trouvent partout où, dans ces rochers, l'homme a pu avoir un petit coin qui pût produire du fourrage pour les remplir. En effet, dans ces pays-là, on coupe toujours le foin et le ferme à côté du terrain qui le produit, et on le fait manger sur le lieu même aux bestiaux, suivant la saison qu'ils peuvent y venir.

(1) Desaix écrit tantôt avalanche, tantôt lavange.

Pfaffensprung. — Il faut remarquer, avant que d'arriver à Wassen, un pont très élevé et étroit en pierre. Il s'appelle Pfaffensprung ou Saut du prêtre. Il est prodigieusement élevé au-dessus de la rivière. Elle se brise contre les rochers avec un fracas épouvantable et vient passer sous le pont. On dirait que c'est là. le plus profond des abîmes.

Wassen. — Wassen est singulièrement situé. C'est un long village dont les maisons sont assez passables et les habitants, quoique dans des pays horribles, paraissent assez aisés. Il est situé entre la Reuss et un torrent qui vient d'Unterwalden du côté de l'Engelberg. Le chemin, pour y arriver, suit les bords du précipice qui tourne le torrent. C'était un dimanche. Nous partîmes, après avoir bien dormi, médiocrement soupé, payé peu cher, et continuâmes notre route.

Elle devint toujours de plus en plus effroyable. Nous ne fîmes que monter un chemin des plus rapides. Nos malheureux chevaux avaient toutes leurs peines; ils s'arrêtaient tous les vingt pas pour prendre haleine un instant et continuaient ensuite à marcher. La route étroite est bien pavée de petites pierres plates et près les unes des autres. Les chevaux ont des crampons assez grands pour pouvoir s'y soutenir; sans cela, ils s'abattraient à tous les pas. Ce jour-là était pluvieux. Pourtant nous échappâmes au danger d'être mouillés. Mais les nuages jouaient avec nous : tantôt ils nous enveloppaient de toutes parts, tantôt ils s'élevaient, disparaissaient et nous laissaient voir la montagne qui ne se présentait que pour être plus horrible. Cependant, tout d'un coup, tout ce qui nous avait intéressés par quelques traces d'habitations disparaît; le paysage devient plus sauvage; des éboulements effroyables annoncent à tous les pas les événements qui sont arrivés dans ces montagnes et dont personne ne se souvient; on monte avec peine et toujours, et le sommet est toujours bien loin derrière vous; à tous les moments, des croix plantées avertissent qu'un voyageur a péri sur le même lieu, soit par l'effet d'une avalanche, soit les membres gelés; quelques-unes, mais très rares, annoncent des assassinats.

Pendant près de deux heures, on est accablé de la multitude d'aspects effroyables que la nature a réunis dans ces lieux.

Rocher du Diable. — Dans un des éboulements de pierres que l'on a vus, se trouve un rocher prodigieux. Le vulgaire a prétendu que le diable l'avait détaché pour le jeter sur le Pont du Diable ou Teufelsbrücke qu'il avait construit et dont on lui avait refusé le payement. Il ne manquait à ce tableau du pays que la superstition et l'ignorance pour l'achever. Cependant la rivière fait un vacarme épouvantablé; elle se précipite écumante de rochers en rochers, se brise avec effort contre ceux qui s'opposent à son cours, et les blanchit de son écume. Du seul espace des yeux on voit qu'elle a descendu des centaines de pieds; on en voit des quantités, et on ne sait pas encore quand on finira de monter. Enfin, la gorge devient si étroite qu'il a fallu tailler le chemin dans le roc. On ne sait plus où l'on trouvera une route; on tourne le rocher ouvert avec tant de peine et de fatigue, et l'on arrive au Pont du Diable.

Teufelsbrücke. — Il est peu élevé; mais sa position est bien remarquable à côté du rocher que l'on vient de voir, et dessous d'autres qui menacent de le détruire; la rivière paraît vouloir sauter pardessus : c'est la perfection du théâtre de la terreur. Enfin, on monte quelques instants avec peine, et devant vous se présente un rocher qui vient descendre jusque dans le lit de la Reuss. On passe dans le rocher même. Une ouverture s'offre dans son flanc et vous mène à un chemin creusé dans le roc vif même l'espace de plus de deux cents pas; on y passe fort bien à cheval (1).

De l'autre côté, le tableau n'est plus le même. Vous découvrez une belle vallée bien unie, large d'un quart de lieue, couverte des plus magnifiques prairies. La rivière, tout à l'heure si indomptable, coule douce et tranquille en serpentant, faisant à peine un léger mouvement. Les montagnes à l'entour sont, dans une partie, des prairies abondantes,

(1) L'année suivante, le futur chanoine Cognet, volontaire de la République, traverse la vallée de la Reuss, et sa description peut être rapprochée de celle de Desaix (*Souvenirs d'un jeune abbé*, 64-66) : « Jamais je n'avais vu pareille solitude, pays d'un aspect si sombre et si terrible. C'est une gorge étroite, sinueuse, d'une pente rapide. On y rencontre, de temps à autre, tantôt de pauvres villages qui semblent des agglomérations de ruines, tantôt des chapelles et des habitations isolées parmi d'affreux rochers. On entend mugir sans relâche la Reuss et les nombreux torrents qui viennent s'y précipiter du haut des montagnes. J'arrivai enfin au pied de la rampe escarpée qui mène au Pont du Diable, le mieux nommé qui fût jamais! Là, l'horreur redouble encore. Au-dessus de la gorge profonde dans laquelle la Reuss bondit et se débat furieuse, deux contreforts de rochers se dressent à pic en face l'un de l'autre. Ils sont reliés, à une élévation prodigieuse au-dessus du torrent, par un pont d'une seule arche qui, dominant le gouffre, dominé à son tour, et, de plus haut encore, par des rochers gigantesques, paraît suspendu entre l'enfer et le ciel. Quand, du bas de la rampe, j'aperçus des hommes, des mulets chargés, franchissant ce pont d'apparence si frêle au milieu de ces montagnes colossales qui semblent prêtes à l'écraser, je pouvais à peine en croire mes yeux! »

et le reste de leurs hauteurs, de beaux et riches
pâturages; mais pas le moindre bois; tout est
vert, mais pas d'arbres.

Urseren. — On arrive bientôt à Urseren, grand
village pour le pays, bien bâti, tout en pierre, les
maisons grandes. Il y avait peu d'habitants, parce
que le plus grand nombre étaient sur les alpes
avec leurs bestiaux.

Hospental. — D'Urseren à Hospental (1), il y a
une bien petite lieue, toujours dans la même
vallée. Nous y fûmes dans une fort belle auberge,
servis par trois jolies demoiselles de belle taille,
habillées en indienne, et où nous trouvâmes du
linge blanc, une chambre propre, de l'argenterie.
Nous eûmes pour convives trois voyageurs parlant français et gais, aimables; deux du pays de
Vaud, dont l'un professeur de minéralogie à Lau-
sanne, et le troisième du Valais. Ils étaient intéressants et amusants et avaient voyagé par toute
l'Europe montagneuse, en Auvergne, dont on
causa beaucoup; celui du Valais causa de ma
famille, qu'il connaissait, et me demanda si je con-
naissais le général Desaix!...

(1) Desaix écrit toujours « l'Hospital » ou « Spital ».

Je partis de Hospental fort content. Nous avions déjà beaucoup causé avec le curé, joli garçon, jeune, ayant voyagé, et de l'esprit. Visitant les écuries, curieux de savoir quelle litière on pouvait faire aux bestiaux dans un pays où il n'y a ni feuille ni paille, je fus surpris de trouver que c'était de la mousse.

Description de la route. — A Hospental, nous quittâmes notre jolie vallée pour tourner à gauche et entrer dans une vallée plus étroite et moins intéressante. Celle que nous suivîmes était resserrée par des montagnes qui sont continuellement des pâturages mêlés de rochers quelquefois éboulés. On monte continuellement et rapidement pendant longtemps. Enfin, à son extrémité, on se trouve au pied de la montagne qu'il faut traverser. On en suit la pente qu'on monte par plusieurs zigzags longs et raides. Tout le long du chemin, des cascades de toutes les formes, descendant des amas de neige qui sont à la cime des montagnes, nous amusent par leur quantité et leur variété. Une foule de belles vaches habitent ces sommets. Leur berger les suit ou reste dans sa cabane avec des cochons qu'il nourrit et engraisse du petit lait qu'il retire des fromages qu'il fait. Nous avons aussi remarqué un convoi de voituriers, ayant chacun huit ou dix mulets chargés de vin, de coton et autres marchandises pour la Suisse; les mulets ont des sonnettes, le pied sûr; ils sont tous gras, bien portants, le poil fin, et font plaisir à voir, quoiqu'on s'inquiète de les trouver si fortement chargés dans des pays si difficiles.

Revenons à notre voyage. Dans cette partie, les croix qui annoncent les événements sont plus communes. On monte toujours, et l'on ne finit pas toujours. Les sommets des montagnes sont loin de vous. Cependant on atteint les neiges; nous en avons traversé assez à la fin de juillet; elles fondaient pourtant.

Source de la Reuss. — Enfin, on approche du Saint-Gothard. La Reuss s'éloigne de vous et prend sa source à droite, dans un lac que l'on distingue entre deux montagnes toutes de neige, et l'on arrive enfin au col qui sépare l'Italie de la Suisse

Trois lacs qui se communiquent et sont peu longs vous annoncent que vous êtes dans le bassin du Pô. En effet, ils sont la source du Tessin, un de ses plus grands tributaires.

Hospice du Saint-Gothard. — Près de là est l'hospice du Saint-Gothard, habité par des capucins qui y rendent l'hiver de grands services au voyageur exposé à trouver peu de secours dans un pays désert.

Ici, tout change; il faut descendre autant qu'on a monté, et descendre à pied; il fait une chaleur excessive; enfin, il faut bien s'y résoudre.

On met pied à terre et, laissant ses chevaux, on descend bien rapidement, et encore plus vite en suivant les petits sentiers.

Mais, au bout de quelque temps, on est fatigué; on se repose, et l'on voit, en tournant la tête, que si l'on a dans peu de temps descendu beaucoup de terrain, malheureusement il en reste encore bien à parcourir. Cependant, avec du courage, on va encore. Les vallées de ce côté-là sont belles et riantes; tournées au midi, elles doivent avoir plus de soleil. En effet, après cette longue et fatigante descente, on atteint les prairies et l'on suit sur l'herbe un chemin moins dur; on gagne Airolo, et le premier village italien, et le droit de monter son cheval. C'est un grand plaisir.

Airolo. — Les montagnes dans cette partie sont intéressantes, bien vertes, couvertes de pas beaucoup de bois, cependant de quelques pins et sapins.

Mais les prairies sont belles et nombreuses, les villages fréquents et bien bâtis. C'était le dimanche; tous les habitants, assez bien costumés, étaient bien intéressants. Dans cette vallée, nommée Leventina, ils sont tous assez beaux, habillés d'étoffe de coton, des chapeaux ronds. Les hommes tiraient au blanc très gaiement, et les femmes jouaient aux quilles.

Cibles des Suisses. — Il est grandement d'usage de tirer au blanc, dans toute la Suisse. On y tire une espèce de loterie assez singulière : un habitant, souvent les baillifs, propose six ou dix louis à tirer tel jour, dans tel village; on en fait plusieurs prix plus ou moins forts à la volonté du propriétaire, mais tout homme qui vient tirer est obligé de payer soit quarante sous, soit un écu pour chaque coup qu'il tire. Ainsi, si c'est dix louis le prix, et qu'il y ait eu cent coups à tirer à un écu, c'est cent écus qu'aura celui qui fait tirer : il aura soixante livres de bénéfice. Il y a des endroits où ces loteries sont très considérables. Quand j'ai passé à Zug, il y en avait une de dix mille livres. On venait de vingt lieues pour y prétendre.

Nous arrivâmes le soir à Zollhaus, où nous couchâmes. Il y avait une de ces loteries; elle était de

huit louis. Grand nombre d'habitants y préten-
daient et beaucoup tiraient à merveille. En effet,
pour être concurrent, il ne fallait pas seulement
toucher le noir qui était sur la cible; on devait
frapper dans un second plus petit qui était dans
l'autre.

Zollhaus. — A Zollhaus, nous avons couché, bien
fatigués, et eu bien de la peine à nous réveiller.
Enfin, nous nous sommes mis à marcher; c'était
le pire : il fallait encore descendre une descente
longue et rapide. Nous en avons vu le bout avec
plaisir et, remontés à cheval, nous avons voyagé
avec intérêt : on peut alors voir et observer.

Description de la vallée. — En effet, la vallée est
alors plus large et devient intéressante. Les villages sont fréquents, beaux, bien bâtis, surtout
très propres. Le Tessin coule rapidement, sans
grand bruit, grossi continuellement par les ruisseaux qui lui tombent en cascade des montagnes.
Elles sont ici toutes couvertes de châtaigniers
superbes et magnifiques; c'est immense, la quantité qu'il y en a; les plus hautes montagnes en ont
jusques aux deux tiers de leur hauteur, et des arbres
superbes; ce doit être un grand moyen de subsis-

tance, joint à cela qu'au-dessus se trouvent de très belles alpes ou pâturages très étendus, très verts, qui nourrissent grand nombre de bestiaux, chèvres, vaches et moutons.

Ce qui m'a intéressé dans cette vallée, en la suivant, c'est l'établissement des cultures à mesure qu'on avance. Il y a d'abord des champs grands comme une chambre. Dans ces cantons, ils ont l'usage de placer leur grain tout de suite qu'il est coupé, sur de grandes barres entrant par les deux bouts dans des entailles faites à de grandes pièces de bois qui sont aux deux côtés. Il y a quantité de ces pièces de bois ainsi placées : ce qui fait un drôle d'effet. Des champs de pommes de terre se rencontrent en quelques endroits Enfin, l'usage du blé se multiplie, mais jamais se suivant assez pour être continu. Ils coupent le pays en petits carrés jaunes qui, entourés de verdure, font un très joli effet, joint aux cascades et au grand nombre de villages très pittoresquement placés dans tous les coins de la vallée et sur les flancs des montagnes. On ne les devine (1) souvent que par le son de leurs cloches. On aura alors l'idée d'un paysage bien nouveau et bien intéres-

(1) Les villages.

sant. Les vignes l'embellissent infiniment : elles deviennent très grandes, et à chaque entrée et sortie de village on suit de longs berceaux où on est très agréablement à l'ombre. Ils sont très élevés, puisqu'on ne peut pas les atteindre avec la main. Peu à peu, ces vignes augmentent et s'emparent un peu du pied des montagnes. Le vin de tous ces pays-là est prodigieusement fort et noir; il n'est pas agréable au goût. Nous sommes venus dîner à ..... (1), assez beau village où nous avons été très bien.

Heures par vingt-quatre. — Dans tout ce pays-là, les aubergistes parlent allemand, et le peuple, italien; tous les usages sont italiens : on compte les heures non par douze, mais par vingt-quatre, commençant au coucher du soleil et variant comme lui. Il est bien difficile alors de savoir exactement l'heure qu'il est, puisque tous les jours le soleil se lève à une heure différente. J'ai été bien surpris, la première fois que j'ai demandé l'heure, quand on m'a répondu *venti una;* je croyais qu'on se moquait de moi (2).

(1) En blanc dans le manuscrit.
(2) Cf. le *Voyage en Italie* de LA LANDE, 3ᵉ édition, 1790, t. Iᵉʳ, p. 34, le chapitre *des heures italiques* : « Les Italiens comptent vingt-

Habitants du Levantin (1). — Pour en revenir à ces vallées, les habitants sont actifs, industrieux, et courent le monde après leurs travaux, dans celles surtout des Grisons, pour y vendre toutes sortes de marchandises. A l'endroit où nous dînâmes, nous fûmes bien logés, chez de braves gens honnêtes, dans une chambre immense; nous y reposâmes avec plaisir, car nous étions fatigués. Il y avait dans cette maison des enfants charmants, surtout un petit à chevelure blonde, bouclée de la plus jolie manière du monde. Les maisons sont belles, bien blanchies; les appartements vastes, et les lits immenses et bien durs, sans rideaux.

quatre heures de suite, depuis un soir jusqu'à l'autre. La vingt-quatrième heure, qu'on appelle souvent l'*Ave Maria*, sonne une demi-heure ou trois petits quarts d'heure après le coucher du soleil, c'est-à-dire à nuit tombante, et lorsqu'on commence à ne pouvoir lire qu'avec peine. Si la nuit dure dix heures et le jour quatorze, on dit que le soleil se lève à 10 heures, et le midi arrive à 17 heures d'Italie. Les étrangers ne peuvent comprendre ce qu'il y a de naturel et de commode dans cet usage... Mais à Turin, à Parme, à Florence, on a adopté les heures françaises, et cet usage entraînera peu à peu le reste de l'Italie. » Lire aussi dans TROLARD, *De Montenotte au pont d'Arcole*, 367-369, la curieuse pétition d'un capitaine de la légion lombarde à la municipalité de Vérone sur la nécessité de sonner les heures à la française.

(1) La vallée du Tessin, entre Airolo et Biasca, porte le nom de Val Leventina (Levantin ou Livinenthal). Elle comprend trois parties : la première, Leventina supérieure, s'étend jusqu'à Dazio et ne contient que des pâturages; la deuxième va jusqu'à Giornico; la troisième, où sont cultivés les arbres et vignes de l'Italie, finit à Biasca.

Nous nous acheminàmes vers les 3 heures, toujours avec le plus beau chemin du monde, et très beau temps. Nous arrivàmes bientôt à l'endroit où la vallée du Breno finit et voit ses eaux se jeter dans le Tessin. La vallée est profonde, étroite, et son extrémité est des montagnes toutes de neige; leur revers donne la première source au Rhin. Le chemin est toujours comme je l'ai décrit; la culture est plus augmentée; on ne peut plus voir le pays; mais toujours c'est la même chaîne de hauteurs couvertes de châtaigniers.

Rencontre. Conversation. Vallée de Mesocco. — Un prêtre français, vivant de ses messes dans le pays, et que nous rencontrâmes sur la route, nous suivit assez longtemps. Il causait bien et était de la Lorraine, avait un frère dragon dans le 1ᵉʳ. Après nous avoir raconté ses aventures, sa fuite, ses dangers, il nous instruisit des mœurs du pays. Nous passâmes avec lui devant les vallées de Calanca et de Mesocco, dont le torrent vient se jeter dans le Tessin. Elles font partie des Grisons, de la Ligue grise. C'est le pays le plus démocrate du monde. On n'en est pas plus heureux, disait-il. Un prêtre royaliste devait tenir ce langage. Ils

payent peu d'impôts, il est vrai, sont très libres,
mais ont une grande vénalité; ce n'est qu'à force
d'argent ou de cadeaux qu'on obtient les voix pour
avoir des places; il est naturel alors qu'on rattrape
les avances qu'on a faites et qu'on les retire par
bien des exactions. Une preuve de leur peu de
bonheur, c'est qu'ils ne savent pas se réunir pour
faire la guerre aux ours et aux loups, aux loups-
cerviers, mais principalement aux ours qui, pendant tous les étés, font des ravages effroyables
dans les bestiaux nombreux de ces cantons. Des
battues vigoureuses, nombreuses et fréquentes,
les en débarrasseraient facilement. Dans les parties sujettes des cantons, comme Bellinzona, le
peuple est assez heureux et content; il n'a pas de
part au gouvernement, mais il s'en passe bien,
puisque l'autorité est bien peu de chose. Point
d'impôts, point de troupes; le gouvernement est
alors assez simple. Il reste la justice : elle a les
formes longues partout; ce n'est que ceux qui ont
la manie de plaider qui en sont dupes; les autres
ont peu de chose à faire. Le commerce est une
grande occupation; la religion est bien suivie
exactement. Voilà le discours de notre prêtre,
dont nous nous séparâmes à regret, parce que sa
conversation nous intéressait.

Bellinzona (1). — Nous arrivâmes bientôt à Bellinzona. C'est une petite ville assez anciennement bâtie, le siège d'un bailliage qui appartient également aux trois cantons de Schwyz, Uri et Unterwalden. Chacun à son tour y envoie un baillif qui gouverne le pays deux ans. Chaque canton a un château placé sur les trois hauteurs qui dominent la ville; deux en sont un tant soit peu éloignés, le troisième en est pour ainsi dire environné. Ces trois châteaux ferment la gorge, et, dans les temps passés, pouvaient faire une bonne défense. A présent, elle étonnerait peu. Ils ont tous des murailles élevées avec de grands créneaux. La ville a une enceinte de ce genre; elle est petite, assez régulière; les rues peu larges; une très petite place. Il y a des écoles assez vastes. On y voit beaucoup d'hommes à habit noir, de tout âge. C'est un grand entrepôt de commerce et un passage de voyageurs; aussi voit-on les rues obstruées de ballots de marchandises, dont les mulets se déchargent avec plaisir, et les auberges, de gens qui vont dans tous les pays ou en viennent. Nous rencontrâmes beaucoup d'officiers suisses au service d'Espagne. Nous partîmes d'assez bonne heure, réveillés par le

(1) **Desaix écrit toujours Bellinzone**; de même, Cognet *(Souvenirs militaires d'un jeune abbé, 67)*.

babil de notre énorme hôtesse, très grasse, récurant peu et parlant beaucoup. Nous fûmes bien servis dans une salle à manger très grande.

Lac Majeur. — Après Bellinzona, nous suivîmes toujours la vallée du Tessin. Elle est belle et riante. Nous entrevîmes le lac Majeur après une très bonne heure de marche. Nous eûmes là une vue charmante. Tout le peuple paraît partout très dévot et assidu aux églises. Nous quittâmes la vallée du Tessin et, montant le flanc d'une montagne très haute, et très escarpée, et très longue, nous eûmes de très jolis points de vue : le lac Majeur était le plus admirable. Le Tessin, déjà assez large, se tournant en plusieurs replis, a l'air fâché de vouloir disparaître dans cette grande masse; il arrose de belles prairies. Les bords du lac sont bordés de quantité de beaux villages, de petites villas; ils paraissent enchanteurs. Locarno semble être d'une très jolie construction.

Montée. — Le lac m'a plu infiniment. A voir ce spectacle qui disparaît de temps en temps par les détours du chemin, mais qui paraît toujours plus intéressant, le temps dure peu, et on arrive facilement au sommet d'un col.

Gibet fréquent. — A ce sommet, se trouvent des fourches patibulaires avec les têtes décharnées des brigands qui ont commis des assassinats dans le lieu même; c'est l'usage dans toute la Suisse.

Nous avons alors descendu assez rapidement, dans une vallée assez gentille, mais plus boisée et plus étroite; nous avons traversé peu après Bironico. Nous étions bien empressés d'arriver à Lugano : nos chevaux étaient rendus et bronchaient à tous les pas, n'ayant pas eu d'avoine de la route; d'ailleurs nous étions pressés de sortir des montagnes, pour voir cette si fameuse Italie.

Lugano. — Nous avons suivi une vallée longtemps, nous l'avons quittée, et, arrivés sur des hauteurs, nous avons enfin découvert le lac. J'étais dans la joie. Lugano était à nos pieds. La descente était rapide, mais le pays charmant. Mon cheval sentait qu'il arrivait; il était aussi empressé que moi; il marchait d'un pas rapide. J'ai été transporté quand j'ai vu ces coteaux chargés de figuiers, grenadiers, citronniers. Enfin, je suis arrivé à Lugano; j'étais fatigué et je descendis de cheval avec joie. Le conducteur était loin; j'ignorais l'auberge où nous devions descendre, quoique d'ordinaire le cheval y conduisît. D'ailleurs ici, il y avait beaucoup de détours ; le pauvre animal s'y perdait ; un de nous se souvint du nom du lieu où nous devions aller, et nous arrivâmes. C'est une belle auberge où l'on est bien ; l'hôte, très serviable, maître de la poste aux lettres, négociant tenant des bateaux, des voitures de louage de l'autre côté du lac, un homme à tout faire. Nous nous promenons, reposons un peu, ensuite dînons, payons notre conducteur, jamais assez content de son trinkgeld (1). Tout est prêt pour partir, quand nous voudrons, en bateau de l'autre côté du lac. La même voiture doit aller à Milan.

Lac. Embarcation. — Il faut présenter son passeport. C'est le premier endroit où on le demande. Mais là résident les députés suisses envoyés par Frauenfelden pour régler toutes les disputes et les différends avec le général Buonaparte et la République cisalpine. A peine l'ont-ils lu, qu'ils me font mille honnétetés, et nous politiquons. J'abrège avec eux et je pars.

C'est dans une jolie barque où je suis fort à mon aise. Je réfléchis tranquillement, j'admire le beau pays qui m'entoure. Lugano est charmant,

____

(1) Desaix écrit « tringueld ».

bâti en demi-ovale le long du lac et en amphithéâtre. Les maisons sont blanches, propres, bien
bâties, quelques-unes très belles. Le coteau qui
domine Lugano s'étend en demi-cercle; il est
admirable par ses belles cultures variées et par
beaucoup de belles habitations; on s'éloigne avec
peine d'un si beau rivage. Cependant quatre rameurs poussent avec force, les deux premiers
tenant chacun une rame, les deux derniers en
remuant deux. Tous, travaillant avec effort et en
cadence, nous font vite faire du chemin. On arrive
promptement vis-à-vis d'un rocher où se trouve un
poteau avec trois ou quatre pendus en lambeaux
et horribles.

Les bords du lac ne sont pas si beaux que du
côté de Lugano. Le pays est plus agreste. Les
montagnes, avec leurs châtaigniers, viennent
presque jusques au bord. Elles en sont cependant
presque toujours séparées par des cultures variées
et quelques jolis villages. Le lac est profond, et
jusque très près du bord; il n'y a pas six pas où
l'on pourrait se baigner.

Discussions des Suisses. — Les Suisses ont eu
plusieurs discussions avec le général Buonaparte; ils lui ont trouvé de la fierté, peu de

condescendance ; ils ont été très raisonnables. Ces querelles se réduisent à plusieurs points :

La première. Valais. — Le général aurait voulu avoir un chemin de communication par le Valais, pour recevoir plus rapidement ses secours du Rhin. C'en est resté là, les Valaisiens ayant refusé aux treize cantons (1).

La deuxième, avec Berne, pour le général Laharpe dont les biens avaient été confisqués et le fils enfermé (2). Le général sollicita ; il demanda aussi qu'on en chassât Mallet du Pan qui écrit des infamies contre l'armée d'Italie et la France ; on le lui refusa. « Eh bien ! dit-il alors, je vais établir un libelliste sur vos frontières pour faire soulever vos peuples contre votre gouvernement ! » Sur-le-champ il obtint ses deux demandes.

(1) Le 14 mai 1797, Bonaparte avait fait demander le droit de traverser le Valais, pour arriver par la vallée du Rhône et le lac de Genève à Versoix.

(2) Amédée-Emmanuel-François de La Harpe, né à Rolle, sur les bords du lac Léman, en 1754, cousin du La Harpe qui fut précepteur du tsar Alexandre, capitaine de grenadiers en Hollande de 1773 à 1781, lieutenant-colonel du 4e bataillon de Seine-et-Oise, puis du 35e d'infanterie, général de brigade en 1794 et de division en 1795, tué le 8 mai 1796 à Codogno. Un bel homme de guerre, a dit Marmont ; un grenadier par la taille et par le cœur, a dit Bonaparte. Son fils, Frédéric-Joseph-Marie-Victor (1778-1804), fut aide de camp de Bonaparte et capitaine de cavalerie.

La troisième fut avec le bailli de Lugano. C'était un habitant des petits cantons, sans grandes lumières, qui regardait les Français en fanatique; il croyait voir dans toutes leurs actions des choses horribles, ou plutôt s'imaginait qu'ils allaient envahir la Suisse. Ses rapports étaient très exagérés, il n'avait pas le sens commun. Le tout venait des deux petites chaloupes canonnières placées sur les lacs dans la partie appartenant au Milanais. Les députés de Frauenfelden virent le général, s'expliquèrent avec lui, et dans un instant tout fut entendu. Ces barques étaient pour empêcher la contrebande, employaient peu de troupes, et n'étaient pas dangereuses. Le général fit sentir qu'il avait de l'intérêt à être tranquille avec les Suisses, mais que, si on voulait mal vivre avec lui, il empêcherait l'exportation des grains du Milanais, et que les Suisses en souffriraient (1).

(1) Le 10 février 1797, Bonaparte s'était plaint au Directoire de la conduite des baillis suisses : « Je n'ai fait mettre les barques canonnières sur le lac de Lugano, que pour empêcher la contrebande qui se faisait et arrêter la désertion des prisonniers autrichiens protégée par les Suisses. Nous avions droit de mettre ces barques sur le lac, puisqu'une bonne partie du rivage nous appartient. Si les baillis continuent à se mal conduire, je ne leur accorderai plus de blé. Les Suisses ne sont plus les hommes du seizième siècle; ils ne sont fiers que lorsqu'on les cajole trop; ils sont humbles et bas lorsqu'on leur fait sentir qu'on n'a pas besoin d'eux. »

La quatrième affaire est avec les Grisons. Leurs sujets de Chiavenna, Valteline et Bormio, aussi nombreux que leurs souverains, veulent se débarrasser du joug et être libres ; le général Buonaparte est pris pour arbitre. Son projet est de faire de ce pays une quatrième Ligue grisonne, de lier étroitement ce pays au Milanais en lui faisant fournir trois mille hommes payés par la nouvelle république. Comeyras négocie (1).

(1) **Desaix voyait juste. La Valteline, révoltée contre les Grisons, demandait son incorporation au Milanais, et ce, malgré Bonaparte qui trouvait plus juste et plus avantageux qu'elle restât avec les Grisons, en formant une quatrième ligue. Mais, pris comme arbitre, et acceptant, non sans quelque répugnance, cet office de médiation, Bonaparte décida, le 10 octobre, que les peuples de la Valteline, Chiavenna et Bormio étaient libres de se réunir à la République cisalpine, et, le 11 novembre, il annonçait aux chefs des trois ligues grises que ces peuples étaient « irrévocablement réunis ». Quant à Comeyras, ancien avocat au Parlement et commissaire du pouvoir exécutif à l'armée des Pyrénées-Orientales, il était ministre de la République près les Grisons, et Bonaparte correspondait avec lui, l'engageait à surveiller la Valteline pour connaître les mouvements des Autrichiens. Au mois de juillet 1796, il vint au quartier général s'entretenir avec Bonaparte de la conduite à tenir envers les Grisons. Plus tard encore, en juin 1797, il parut à Mombello, où Bonaparte désirait l'avoir pour le consulter sur les affaires des Grisons et de la Valteline, et on le jugea homme d'esprit, mais très poltron. (Cf. MARMONT, *Mém.*, I, 78, l'amusante histoire de son duel.) Landrieux (*Mém.*, éd. Grasilier, I, 84, 89-90, 367), le nomme « l'adroit Comeyras, homme très instruit et très entreprenant », et il rapporte un bon mot du personnage : que les diplomates sont inutiles, qu'on est toujours vainqueur ou vaincu, que le vainqueur ne se soucie pas des traités anciens**

Capolago. — Revenons à mon voyage. Nous arrivons vers les six heures à Capolago, sur le bord du lac; près de là est la petite ville de Riva. Capolago est un village. On y a écrit, en grosses lettres, sur une des belles maisons de la place : « Tel jour, le général Buonaparte, toujours invincible, est venu ici avec une compagnie de cavalerie et s'en est allé après avoir admiré le pays. » Il y avait de quoi : le pays est beau. Nous avons trouvé une voiture que notre hôte avait fait préparer de Lugano, et nous sommes partis de suite. Nous avons eu l'idée des mœurs italiennes. Plus de vingt personnes, officieuses très inutilement, sont venues nous demander des pourboires (en italien, *la bonne main*) sous mille prétextes plaisants : l'un pour avoir porté le porte-manteau, l'autre fermé la portière, etc.

Nous sommes partis lestement pour Como dans une voiture fort en désordre, les portières ne fermant pas. Enfin, nous allons toujours, quoique assez secoués. Le pays est beau; il n'est pas encore bien ouvert, et rien n'est plus intéressant; les coteaux sont beaux, riants, couverts de beaux

et modernes, que le vaincu n'en tire aucun parti. Comeyras fut, après la paix, envoyé en qualité de commissaire dans les îles Ioniennes pour les organiser, et mourut en 1798 à Ancône.

édifices, de couvents, de campagnes; mais nous ne voyons pas encore l'immensité de la plaine; nous ne sommes pas contents.

Cependant nous arrivons sur les frontières de la Suisse et du Milanais. On nous arrête à la barrière cisalpine; nos passeports (1) font bien vite reculer nos hommes des douanes, et bientôt nous sommes loin. La route est belle; elle va dans une petite vallée à bord découvert, et enfin gagne les hauteurs qui dominent le lac de Como.

(1) Ils étaient ainsi conçus :

« Bâle, le 19 juillet 1797.

« Laissez passer le général Desaix avec son aide de camp et un domestique, allant par le mont Saint-Gothard à Milan.

« BACHER,
« Chargé d'affaires de la République française
en Suisse. »

MILAN

Como. — Là, j'ai joui du plus beau coup d'œil de ma vie; rien de magnifique comme la vue de cette ville à vos pieds, très bien bâtie, grands et beaux faubourgs, grande place, outre deux où des troupes sont assemblées. Toutes les maisons sont riantes, riches et magnifiques; surtout tout le grand demi-cercle qui ferme le midi du bassin du lac; la partie supérieure est la plus sauvage; on dirait que c'est pour mieux le relever et faire ressortir. C'est dans cette partie que se trouve l'ancienne maison de Pline, dont on voit encore quelques traces au bord des eaux, et dans la soirée on arrive à Como par une descente assez rapide. Le faubourg est magnifique, parfaitement bâti; on y remarque grand nombre de maisons très belles, bien élégantes et du plus beau genre : il est long et au bord du lac.

La ville en est séparée par une belle place ou plutôt esplanade. La demi-brigade qui y était en garnison était assemblée en carré et enveloppée d'un peuple immense de curieux. Quelques troupes lombardes de gardes nationales, à moitié équipées, formaient un singulier contraste dans tout cela et rappelaient les premiers temps de la Révolution. Quelques brillantes voitures, des officiers français dedans avec de jolies femmes, furent pour nous le prélude du bonheur de l'armée d'Italie.

Cependant le soldat se plaignait; couché sur un peu de paille dans des cloîtres, il n'était pas à son aise, et les maladies le désolaient. Cette demi-brigade, qui venait de Sambre-et-Meuse, regrettait ce pays où l'on trouvait, disaient-ils, toujours quelque chose chez l'habitant.

Route de Como à Milan. — Il était déjà tard. Nous laissâmes Como à gauche et, montant sur une petite hauteur, nous voilà roulant pour Milan, espérant d'y arriver de bonne heure le lendemain. Nous allons tranquillement; le pays est coupé d'arbres, de bois, de buissons, de canaux; nous ne voyons rien, mais nous sommes dans la plaine de l'Italie et nous nous réjouissons. La nuit arrive bientôt. Impatients, à tous les villages, nous croyons toucher à celui où nous devons arrêter; mais toujours nos espérances sont trompées. Enfin, il est bien tard; nous descendons à une auberge. Tout dort; on se réveille, mais comment se faire entendre? Nous ne savons pas l'italien; nous voilà bien embarrassés; nous avons beau nous retourner de cent façons, nous ne réussissons pas mieux. Enfin, la fortune vient à notre secours. Un étranger se trouve là, il parle très bien français et italien; il nous tire d'affaire. C'est un homme aimable, Grison, qui a servi longtemps officier dans Salis en France; il est instruit, est secrétaire du chargé d'affaires auprès des Grisons, et, par sa conversation bien intéressante, nous fait passer agréablement les instants de la nuit que nous devons passer à attendre un morceau.

Nous reposons deux heures et nous partons pour Milan. Il est peu jour; nous sommeillons, et, après avoir voyagé quelques heures, nous regardons cette belle plaine de l'Italie; nous nous crevons les yeux pour voir de vastes champs bien fertiles et un beau coup d'œil. Nous ne voyons jamais que des arbres, des haies, des canaux. La vue est très bornée. Milan, ville si immense dont la cathédrale est renommée, le clocher très élevé, ne se découvre point. Beaucoup de maisons le long de la route; peu de villages; de bonnes paysannes pas jolies, ayant de grands mouchoirs sur la tête : des hommes pieds et jambes nus, n'ayant que des culottes et une chemise; beaucoup de bœufs tirant des chariots très bas et soutenant une espèce de planche très large et élevée d'un demi-pied au-dessus des roues; les voyageurs, les paysans, tout le monde se servant d'une petite voiture infiniment légère, point suspendue, point couverte, ayant au-dessus du train une sorte de petit coffre où il n'y a juste que ce qu'il faut pour s'asseoir. Nous rencontrâmes une compagnie de Polonais en bleu foncé, en pantalon, veste et bonnet à la polonaise. Enfin, nous arrivâmes à Milan, par une très longue rue qui nous mena à la citadelle et de là à l'hôtel, où nous fûmes très mal, très cher. Heureusement que le général me logea chez lui.

Milan. — Logé dans le palais du général *Belgiojoso*. Il ne faut pas confondre ce général avec le prince Belgiojoso, qui est l'aîné de la maison et qui habite le palais et le jardin placés au milieu de la ville (1). J'ai vu le palais, qui est orné du plus

(1) Le prince Belgiojoso est sans doute le prince qui, selon Stendhal, faisait jeter chaque matin vingt livres de poudre dans

beau des bas-reliefs de Bruck. Sa forme est un demi-carré. Au premier étage sont des colonnes crénelées d'ordre ionique. Il est placé à une des extrémités de la ville, donnant d'un côté sur la promenade, remarquable surtout par un jardin anglais d'un beau genre, bien disposé : on y distingue une île de l'Amour avec un temple à cette divinité; deux cygnes s'y trouvent souvent; un tombeau, une cascade, une chute. Ce jardin fait le bonheur de son maître, qui le chérit. Propriétaire d'un régiment de son nom, général autrichien, il a donné sa démission pour revenir à Milan (1). La première chose qu'il a faite en entrant à Venise, où il est dans ce moment, c'est de demander au premier Français qu'il a vu s'il avait été visiter son jardin, ce qui annonce sa passion pour cette création d'un joli genre (2).

son cabinet, et venait s'y promener un masque sur la figure, parce que c'était la seule manière d'être poudré convenablement, et qui, ensuite, « passait dans son sérail où de jeunes danseuses, vêtues comme la Vénus de Médicis, exécutaient des ballets. »

(1) Le comte Louis-Charles de Barbiao et Belgiojoso, né en 1723 à Milan, chevalier de Malte, ministre plénipotentiaire de l'empereur à la cour de Londres, propriétaire, de 1778 à 1797, du régiment possédé avant lui par le marquis de Clerici et le comte Gaisruck, général-major en 1779, feld-maréchal-lieutenant en 1783.

(2) MILLIN (*Voyage dans le Milanais*, 1817, I, 84) dit que « ce jardin, planté à l'anglaise, réunit, par son ombrage et par la distribution de ses eaux, tous les agréments que ce genre comporte ».

Hommes. — Le général *Vial*, doux, honnête, petit, maigre, blond, vient de l'armée du Nord ; a servi dans la marine ; de là, dans Bresse-Infanterie, dans la cavalerie, adjudant général, général à Arcole, commandant des troupes légères ; employé toujours avec le général Joubert dans le Tyrol ; vient de France et de Turin ; marié (1) ;

Cervoni, quarante et un ans, assez bel homme, cheveux noirs, de gros yeux, gai, aimant à rire, a servi avec Laharpe et longtemps à Vérone (2) ;

(1) Honoré Vial, né à Antibes en 1766, mort à Leipzig le 18 octobre 1813, devint baron de l'empire et général de division. Il avait brillamment servi dans la campagne d'Italie. Il allait, en septembre 1796, se concerter avec le ministre sarde pour réprimer les barbets du col de Tende, et, en réalité, pour sonder les dispositions de la cour de Turin. A Arcole, il se jetait à l'eau jusqu'au cou pour tourner la gauche de l'ennemi, et Bonaparte obtenait pour lui le grade de général de brigade. A la bataille de la Favorite, il s'était particulièrement distingué, et dans l'expédition de Trente, aux côtés de Joubert, il avait, après une longue marche à la tête de l'infanterie légère à travers les neiges et des montagnes escarpées, tourné et culbuté les ennemis et emporté le pont de Neumarkt. Pour l'instant, il commandait la 4ᵉ brigade d'infanterie légère, composée de la 4ᵉ et de la 22ᵉ demi-brigades. Malade au mois d'octobre 1797, il reçut de Bonaparte une lettre très obligeante et flatteuse : le général en chef le priait de se ménager « pour éviter des rechutes et se remettre à même d'acquérir une nouvelle gloire ».

(2) Jean-Baptiste Cervoni, né en 1765 à Soveria, dans l'île de Corse, avait alors trente-deux ans et non quarante et un ; il était général de brigade depuis 1794 et devait être en 1798 général de division ; mort devant Ratisbonne en 1809. (A. Chuquet, *Jeunesse de Napoléon*, III, 242 et 308.) Il s'était signalé dans les campagnes d'Italie, marchant à la tête de la colonne de Lodi, allant lever la

Augereau. Grand, bel homme, belle figure, grand nez, a servi dans tous les pays, est soldat à peu près, vantard beaucoup (1);

Croizier, grand, de Riom (2);

contribution de Parme, reconnaissant avec Vial le pays entre les lacs de Côme et d'Iseo, commandant les troupes postées à Bergame.

(1) Sur les débuts d'Augereau, voir notre *Légion germanique*, 51-53. Le 8 mai 1797, Bonaparte l'avait nommé commandant de Vérone et de Vicence, et le 27 juillet il écrivait au Directoire qu'Augereau se rendait à Paris pour affaires; mais il ajoutait que le général apportait au Directoire les pétitions originales de l'armée et ferait connaître de vive voix au gouvernement le dévouement absolu des soldats d'Italie. Le jugement de Desaix se rapproche assez du jugement de Marmont : « Haute stature, air assez martial, soldat et déserteur partout, d'une bravoure médiocre, disposant bien ses troupes avant le combat, mais les dirigeant mal pendant l'action, assez hâbleur. » Napoléon reconnaît qu'il maintenait ordre et discipline, qu'il faisait ses attaques avec ordre, divisait bien ses colonnes, plaçait bien ses réserves, se battait avec intrépidité; mais « tout cela ne durait qu'un jour; point d'instruction, peu d'étendue dans l'esprit, peu de calcul et de pénétration ».

(2) François Croizier, né le 27 octobre 1773 à Riom, fils du procureur au présidial, grenadier volontaire au 1er bataillon du Puy-de-Dôme (18 juillet 1791), lieutenant des grenadiers au 4e bataillon du même département (17 juin 1793), nommé par les représentants Couthon, de La Porte, Maignet et Châteauneuf-Randon capitaine au corps provisoire des chasseurs de la Montagne (3 novembre 1793), promu par Bonaparte chef d'escadron à la suite du 4e régiment de chasseurs (19 octobre 1797) et confirmé dans ce grade par le Directoire (18 avril 1798), pour prendre rang à partir du 7 janvier 1797, mort des blessures qu'il reçut devant Saint-Jean-d'Acre le 4 juin 1799. Il avait, sur la recommandation de Marmont, remplacé à l'état-major de Bonaparte le jeune Elliot, neveu de Clarke, tué à Arcole, de même que Lavallette avait, sur la recommandation de Baraguey-

Lavallette (1) ;

Dugua (2) ;

Sulkowski, Polonais instruit, a beaucoup voyagé (3) ;

d'Hilliers, remplacé Muiron. C'était, a dit Lavallette, un brave et habile officier de cavalerie et Marmont le juge « très brillant ».

(1) Lavallette, le futur directeur général des postes, était alors aide de camp de Bonaparte, et Desaix l'avait connu à l'armée du Rhin. (Cf. les *Mémoires* de Lavallette, I, 142-151. Lavallette trace dans ce passage le portrait de Desaix et assure qu'il doit à Desaix et à l'armée du Rhin sa fermeté d'âme et les qualités qui le rendirent digne de Bonaparte.)

(2) Charles-François-Joseph Dugua, chef d'escadron de gendarmerie en 1793, général de brigade devant Toulon, général de division à l'armée des Pyrénées-Orientales, commanda en Italie la réserve de cavalerie ainsi qu'une division de cette arme, et entra le 23 mars 1797 dans Trieste. Inspecteur de la cavalerie dans l'expédition d'Égypte, commandant d'une division, — c'est dans son carré qu'était Bonaparte à Chobrákhyt et aux Pyramides, — gouverneur de la province du Caire, puis préfet du Calvados, puis chef d'état-major de Leclerc, il mourut en 1802 à Saint-Domingue.

(3) Desaix a très mal écrit le nom, et on lit soit *Scilio*, soit *Sulco*; mais il parle évidemment de Sulkowski que Lavallette a caractérisé dans les mêmes termes : « Plein d'instruction, parlant toutes les langues de l'Europe, un véritable Polonais. » Joseph, comte de Sulkowski, avait servi dans l'armée de Lithuanie en 1792, comme capitaine au régiment de Dzialynski et comme premier major d'un bataillon de 500 chasseurs. Après la défaite, il vint à Paris, et Sémonville, nommé ambassadeur en Turquie, se l'attacha. Déjà Sulkowski avait devancé Sémonville à Venise; mais, sur l'ordre que lui donna le gouvernement vénitien de s'éloigner sous vingt-quatre heures, et sur le conseil de l'envoyé Noël, il gagna Florence. Il y apprit l'arrestation de Sémonville et il se disposait à rentrer en France, lorsqu'il reçut l'ordre d'aller à Alep, où il attendrait des instructions pour une mission dans l'Inde. Il se rendit à Alep; il y resta cinq

Marmont (1);

Junot (2);

mois, et. ne recevant pas d'instructions, il s'embarqua pour Constantinople. Là, notre envoyé Descorches lui confia des dépêches pour Kosciuszko; à travers mille obstacles, Sulkowski pénétra en Pologne, mais Kosciuszko était vaincu et pris. De retour à Paris, il fut, sur la recommandation de Descorches, nommé par le Directoire capitaine d'infanterie (1er mai 1796), et envoyé à l'armée d'Italie où Bonaparte le prit pour aide de camp. Il accompagna le général en Égypte et périt le 22 octobre 1798 dans la révolte du Caire. Quelques jours plus tard, le 7 novembre, il était promu chef d'escadron par le Directoire. Sa veuve, fille de l'orientaliste et interprète Venture, reçut jusqu'à la fin de l'Empire une pension de 6,000 francs sur le trésor de la couronne.

(1) **Marmont**, cousin germain d'un des camarades de Napoléon au régiment de La Fère, Le Lieur de Ville-sur-Arce, s'était, dès sa sortie de l'école d'artillerie de Châlons, attaché à Bonaparte; promu capitaine après le siège de Toulon, aide de camp du général en chef de l'armée de l'intérieur, chef de bataillon dans la campagne d'Italie où Bonaparte le cite comme un officier de la plus haute distinction, chef de brigade grâce à Bonaparte qui ne cesse de demander pour lui un régiment d'artillerie légère, général de brigade après Malte, conseiller d'État, commandant de l'artillerie à l'armée de réserve, général de division, premier inspecteur de son arme, colonel-général des chasseurs, général en chef de l'armée de Dalmatie, maréchal et duc de Raguse, il dut tant d'emplois et d'honneurs non seulement à sa bravoure et à ses qualités militaires, mais à l'affection de l'homme qu'il regardait en 1796 et en 1797 comme supérieur à tout.

(2) **Junot** date aussi de Toulon. Lieutenant, aide de camp de Bonaparte après l'assaut de la redoute anglaise, capitaine de cavalerie après Dego, il devint, comme on sait, général de division, colonel-général des hussards, gouverneur de Paris, général en chef de l'armée d'observation de la Gironde, commandant du 8e corps à l'armée d'Espagne, puis des provinces illyriennes; mais, comme dit Napoléon, il ne fut jamais qu'un bravache et un coureur de filles.

Buonaparte frère, ambassadeur à Rome (1);

Son aide de camp *Beauharnais* (2);

Le Marois, pâle, grand, mince, maigre, chef de bataillon (3);

Fauvelet de Bourrienne (4);

(1) Joseph, qui commerçait à Gênes, avait été chargé par son frère, après l'armistice de Cherasco, de porter une dépêche à Paris; puis, après un voyage en Corse où il s'était fait élire député, il avait obtenu le titre de résident de la République à Parme, et, quelques mois plus tard (15 mai 1797), celui d'ambassadeur près la cour de Rome. (Cf. Frédéric Masson, *Napoléon et sa famille*, I, 145, 149-150, 192.)

(2) Son aide de camp, c'est-à-dire l'aide de camp de Bonaparte. Le jeune Eugène de Beauharnais — il n'avait que quinze ans — venait de recevoir à la fois son brevet de sous-lieutenant au 1er hussards et sa commission d'aide de camp du général en chef.

(3) Jean-Léonor-François Le Marois (1776-1836), élève de l'École de Mars (cf. notre *École de Mars*, 241), adjoint aux adjudants généraux à l'armée de l'Ouest, envoyé à Toulon pour prendre part à l'expédition de Corse, connait alors Bonaparte qui l'emploie en vendémiaire où il « se distingue et montre beaucoup d'ardeur », puis l'emmène comme aide de camp dans la campagne d'Italie. A Lodi, il a ses habits criblés de balles et montre un courage égal à son activité; à Roveredo, où il se prodigue, il tombe atteint de plusieurs blessures dont aucune n'est mortelle; après Arcole, il va présenter au Directoire les drapeaux pris dans cette journée et devient chef de bataillon. Colonel après Marengo, général de division après Austerlitz, gouverneur de Wittemberg, de Stettin, de Varsovie, puis des Légations, puis de Rome, commandant du camp de Boulogne en 1813, il défendit Magdebourg en 1814.

(4) Fauvelet de Bourrienne, le camarade de Bonaparte à Brienne et son ami à Paris aux heures de détresse avant vendémiaire, avait reçu naguère un billet daté du quartier général de Judenburg du 8 avril 1797, et ainsi conçu : « Il est ordonné au

Lahoz, jeune homme de Milan, officier dans Belgiojoso, fait capitaine de très bonne heure; jeune, mince, blond, les yeux petits; a quitté son régiment par amour pour la Révolution, est venu à l'armée française; aide de camp de Laharpe, du général Buonaparte; général commandant l'armée lombarde, actif, intelligent, brave (1);

Regnaud de Saint-Jean-d'Angély, directeur des hôpitaux, directeur d'un journal (2);

citoyen Fauvelet de Bourrienne de partir de Sens et de se rendre sur-le-champ en poste au quartier général de l'armée d'Italie. » Napoléon le fit son secrétaire, mais dut plus tard lui donner son congé. « Bourrienne, disait-il, a des moyens, et m'était utile; il avait une jolie main; actif, infatigable, patriote, n'aimant pas les Bourbons, mais trop voleur, voleur au point de prendre un écrin de diamants sur une cheminée! »

(1) Joseph Lahoz, aide de camp de Laharpe, puis de Bonaparte, recommandé par les anciens représentants à l'armée d'Italie, spécialement par Ritter, avait été en 1796 membre du comité militaire près l'administration générale de Lombardie, et chef de la légion lombarde, avec grade de général de brigade. Il fut en 1797, avec Joseph Lechi, un des deux généraux de brigade de l'armée de la République cisalpine (dont Fiorella était le seul divisionnaire). Marmont l'a très bien jugé : « Cet officier avait servi en Autriche et ensuite déserté chez nous, à cause de ses opinions révolutionnaires; il montrait du courage, un caractère ardent, violent, et beaucoup d'esprit. Son ambition était sans bornes; il devint général cisalpin et organisa les premières troupes de cette république; mais en l'an VII, après la reprise des hostilités, il nous abandonna pour quelque mécontentement, se réunit à nos ennemis, et fut tué, en faisant le siège d'Ancône, par les troupes mêmes qu'il avait formées. »

(2) Regnaud de Saint-Jean-d'Angély (1760-1819), le futur comte de l'empire et secrétaire d'État de la famille impériale. Avocat

L'adjudant-général *Pascalis*, auteur de la *Mélomanie* (1) ;

Haller, homme habile, directeur de la Monnaie (2) ;

avant la Révolution, membre de la Constituante, journaliste, il s'était caché sous la Terreur et il était venu à Milan comme administrateur de l'entreprise des hôpitaux militaires de l'armée d'Italie. Mais il rédigeait un journal, *la France vue de l'armée d'Italie*, qui, selon Bonaparte, faisait le plus grand effet à Paris, et dans lequel, dit Miot, il déployait sa rare facilité et ses talents distingués ; « cette circonstance, qui le mettait en relation intime avec le général, devint l'origine de sa fortune. » Cf. BARRAS, *Mém.*, II, 259, et III, 54 : « Par ses agents de renommée, particulièrement Regnaud qui rédigeait une feuille servile en son honneur, Bonaparte était en rapport avec les journaux de Paris, comme il était le maître et le faiseur de ceux d'Italie. » Pasquier (*Mém.*, I, 264) a très bien jugé les qualités et les défauts de Regnaud.

(1) Antoine-André-Claude Pascalis était ainsi jugé par Clarke : « Aime ses aises, homme de lettres, n'est pas militaire. » Membre des académies de Marseille et d'Aix, il a composé une tragédie inédite de *Dion*, plusieurs poèmes (entre autres un poème sur *Fontainebleau*) et l'opéra-comique de la *Mélomanie*. Né à Barcelonette en 1755, employé avec rang de lieutenant dans les gardes du roi en 1779, lieutenant dans la gendarmerie nationale en 1791, capitaine adjoint à l'état-major en 1793, adjudant-général chef de bataillon en janvier 1795, adjudant-général chef de brigade en novembre 1796, Pascalis fut presque toujours attaché à l'armée d'Italie. Il était encore adjudant-commandant lorsqu'il fut retraité en décembre 1814 ; sous la seconde Restauration, il commanda provisoirement Marseille dans les six derniers mois de 1815 ; retraité de nouveau en avril 1816, nommé maréchal de camp honoraire en juillet 1830, il mourut en 1833 à Marseille.

(2) Emmanuel de Haller, patricien bernois (1768-1854), avait (cf. p. 64), le titre d'« administrateur général des finances et contributions de l'Italie », et il était personnellement responsable de ces fonds. Bonaparte rend plus d'une fois justice à ses talents et à son activité ; il le charge en mai 1797 de prendre « six millions

Appiani, peintre habile, à Milan (1). A peint les dessus des portes du château archiducal. On croirait à en jurer que ce sont des reliefs, et on a beau approcher, on le croit toujours. Son grand talent est aussi de corriger les tableaux anciens et de les remettre en état; il en ôte la toile ancienne, conserve les couleurs et parvient à les remettre pour ainsi dire à neuf. Mme Buonaparte lui remit un tableau très gâté; il est parvenu à découvrir que c'était un très beau tableau original, ancien, gâté par un peintre moins bon qui l'avait surchargé de

au duc de Modène », de faire payer « sans secousse et sans arbitraire » les trois millions promis par les Vénitiens, de découvrir l'argent que le roi d'Angleterre a dans la banque de Venise, et, en octobre, de « proposer une opération » au duc de Parme, de « demander un million » aux Brescians, de « puiser dans tous les coffres ». Haller, écrit alors Masséna (GACHOT, *Camp. d'Italie*, 314), s'est, avec Villemanzy, « emparé presque exclusivement de l'oreille de Bonaparte. » Mais Delille, dans *Malheur et pitié*, l'opposait ainsi à son père (le grand savant, auteur d'un poème sur les Alpes) en une apostrophe aux Suisses :

> Haller, chantre divin, frais comme vos campagnes,
> Doux comme vos vallons, fier comme vos montagnes,
> Et qui ne prévit pas que son hymen, un jour,
> Du cygne harmonieux ferait naître un vautour !

(1) André Appiani (1754-1818), associé de l'Institut de France, chargé de « recueillir à Vérone et à Venise les différents objets des arts » (*Corr.*, n° 1819), de dessiner et de faire graver les campagnes d'Italie, d'exécuter les fresques de la villa Bonaparte et du palais archiducal ou royal (cf. la description de ces peintures par Luigi Lamberti, 1816), est un peintre napoléonien par excellence. « On peut, dit Napoléon dans son testament, trouver chez lui beaucoup de choses importantes pour mon fils. »

couleurs ; il lui a remis une toile neuve, ôté les barbouillures et fait un très riche et beau tableau. Marié, a de jolis enfants ; a fait le portrait du général Buonaparte racontant à un beau génie ses victoires, et le passage de Lodi dans le lointain ; a fait le portrait de la famille Buonaparte. Il est chargé de faire les dessins des médailles, au nombre de dix, pour l'armée d'Italie, pour chaque décret de « Bien mérité de la patrie ». Appiani est un gros homme, figure bourgeonnée, la tête grosse, des yeux un peu petits, noirs et de l'expression. Il a de la composition dans ses tableaux. Il lui est arrivé un désagrément cruel ; il avait pris un élève pauvre auquel il trouvait des dispositions. Il l'a nourri, habillé et défrayé très longtemps ; Lorsqu'il a eu du talent, l'ingrat jeune Italien lui a dérobé un ouvrage important ; c'est une suite de tableaux de l'*Iliade* qu'il avait esquissés ; il les a emportés en Angleterre. Ils sont en Amérique.

Ceracchi (1). Sculpteur, né à Rome ; quitté pour

(1) C'est le Ceracchi qui doit conspirer contre la vie du premier consul et qui mourut sur l'échafaud en 1801 avec Joseph Arena. Barras l'avait abouché avec Bonaparte avant la campagne, et le sculpteur avait exposé ses idées « très ardentes » au général ; plus tard, il conseillait, dans un mémoire adressé à Carnot, une triple expédition contre Livourne, Lorette et Rome qui fourniraient à la République française « plusieurs centaines de millions » ; le 28 décembre 1797, il était un des patriotes romains

Révolution il y a cinq ans; passe avec Canova, Vénitien, pour le plus habile de l'Italie. A voyagé en Hollande, Angleterre, Amérique, France; fait le buste du général Buonaparte. M'a raconté deux anecdotes. Une de deux Anglaises, très belles, l'une, mère, l'autre, fille d'un capitaine de vaisseau; la fille accepta la proposition qu'il lui fit de se laisser modeler nue; la mère accepta. Il a fait la même proposition à Milan à Mme Lamberti, très belle, qui n'en était pas loin; bien peu fallut.

Gros (1). Joli, jeune, d'une charmante figure et agréable tournure, teint blanc, cheveux châtains, beaux yeux, venant de Rome; s'est occupé avant d'aller en France à faire des portraits en grand à Milan. J'ai vu celui de Mme Buonaparte, celui de Mme Visconti, ressemblant et beau.

L'armée d'Italie célèbre ses victoires et les

qui cherchaient asile à l'ambassade de France et causaient l'échauffourée où périt le général Duphot.

(1) Sur la demande de Monge, Gros lui avait été adjoint en février 1797 avec 250 livres d'appointements par mois, ainsi que les peintres Wicar et Gerli, le sculpteur Marin et le musicien Kreutzer. Il avait fait naguère à Milan le *Bonaparte à Arcole*, et, comme il ne pouvait obtenir de séance du général, Joséphine s'était avisée de prendre son mari sur ses genoux après le déjeuner, et de le fixer ainsi pendant quelques minutes. Aussi Gros vantait la bonté de Joséphine qui, disait-il, entassait bienfaits sur bienfaits, comme Bonaparte victoires sur victoires; et on sait que l'impératrice commanda au peintre la *Peste de Jaffa.*

ARMÉE D'ITALIE
RÉPUBLIQUE
FRANÇAISE
LIBERTÉ
ÉGALITÉ
BONAPARTE GÉNÉRAL EN CHEF
ARMÉE D'ITALIE
ALEXANDRE
GÉNÉRAL DE DIVISION CHEF DE
L'ÉTAT MAJOR Gʳ. DE L'ARMÉE
BERTHIER
Turin
Pays du Roi de Sardaigne
Position de l'Armée Française
qui Commande le 6 E. an 4.
Serâ Gouvernement Démocratique
departde l'Armée 21. Germinal an 4.
Position de l'Armée Françe
à Felipo le 22 P. an 5.
Gouvernement Démocratique
Venise
Position de l'Armée
Françe à Brenf le 28. G. an 5.
Rome
Vienne
Mantoue

ITALIE   RÉPUBLIQUE   FRANÇAISE
LIBERTÉ   EGALITÉ
BONAPARTE GÉNÉRAL EN CHEF ARMÉE D'ITALIE
...DRE   BERTHIER
DIVISION CHEF DE   L'ETAT MAJOR G.al DE L'ARMÉE D'ITALIE

éternise de toutes les manières. Vingt belles gra-
vures que fait le citoyen *d'Albe*, Savoyard et dessi-
nateur en chef du général en chef, sont un beau
travail. L'auteur est un petit homme noir, beau
garçon, gentil, plein d'instruction, plein de talent,
et dessinant bien (1).

Le chef de l'état-major a pris une vignette
magnifique : sur une pyramide se trouvent écrites
les vingt plus belles actions de l'armée d'Italie (2).

Encouragements pour les soldats. — Le moyen
d'encouragement et de valeur extraordinaire qu'a
pris le général Buonaparte consiste d'abord en des

(1) Bacler d'Albe, plus tard chef du cabinet topographique de
l'empereur, et celui qui préparait, chaque fois que Napoléon
s'arrêtait, les cartes où il suivait les opérations, qui plaçait les
drapeaux ou signes figurant les unités. Né en 1761 à Saint-Pol,
volontaire, puis capitaine de canonniers au 2ᵉ bataillon de
l'Ariège en 1793, adjoint comme officier géographe-dessinateur
à l'état-major général de l'armée d'Italie en 1796, chef des ingénieurs géographes au dépôt de la guerre en 1799, adjudant-commandant en 1807, général de brigade en 1813, directeur du dépôt
de la guerre en 1814, mis en non-activité en 1815, il mourut en
1824. Desaix le nomme Savoyard parce qu'il avait, comme il dit,
pour satisfaire son goût du paysage, séjourné sept ans dans les
Alpes.

(2) Voir ci-joint cette vignette. On voit sur celle-ci, dans l'ins-
cription que le génie ailé trace sur la table de l'histoire, les mots :
Préliminaires de la paix. On lit sur d'autres : *Traité de paix de
Campo-Formio le 26 frimaire an 6.* La pyramide rappelle les
monuments élevés dans chaque division de l'armée d'Italie à la
fête du 14 juillet 1797.

avancements considérables d'officiers, surtout de jeunes gens qu'il a mis tant qu'il lui a été possible dans les emplois supérieurs. Il a donné des retraites aux médiocres et aux anciens (1). Il a surtout enflammé l'émulation en donnant dans ses relations beaucoup d'éloges aux braves qui se sont distingués. Il n'a jamais vu une demi-brigade qu'il ne lui ait persuadé qu'il la regardait comme la première de l'armée; il leur parle souvent et leur dit toujours quelque chose de vigoureux. Il a donné à chaque demi-brigade des drapeaux magnifiques où sont écrits, en très grandes lettres d'or, les noms des batailles où elles se sont distinguées (2). Elles y ont ajouté les mots d'orgueil

(1) C'est ainsi qu'il demandait la mise à la retraite de généraux zélés, patriotes, mais incapables de remplir les fonctions de leur grade, Abbatucci, Casabianca, Dujard, Macquart, Meynier; ainsi qu'il envoyait à Livourne et proposait pour la Corse le général Vaubois; ainsi qu'il reléguait Despinoy à Alexandrie. Il éloigna de même des colonels de cavalerie trop âgés, Glad, Gondran, Payen, Senilhac.

(2) Le 14 décembre 1796, Bonaparte ordonnait de faire faire des drapeaux pour les demi-brigades, trois pour chacune; le nom des affaires où elles s'étaient trouvées devait y être inscrit, et « celles où elles avaient contribué le plus seraient distinguées par de plus gros caractères ». Selon Roguet (*Mém.*, I, 405) et selon l'historique de la 32ᵉ, ce fut Dupuy, chef de brigade de la 32ᵉ, qui donna cette idée à Bonaparte; il lui demanda la permission de remplacer les drapeaux des anciens corps qui composaient la demi-brigade et qui ne lui rappelaient plus rien, d'inscrire sur les drapeaux nouveaux les mots prononcés

que leur avait dit le général. La 57ᵉ a : *La terrible 57ᵉ*. La 18ᵉ : *Vous, 18ᵉ, je vous connais, l'ennemi sera battu* (1). La 32ᵉ : *J'étais tranquille, la 32ᵉ était là* (2).

à Lonato le 3 août 1796 : *J'étais tranquille, la brave 32ᵉ était là!* « L'idée plut beaucoup à Bonaparte qui saisissait toutes les occasions d'électriser l'armée et d'établir un esprit de corps dans les demi-brigades et les divisions. » Thiébault juge (*Mém.*, II, 46) que cette mesure eut un grand effet moral; mais il ajoute que Bonaparte n'avait pas le droit de remplacer les drapeaux que les troupes tenaient du gouvernement, et que les nouveaux drapeaux, rapportés en France, « donnèrent lieu à de telles tueries entre les régiments de l'armée d'Italie et les régiments des autres armées qu'on fut forcé de les faire disparaître. » (Cf., sur la remise des nouveaux drapeaux, TROLARD, *De Rivoli à Magenta*, 198-199 et 384-386, et *Corr.*, III, 238-241.)

(1) C'est dans sa lettre du 18 janvier 1797, à l'endroit où il raconte que Victor accula Provera au faubourg de Saint-Georges, que Bonaparte avait cité la 57ᵉ demi-brigade. « La terrible 57ᵉ, disait-il, n'était arrêtée par rien. » Le 21 mars, il écrivait au citoyen Boudet, chargé de la confection des drapeaux de l'armée, qu'il fallait mettre sur les drapeaux de la 57ᵉ : *La terrible 57ᵉ demi-brigade que rien n'arrête*. Le 13 juin, il ordonnait à Brune de faire inscrire sur les drapeaux de la 18ᵉ : *Brave 18ᵉ, je vous connais; l'ennemi ne tiendra pas devant vous*; et sur ceux de la 25ᵉ : *La 25ᵉ s'est couverte de gloire*.

(2) Bonaparte a loué la 32ᵉ dans sa lettre du 6 août 1796 au Directoire. Il avait, après la levée du siège de Mantoue, ordonné au général Dallemagne d'attaquer et de prendre Lonato à quelque prix que ce fût : « Dallemagne n'eut pas le temps d'attaquer les ennemis, il fut attaqué lui-même. Un combat des plus opiniâtres, longtemps indécis, s'engagea; mais j'étais tranquille, la brave 32ᵉ demi-brigade était là. » La demi-brigade rappelle ce mot dans son *Historique* (G. FABRY, *Rapports historiques des régiments de l'armée d'Italie pendant la campagne de 1796-1797*, p. 130) : « Dans le rapport de cette affaire, Bonaparte

Enfin, pour bien dire, le général a cherché tous les moyens d'émulation. D'abord, celui d'*Armée d'Italie;* il n'a rien épargné pour enorgueillir son armée de ce nom (1). Une demi-brigade (la 39ᵉ, je pense), n'avait pas bien fait; il s'en environne, fait venir les officiers et sous-officiers près de lui, leur parle et leur dit : « Je ne suis pas content de vous; vous avez mal fait, vous n'êtes plus dignes d'être de *l'Armée d'Italie.* » Désolés à ce reproche, les soldats pleurant paraissent au désespoir. Le général alors leur rappelle leurs belles actions précédentes, les ranime et leur fait promettre de faire des prodiges. Ils demandèrent avant tout que le général déclarât qu'ils étaient dignes d'être de l'armée

inséra cette parole si honorable pour notre demi-brigade. *J'étais tranquille, la brave 32ᵉ demi-brigade était là.* Un tel éloge dans la bouche d'un pareil juge est la récompense la plus flatteuse de nos efforts et l'aiguillon le plus puissant pour le mériter davantage. Dans la suite, d'après la demande du citoyen Dupuy, il permit que cette épigraphe fût inscrite au milieu des drapeaux qu'il fit donner à la 32ᵉ. »

(1) C'est ainsi que, dans sa proclamation de Cherasco, du 26 avril 1796, il disait que tous ses soldats voulaient humilier les rois et leur dicter la paix, indemniser la patrie des immenses sacrifices qu'elle avait faits, et pouvoir dire avec fierté, en rentrant dans leur village : « J'étais de l'armée conquérante de l'Italie! » Une autre proclamation, datée de Milan du 20 mai 1796, félicitait les soldats de la gloire immortelle qu'ils auraient de changer la face de la plus belle partie de l'Europe : « Lorsque vous rentrerez dans vos foyers, vos concitoyens diront en vous montrant : « Il était de l'armée d'Italie! »

d'Italie et ne furent contents qu'à cette demande (1).

Dans toutes ses proclamations, il a cherché à persuader à l'armée d'Italie qu'elle était invincible, et qu'elle était déshonorée aux yeux des autres armées si elle était battue.

Il a eu aussi une autre méthode. Les divisions qui lui venaient de Sambre-et-Meuse et du Rhin, il les a en partie conservées, organisées ensemble, pour qu'elles rivalisassent avec celles d'Italie, afin d'avoir un moyen de plus d'émulation.

Il a toujours fait semer des bruits à propos pour réveiller le soldat et lui faire faire des folies (lors de l'expédition de Trente) (2).

Le général a, de plus, ordonné qu'on emploierait à la perfection de la cathédrale, ou plutôt à son entière construction, le principal des sommes destinées à son entretien; ce fonds est de deux ou trois millions; là-dessus il prélèvera les sommes nécessaires pour élever huit pyramides avec au-

(1) C'est aux soldats de la 39ᵉ et de la 85ᵉ que Bonaparte adressa ces paroles, sur le plateau de Rivoli, le 7 novembre 1796. Ces deux demi-brigades appartenaient à la division Vaubois. (Cf. *Corr.*, nᵒ 1170, et ROGUET, *Mém.*, I, 288.)

(2) Cf. encore les *Mém.* de ROGUET (I, 281-282) : « Bonaparte vint à la 32ᵉ et nous dit : « Il ne faut pas que la 4ᵉ entre à Saint-« Georges avant vous. — Qu'on nous laisse passer, ce sera bien « vite fini, » répondent les soldats. Il saisissait l'occasion d'entretenir la rivalité entre deux demi-brigades dévouées et capables de rendre d'éminents services. »

tant de faces qu'il y avait de demi-brigades dans chacune des divisions de l'armée; sur les faces consacrées à ces demi-brigades seront écrits les noms des morts aux batailles.

Administration de l'armée d'Italie. — *Haller*, correspondant avec le général, pour ainsi dire ministre des finances, recevant toutes les sommes, l'argenterie, et faisant fondre les monnaies;

Collot, à la tête des viandes, ayant fait une fortune immense et en jouissant bien (1); sa femme, plus jeune, aimable, ayant un charmant enfant;

Saint-Mesme, gros homme, vieux, cheveux blancs; ne passe pas pour honnête; a une femme plus jeune, maigre (2);

Hamelin, agent militaire, jeune, ayant une jeune femme, jolie, vive, les yeux noirs; il a fait une belle fortune (3);

(1) Jean-Pierre Collot (Desaix écrit *Colaud*), était né à Montpellier en 1764; il fut sous le Consulat fournisseur des vivres de la marine, sous l'Empire receveur général du département des Bouches-du-Rhône, et de 1821 à 1842 directeur de la fabrication de la Monnaie. Un royaliste le juge en 1803 « un des plus honnêtes de nos parvenus ».

(2) Saint-Mesme, entrepreneur des subsistances militaires à la fin de 1793, était arrivé en mars 1797 à l'armée d'Italie pour y remplir les fonctions de munitionnaire général.

(3) Cf., sur Hamelin, chargé de faire rentrer les contributions, *Corr.* de Napoléon, II, 553, III, 68 et 139. Sa femme, Fortunée

Regnaud d'Angely, à la tête des hôpitaux; il a
une jolie femme à vapeurs fréquentes (1).

Femmes françaises figurant à Milan. — Madame

Hamelin, dansait parfaitement la contredanse, et sa beauté, ses
cheveux crépus, et ce qu'un contemporain nomme son fumet,
lui donnèrent nombre d'amants : Joseph Bonaparte, Montrond,
Fournier-Sarlovèse, etc., etc. Aussi, lorsqu'elle vint demander
la bénédiction du pape, l'empereur disait-il qu'il fallait lui par-
donner parce qu'elle avait beaucoup aimé. Elle avait été, avec
Mme Tallien et autres, intime amie de Joséphine; elle fut de
celles que Joséphine dut, après le Consulat, bannir de son salon.
Ne l'avait-on pas vue suivre à pied, au Raincy, une chasse où
les hommes seuls étaient invités? N'avait-elle pas, sous le Directoire, traversé les Champs-Élysées en tunique de gaze, et les
journaux n'avaient-ils pas annoncé qu'elle se décidait à remettre
des chemises? Ne l'avait-on pas surnommée le plus grand polis-
son de France? Sous les Cent-Jours, Napoléon décida de lui
donner mille francs par mois, à condition qu'elle enverrait des
notes à Lavallette.

(1) Mme Regnaud de Saint-Jean-d'Angély, troisième fille de M. de
Bonneuil, officier de la maison de Monsieur, était moins bien de
face que de profil, et, suivant une contemporaine, son profil
avait toute l'élévation, toute la perfection des têtes grecques;
aussi s'étudiait-elle à ne se montrer que de flanc. Bien que
Thiébault assure qu'elle avait une tête et des dents de cheval,
elle passait pour très belle, et un souffle de Vénus, disait-on,
animait son portrait fait par Gérard. Elle avait d'ailleurs acquis,
en chantant avec Garat et autres artistes, un véritable talent de
cantatrice. La belle Laure, comme on la nommait, eut beaucoup
d'amants ou, selon le mot d'alors, de préférés. A côté du nom
Laura écrit au-dessous de son portrait, un plaisant écrivait ces
mots : *qui voudra* (« l'aura qui voudra »). Napoléon, outré, finit
par faire dire à Regnaud que sa femme se conduisait de la
manière la plus inconvenante, que son boudoir était le scandale
de Paris, que, si elle continuait à se comporter de la sorte, il lui
donnerait une marque publique de désapprobation.

Le Long, de Marseille, cheveux blonds, dents avancées ; jeune, joli sourire ;

Madame *Berthier*, de Versailles, assez bien, aimable, bonne enfant (1) ;

Mademoiselle *d'Aiguillon*, sa sœur, sur laquelle la chronique s'exerce souvent, jeune et bien faite (2) ;

Madame *Lamotte* ;

(1) C'est évidemment, non la femme de César Berthier, Louise-Thérèse-Augustine Desbance d'Aiguillon (que César Berthier épousa en 1792 et qui mourut en 1848), mais la femme de Léopold Berthier, Joséphine-Jeanne-Marguerite Desbance d'Aiguillon, née à Versailles le 25 décembre 1771. Son père, Desbance d'Aiguillon, gendarme de la garde, était maître d'hôtel de la comtesse d'Artois, et sa mère, Catherine-Gillette Bourdin, femme de chambre de Madame Victoire de France. On sait que la femme de Léopold Berthier divorça pour épouser le 5 décembre 1803, à Duravel, dans le Lot, le général Lasalle, alors colonel du 10ᵉ hussards. Ajoutons que les demoiselles d'Aiguillon avaient un frère, Stanislas-Louis (1767-1829), qui fut adjoint d'un des Berthier et chef d'escadron.

(2) Cette troisième demoiselle d'Aiguillon, Marie-Adélaïde Desbance d'Aiguillon, devait épouser bientôt un personnage assez remarquable, Brémond. Né à Grenoble en 1773, élu capitaine au 2ᵉ bataillon des Alpes-Maritimes en 1793, nommé par Bonaparte en 1797 sur le champ de bataille de Rivoli adjudant-général chef de bataillon, promu en 1798 adjudant-général chef de brigade, exerçant alors dans la République romaine les triples fonctions de ministre de la guerre, de la marine et des affaires étrangères, puis, grâce à Alexandre Berthier, devenant en 1800 secrétaire général du département de la guerre, Brémond fut sous-inspecteur aux revues de 1800 à 1815, inspecteur aux revues en 1815, et prit sa retraite en 1823. Mais sa femme l'avait depuis longtemps quitté pour s'unir à Élie Audeval, commissaire des guerres et cousin des demoiselles Fernig.

Madame *Leclerc*, née sœur du général Buonaparte, très belle femme ;

Madame *Buonaparte* (1).

Les *Italiennes* dont la beauté est célèbre sont :

Madame *Lamberti*, femme magnifique, autrefois
maîtresse de l'empereur, mais dégradée par le
vice et la débauche (2) ;

Madame *Ruga*, jeune, jolie ; femme d'un avocat ;
comme toutes les Milanaises, aimant les plaisirs,
en ayant éprouvé le venin ; amie du général
Murat (3) ;

Madame *Visconti*, grande, belle ; son mari ambassadeur en France ; le général Berthier très bien
avec elle (4) ;

(1) Voir, sur Mme Leclerc et Mme Bonaparte à Milan, les livres
de Frédéric MASSON : *Napoléon et sa famille*, I, 148-163 et 183-
189; *Joséphine répudiée*, 8-17.

(2) « Elle avait, dit Stendhal, été distinguée par l'empereur
Joseph II ; quoique d'un certain âge, elle offrait encore le modèle
des grâces les plus séduisantes et pouvait rivaliser, en ce genre,
avec Mme Bonaparte elle-même. » (*Vie de Napoléon*, 140, et
Journal, 397.) Un des Lechi lui présente Beyle en 1811.

(3) Madame Ruga a été citée par Stendhal (*Vie de Napoléon*,
139-140). Appiani l'avait peinte en Diane entrant au bain. Son
mari, Sigismond Ruga, avocat à Milan, fut juge du tribunal
d'appel en 1797, et membre, après Marengo, de la commission
du gouvernement (avec Arauco, Birago, Melzi, Paradisi, Visconti, Aldini, Bargnani et Sommariva), puis du comité triumviral (avec Visconti et Sommariva), puis membre de la consulte
de Lyon.

(4) Le marquis Francesco Visconti, né en 1760, un des cory-

Madame *Roze*, femme d'un officier au service de France, très jolie, coquette, se trouvant souvent près de la promenade pour s'y faire voir et devant les passants (1).

Le général *Leclerc*, adjudant-général du général Moreau, passé à l'armée d'Italie ; petit, mince, maigre, la figure un peu tournée, doux, honnête, a épousé la sœur du général Buonaparte (2);

phées du club de Milan, un des membres de la municipalité installée par les Français, alors ambassadeur de la République cisalpine à Paris, membre, après Marengo, de la commission de gouvernement, puis du comité triumviral, mort en 1808. Sa femme, Giuseppina, fille d'Ambroise Carcano et veuve de Jean Sopransi, ne quittait pas à cette époque Mme Bonaparte. Tous les contemporains vantent la beauté de sa taille et de son visage, mais elle avait les bras inégaux; et plus tard, bien qu'elle se fît lacer à tour de bras le corps et les cuisses, elle devint si grosse qu'au whist elle avait besoin d'un pupitre pour ranger ses cartes. Berthier l'aima jusqu'au bout et lui constitua, en 1814, une rente viagère de quarante mille livres. Le portrait de cette femme, qu'on a justement nommée la bêtise de Berthier, a été fait par Gérard, et il est aujourd'hui au Musée du Louvre.

(1) Desaix a écrit *madame Rose, femme d'un officier albanais*, puis il a barré le mot *albanais*. C'est évidemment la femme de l'adjudant-général Nicolas Roze, chef d'état-major de Gentili et de Chabot à Corfou, qui eut trop de confiance dans Ali-Pacha. Mais ce n'était pas sa femme légitime, puisque Roze épouse l'année suivante une jeune Grecque de Janina, Zoïtza aux yeux noirs, et annonce au Directoire ce mariage qui « resserre son amitié avec Ali-Pacha et attache ce prince à nos intérêts. » (*Carnet de la sabretache*, année 1900, p. 396.) Cf. sur la destinée de ce Roze, outre l'article cité, le livre d'A. Chuquet, *la Légion germanique*, 246 et 332.

(2) Victoire-Emmanuel Leclerc (1772-1802), médiocre selon

Andréossy, grand, gros, marqué de petite vérole (1).

J'ai vu *Serurier*, grand, cinquante-cinq ans, des environs de Soissons, ancien lieutenant-colonel,

Marmont et Thiébault, officier du premier mérite suivant Napoléon, d'abord lieutenant au 2ᵉ de Seine-et-Oise, aide de camp de La Poype et son chef d'état-major devant Toulon, employé à l'armée des Ardennes, puis à celle des Alpes comme adjudant-général chef de brigade, commandant à Marseille, appelé en Italie par Bonaparte et, de même que Murat, très employé. Le général en chef l'envoie à la fin de juin 1796 à Coire et dans le pays des Grisons, et il dit à ce propos que Leclerc « joint à beaucoup de conduite un pur patriotisme » ; il l'envoie à Castiglione, à la tête de la 5ᵉ demi-brigade, secourir la 4ᵉ ; il l'envoie, après Roveredo, à la poursuite des vaincus ; il l'envoie culbuter l'ennemi qui s'oppose au passage de la Piave, et, en avril, c'est Leclerc qui porte à Paris des dépêches sur la situation de l'armée et les préliminaires de Léoben. Nommé général de brigade le 6 mai, il épouse le 20 à Mombello Pauline Bonaparte, et il sera général de division en 1799 et général en chef de l'armée de Saint-Domingue en 1801. Son portrait physique, tel que le trace Desaix, rappelle les mots de Thiébault qui nomme Leclerc le blond Bonaparte ; il ressemblait, dit Thiébault, à la couleur de ses cheveux près, de figure, de taille, de maigreur et de tournure, à Bonaparte ; et, pour rendre l'identité entière, il copiait ses poses, manières et gestes.

(1) Andréossy, qui fut général de division, ambassadeur et pair de France, était alors chef de brigade d'artillerie et directeur de l'équipage des ponts ; il avait armé les bâtiments de guerre qui protégeaient la navigation du lac de Garde ; il s'était « comblé de gloire » à Arcole ; au passage de l'Isonzo, lorsque Bonaparte lui demandait si la rivière était guéable, il se jetait dans l'eau, à la vue des ennemis, pour la sonder. Le général en chef le nommait « un officier du plus grand mérite, distingué par ses talents et ses connaissances étendues », et lui avait, en mars 1797, donné une gratification de 10,000 francs.

probe, intègre, estimable sous tous les rapports, passant pour aristocrate, mais soutenu par le général Buonaparte qui l'estime (1).

Bernadotte, jeune, plein de feu, de vigueur, de belles passions, de caractère surtout, très estimable; il n'est pas aimé parce qu'il passe pour enragé; ses troupes les mieux tenues de l'armée (2);

(1) Serurier était né à Laon en 1742, et il avait été lieutenant-colonel du régiment de Médoc; il fut souvent accusé d'aristocratie. (Cf. Louis TUETEY, *le Maréchal Serurier*, 66-71.) Mais, comme dit Desaix, Bonaparte l'estimait et le soutenait. Si le général en chef lui reprochait de ne rien prendre sur lui et de n'avoir pas assez bonne opinion de ses troupes, « la réputation militaire de Serurier, écrivait-il, est établie, et nous lui devons, entre autres choses, le gain de la bataille de Mondovi. Il est aussi attaché à la République qu'à l'honneur; il a déployé autant de talents que de bravoure et de civisme; sévère pour lui-même, il l'est quelquefois pour les autres; il dédaigne l'intrigue et les intrigants, ce qui lui fait des ennemis parmi ces hommes qui sont toujours prêts à accuser d'incivisme ceux qui veulent que l'on soit soumis aux lois et aux ordres de ses supérieurs. » Bonaparte lui donna le commandement des troupes qui formaient le blocus de Mantoue et de tout le Mantouan. Il l'envoya porter au Directoire les drapeaux conquis, et dans cette cérémonie, qui eut lieu le 28 juin 1797, Serurier assura que l'armée saurait maintenir le bon ordre, si elle rentrait en France, et qu'elle défendrait jusqu'à la mort la constitution de l'an III. Il revenait de Paris lorsque Desaix le vit : « Le général Serurier vient d'arriver, mandait Bonaparte; il est indigné du royalisme qui agite l'intérieur. » (Cf. le jugement de Marmont : « Lieutenant-colonel de Médoc... Sa taille était haute... Aimant le bien, probe, désintéressé, il avait des opinions opposées à la Révolution... Respecté et estimé. »)

(2) Bonaparte allait l'envoyer, comme et après Serurier, porter à Paris des drapeaux autrichiens, et il louait alors cet excellent

Murat, grand jeune homme du Midi, sortant du 21ᵉ chasseurs à cheval; très employé par le général; pris à Brescia; aimant Mme Ruga; ayant une inclination prononcée à Brescia; brave, employé souvent aux avant-gardes, distingué (1);

Gianni, petit bossu, railleur né par la nature, poète plein de moyens, passe pour le plus habile de l'Italie; je l'ai vu à un souper à la cassine des Pommes (2);

Lannes, extrêmement brave des braves, jeune,

général, « un des officiers les plus essentiels à la gloire de l'armée d'Italie, un des amis les plus solides de la République, incapable par principes comme par caractère de capituler avec les ennemis de la liberté pas plus qu'avec l'honneur. »

(1) Murat, né à la Bastide-Fortunière, dans le haut Quercy, en 1767, avait alors trente ans; il était chef d'escadron au 21ᵉ chasseurs lorsque, au 13 vendémiaire, il amena à Bonaparte l'artillerie du camp des Sablons. Colonel et aide de camp de Bonaparte, général de brigade le 10 mai 1796, il s'était fait prendre le 30 juillet à Brescia. Mais il fut, comme dit Desaix, très employé. Bonaparte lui donnait des missions, à Fossano, à Gênes; il l'envoyait commander l'avant-garde de la colonne Vaubois, la colonne de droite de Serurier, la colonne mobile qui châtiait Casal-Maggiore, et, après avoir poursuivi les vaincus de Roveredo et de Bassano, c'était Murat qui menait l'avant-garde de la division Bernadotte et qui allait surveiller les frontières de la Valteline.

(2) Desaix a écrit *Jani* : il s'agit évidemment de Francesco Gianni, l'ancien tailleur, l'improvisateur que Rome et Gênes applaudirent. Il s'était échappé de Rome après le meurtre de Bassville, et Monti, alors son grand ami, plus tard son mortel ennemi, le fit nommer secrétaire du ministère des affaires étrangères de Cisalpine, puis commissaire en Émilie. Il était né à Rome en 1759 et mourut à Paris en 1822.

jolie tournure, bien fait, figure pas très revenante, criblé de blessures, élégant, de beaux chevaux, de belles voitures, la plus belle d'Italie; marié. A été à Rome : le pape lui tendant la main pour la baiser, Lannes la prit et la serra fortement (1);

L'adjudant général *Boyer*, joli jeune homme, agréable tournure, vif; aide de camp du général Schérer; employé à la cavalerie (2);

(1) Desaix écrit « Lasne ». Il était alors général de brigade. Bonaparte disait de lui qu'à Arcole, son courage, son dévouement avaient été sans exemple; Lannes, « aussi brave qu'intelligent, » avait le premier mis le pied sur l'autre rive du Pô, vis-à-vis Plaisance; il avait été chargé de la sûreté du quartier général; il avait châtié la révolte de Binasco et des fiefs impériaux, commandé l'infanterie de l'avant-garde de la colonne Vaubois; il avait, à la journée de Bassano, enlevé de sa main deux drapeaux; aussi Bonaparte donnait-il à Lannes le drapeau qu'il recevait du Corps législatif en mémoire d'Arcole. Lannes avait épousé en mars 1795 la fille d'un banquier de Perpignan, Paulette Méric, de laquelle il fut divorcé au mois d'août 1800. Mais a-t-il vraiment serré la main du pape au lieu de la baiser? Il était venu à Rome en mars 1797 avec Fiorella, Victor et autres officiers, et Cacault, notre envoyé, les présenta au pape : « Cela, écrit Cacault, s'est passé à merveille; ils ont assisté à la cérémonie du mercredi des Cendres; ils ont eu le maintien le plus noble et le plus honnête; ils se sont mis à genoux pendant l'élévation, mais ils n'ont fait chez le pape aucun mouvement pour baiser les pieds et le pape les a reçus debout comme tous les souverains reçoivent. » (Du Teil, *Rome, Naples et le Directoire*, 479.)

(2) Landrieux dit de même (*Mém.*, I, 281) : « Boyer a l'air aussi brave garçon qu'il est gentil de figure. » Henri-Jacques-Jean Boyer, né à Sarlat en 1767, chef du 6ᵉ bataillon des Côtes, puis

L'adjudant-général *Berthier*, frère du général, petit, bien fait, honnête (1);

Le chef des ingénieurs géographes *Berthier*, grand, froid, figure longue, noire, parlant peu, marié (2);

adjudant-général en 1793, devint général de brigade en 1803, baron en 1810, et mourut en 1828. Il commandait à Dego une des trois colonnes de la division Laharpe; il avait été chef d'état-major de la division Laharpe, puis de la division Guieu, et, le 4 octobre 1797, Bonaparte l'avait nommé chef d'état-major de toute la cavalerie sous les ordres de Kilmaine. Il était ainsi apprécié par Clarke : « Instruction superficielle; brave; a quelques talents. »

(1) César Berthier, dit Berluy-Berthier (1765-1819), officier d'infanterie avant la Révolution, adjudant-général et chef du bureau topographique à l'armée de Sambre-et-Meuse, envoyé à l'état-major de l'armée d'Italie parce qu'« il a des talents comme ingénieur historiographe » et qu'il « pourra enrichir nos collections topographiques du relevé des points les plus intéressants du théâtre de la guerre (lettre de Reubell à Bonaparte), chargé le 6 octobre 1797 de maintenir toujours en bon état la seule route de l'armée française (de Milan à Palmanova par Mantoue, Porto-Legnago et Trévise), chef de l'état-major de la cavalerie à l'armée de réserve en 1800, inspecteur aux revues à la fin de 1801, général de brigade en 1802 et de division en 1806, comte de l'Empire en 1810, gouverneur du Piémont, puis de la Corse, inspecteur général d'infanterie. « Combien de Laridons, disait Courier, passent pour des Césars, sans parler de César Berthier! »

(2) Léopold Berthier (1770-1807), chef de bataillon en l'an II, adjudant-général en l'an III, commandant à l'armée d'Italie la brigade des ingénieurs-géographes, général de brigade en 1799 et de division en 1805, chef d'état-major à l'armée de Naples, à l'armée de Hanovre, au 1er corps de la Grande Armée, tout cela, dit Thiébault, bien qu'il eût peu de style et d'orthographe, et qu'on ne puisse lui attribuer, comme à son frère César, aucun fait d'armes.

Berthier, petit, gros, rit toujours, très affairé; amoureux de Mme Visconti (1);

Général *Chevalier*, pauvre homme, peu de tournure et de moyens, employé dans une place (2);

Général *Valette*, suspendu à Castiglione, fait prisonnier en Tyrol; âgé de quarante-cinq ans; front découvert, figure longue, yeux noirs, petits; teint sanguin; nez gros (3);

(1) C'est le chef d'état-major de Bonaparte, Alexandre Berthier, celui que le général appelle alors l'infatigable Berthier et dont il disait : « Talents, activité, courage, caractère, tout pour lui; il est une des colonnes de la République; pas une victoire de l'armée d'Italie à laquelle il n'ait contribué. » Cf. le jugement de Marmont : « D'une activité prodigieuse, passant les jours à cheval et les nuits à écrire; » celui de Miot *(Mém.*, I, 194) : « Il remplissait ses fonctions de chef d'état-major avec une merveilleuse activité, genre de talent dans lequel personne ne lui était supérieur »; celui de Thiébault *(Mém.*, II, 7) : « Dans la force de l'âge, il avait une activité que soutenait chez lui l'avantage d'un tempérament infatigable. »

(2) Jacques-François Chevalier, né le 6 octobre 1740 à Paris, entré en 1755 aux gardes-françaises où il était premier sergent des grenadiers en 1778, admis en 1782 à l'hôtel des Invalides où il devint capitaine en 1787, élu chef de la 32ᵉ division de gendarmerie nationale en 1792, général de brigade le 5 mai 1794, destitué le 14 août suivant, remis en activité et confirmé le 3 novembre 1795, pour avoir défendu la Convention aux journées de vendémiaire, envoyé à l'armée des Alpes, puis à celle d'Italie où Bonaparte lui donne le commandement d'Osoppo, réformé en septembre 1798, retraité en août 1801, mort en avril 1814.

(3) Antoine-Joseph-Marie Valette (Desaix l'appelle à tort *Lavalette)*, né le 26 janvier 1748 à Valence, dans la Drôme, sous-lieutenant au régiment de Boulonnais en 1766, lieutenant en 1776, capitaine en second (1783), capitaine commandant (1789), adju-

Général *Rey*, extrêmement gros et gras, figure ronde, pas de dents, front découvert (1);

Lespinasse, général de division, vieillard esti-mable, grand, figure ridée (2);

dant-général chef de brigade (1793), général de brigade provi-soire (23 septembre 1793), confirmé dans ce grade (6 novembre 1794), fut suspendu par Bonaparte après Castiglione. Mais il se justifia; il démontra que Bonaparte l'avait condamné « sur de faux rapports et par un mouvement irréfléchi, sans l'avoir entendu ». Bonaparte envoya Valette dans la division Vaubois, chargée de défendre Trente et Roveredo; fait prisonnier au combat de Rivoli et revenu à l'armée, Valette reçut le commandement du Bolonais et du Ferrarais, et, en 1798, il était, à Pérouse, à la tête d'une des divisions de l'armée de Rome. Mais, le 3 juin 1798 il fut réformé par arrêté du Directoire, et, le 22 mai 1799, autorisé à prendre sa retraite. De nouveau il protesta. Il fut remis en activité (30 juillet 1799) et, depuis, toujours employé, d'abord à l'armée des Alpes, ensuite dans les départements, Drôme, Ain, Doubs. Retraité le 21 février 1815, Valette mourut le 21 juillet 1823.

(1) Gabriel-Venance Rey, né à Milhau en 1763, entré à Royal-Cavalerie en 1783, adjudant-major en 1792, général provisoire, puis général de division en 1793, employé à l'armée d'Italie en juillet 1796 et à l'armée de Naples en septembre 1798, commandant supérieur des légions italiennes en 1800, retraité en 1803, rappelé en 1809 pour commander les gardes nationales à Anvers, et en 1814 et en 1816 pour commander la Haute-Loire et la 19e division militaire, retraité de nouveau en 1826, réintégré en 1830 et retraité pour la troisième fois en 1832, mort à Bourg-lez-Valence en 1836.

(2) Lespinasse, a dit Napoléon, était un vieil officier, brave de sa personne et fort zélé. (C'est aussi le jugement de Clarke : « très brave homme, zélé ».) Né à Pouilly-sur-Loire, dans la Nièvre, en 1736, Augustin de Lespinasse, successivement lieute-nant d'artillerie (1763), capitaine (1777), major (1788), lieute-nant-colonel (1791), chef de brigade (1793), suspendu comme

Aides de camp : Leturcq, du 5e dragons, quartier-maître, figure grêlée, assez grand, roux; bon enfant, obligeant (1);

Dutaillis, chef de bataillon, bon enfant, très obligeant, a été assez maltraité dans la Révolution, a servi dans les chasseurs formés des gardes-françaises (2);

Bruyère, attaché au 7e hussards, fils du chirur-

noble, général de division (1794), mis à la retraite, réintégré comme général de brigade en mai 1796 et commandant de l'artillerie à l'armée d'Italie, de nouveau divisionnaire (1797), sénateur (1799), comte de l'Empire (1808), pair de France (1814), mourut à Paris en 1816.

(1) Leturcq (François-Charles-Michel), né à Boynes, dans le Loiret, le 10 février 1769, dragon au 5e régiment en 1789, sous-lieutenant en 1792, lieutenant en 1793, nommé par Bonaparte capitaine (31 octobre 1796) et chef d'escadron (24 juin 1797); il était depuis le mois d'août 1796 aide de camp de Berthier, qui disait de lui qu'il avait toujours montré intelligence, courage et sang-froid; il avait été fait adjudant-général provisoire lorsqu'il fut tué à Aboukir le 25 juillet 1799.

(2) Ramond du Bosc-Dutaillis (1760-1851) avait, en effet, servi au 14e bataillon d'infanterie légère qui fut formé des gardes-françaises, et il avait été, comme noble, exclu de l'armée. Mais Berthier le fit son aide de camp au mois de germinal an III, et, après Castiglione, ce fut Dutaillis qui alla porter à Paris les drapeaux pris à l'ennemi. Marmont, blessé de ce choix qui aurait dû tomber sur lui, qualifie, à cette occasion, Dutaillis d'officier « extrêmement médiocre et passant pour peu brave ». Pourtant, Dutaillis, qui devint général de brigade en 1803 et de division en 1807, se signala par son intrépidité à Rivoli, à Arcole, à Marengo. Il eut le bras droit emporté dans la campagne de Prusse. On sait que la défense de Torgau, en 1813, est son titre le plus glorieux.

gien en chef de l'armée, petit, noir de figure, l'air fier et dédaigneux (1) ;

Jullien, aide de camp du général Saint-Hilaire, joli garçon, bon ton, teint basané (2) ;

Colbert, gros garçon, aide de camp de Murat ;

(1) Jean-Pierre-Joseph Bruguière, dit Bruyère, né à Sommières, dans le Gard, en 1771, chasseur à la 15ᵉ demi-brigade légère en 1794, sous-lieutenant en 1795, lieutenant en 1796, aide de camp de Berthier le 8 mars 1797, capitaine au 7ᵉ *bis* de hussards le 7 août 1797, chef d'escadron en 1802, major en 1803, colonel en 1805, général de brigade en 1806, baron de l'Empire en 1808, général de division en 1809, eut les deux cuisses emportées au combat de Reichenbach et mourut de ses blessures, le 5 juin 1813, à Görlitz. Ce fut lui qui, le 14 juin 1800, porta à Desaix l'ordre d'accourir sur le champ de bataille de Marengo. Il fut, a dit Thiébault, le fidèle de Berthier et le plus acharné de ses séides. Quant à son père, Jean-Justin Bruguière, né en 1744 et mort en 1804 à Sommières, élève à l'hôpital de Montpellier, aide-major en Corse (1778), chirurgien-major de régiment (1775), chirurgien-major en chef (1785), il était chirurgien en chef de l'armée d'Italie depuis 1795 et prit sa retraite en 1801. Cf. sur tous deux les *Mémoires* de Desgenettes, II, 285, 465, 471.

(2) Thomas-Prosper Jullien, né en 1773 à La Palud, dans le Vaucluse, lieutenant au 35ᵉ ou régiment d'Aquitaine en 1792 et capitaine en 1795, adjoint à l'adjudant-général Saint-Hilaire (1794) et aide de camp de Saint-Hilaire (devenu général) en 1797 après s'être particulièrement distingué au passage des gorges de la Brenta, envoyé à Rome avec Marmont et Charles pour imprimer dans l'esprit du pape et des Romains l'idée la plus avantageuse de l'armée française, aide de camp de Bonaparte en 1798, tué la même année par des Arabes sur la route du Caire à Rosette. Il avait deux frères, l'un, Auguste, capitaine d'infanterie, qui était son adjoint et qui mourut de la peste à Alexandrie en 1800; l'autre, Jullien de Bidon ou Bidon, camarade de Bonaparte au régiment de La Fère, plus tard général de brigade, comte de l'Empire et préfet du Morbihan. (Cf. A. Chu-quet, *Jeunesse de Napoléon*, I, 310 et 460.)

grosse tournure, beau teint, honnête et très bien élevé (1).

Dôme. — Je suis monté à l'église cathédrale appelée aussi le Dôme, immense, tout en marbre. J'y ai vu une chapelle souterraine très riche, entourée de reliefs tout en argent doré, précieux par la beauté de l'ouvrage et le fini, et sentant son prix. C'est là où saint Charles Borromée est placé dans une châsse superbe. Tout près de cette riche chapelle, et aussi sous terre, en est une seconde, beaucoup plus grande, qui sert l'hiver à officier aux chanoines qui craignent le froid. L'église est vaste. Colonnes de marbre énormes. Son portail n'était pas achevé et n'a pu jamais l'être par le peu d'intérêt qu'y prenaient les habitants qui n'avaient qu'un fonds de 24,000 francs pour les dépenses dudit. Vingt-quatre ouvriers étaient employés pour cette somme à l'embellissement

(1) Auguste Colbert (1777-1809) s'était engagé comme simple soldat. Il fut blessé à Saint-Jean-d'Acre, devint colonel du 10ᵉ régiment de chasseurs après Marengo et général de brigade après Austerlitz, fit de belles et heureuses charges à Iéna; mais le 3 janvier 1809, en Espagne, sur la route d'Astorga, dans une reconnaissance, il tombait, atteint d'une balle au front. Lieutenant et aide de camp de Grouchy, il était venu à l'armée d'Italie au mois d'avril 1797 avec des dépêches pour Bonaparte, et, le 2 mai, Murat l'avait demandé pour aide de camp. (COLBERT-CHABANAIS, *Traditions et souvenirs,* I, 43-45.)

et à l'achèvement de cet ouvrage immense.

Je suis monté au haut de la tour. Tout y est en marbre blanc. L'escalier qui est en marbre, haut de quatre cents marches, est commode. Il ne monte pas rapidement comme tous ceux des bâtiments très élevés, mais très lentement. A chaque trois escaliers est une fenêtre et un palier de trois ou quatre pas. A la fenêtre est gravé le nombre d'escaliers qu'on a montés. De distance en distance, on trouve des endroits où, après avoir longtemps monté, on peut se reposer en marchant de plain-pied et faisant le tour du bâtiment. Enfin on arrive : presque à l'extrémité de la tour, l'escalier change de forme; il est en limaçon, alors, assez raide, mais pas fatigant pour la tête, parce qu'à moitié de sa hauteur, il change de direction tout d'un coup; ainsi on n'est pas exposé à avoir la tête tournée.

Arrivé au lieu le plus élevé où l'on puisse monter, j'ai joui de deux grands plaisirs. Le premier, celui d'avoir de l'air, bien agréable quand on éprouve la chaleur du plein midi dans le Milanais, augmentée encore par la réverbération du marbre blanc qui compose l'édifice. La vue de là est immense. On voit toute l'Italie; au nord, les montagnes de Como et de Suisse, d'une vue admirable, ne peuvent pas être bien distinguées avec toutes les belles habitations qui se trouvent sur le dernier penchant. Le reste de la plaine est monotone et ne paraît qu'une forêt jusqu'aux Apennins (1).

Citadelle de Milan. — La citadelle est grande, elle a six bastions fort bien revêtus; les murs sont en briques; elle a des demi-lunes et des chemins couverts, n'est dominée nulle part; les cheminements pour arriver sont difficiles. Le pays qui l'environne dans la campagne est coupé dans tous les sens. Il paraît qu'elle a été construite autour du château de Milan, fait avant l'invention de la poudre. Il existe encore et peut servir de réduit de capitulation; il est carré et a quatre tours; deux, du côté de la ville, sont très hautes et très solides, construites de pierres de taille énormes, carrées et taillées en tête de diamant. Le boulet y fait peu d'effet. Au sommet de ces tours, on avait placé du canon qui voyait très loin, découvrait bien les tranchées et les incommodait fort.

La citadelle de Milan est susceptible d'une vigou-

(1) Cf., avec l'ascension de Desaix, celle qu'avait faite en 1796 Maurice Duviquet (*Souv.* publiés par Frédéric MASSON, 140-141), celle que fit en 1798 le chef de brigade Boutroue (D'HAUTERIVE, *Lettres d'un chef de brigade*, 43) et celle que fit en 1806 le sous-lieutenant Boussard d'Hauteroche (*Souvenirs*, 19-21).

reuse résistance ; elle en fit peu et se rendit aussitôt que la parallèle approcha de la place (1).

L'esplanade qui la sépare de la ville est vaste et bien découverte, et la citadelle est aussi forte de ce côté-là que des autres ; ce qui est rare, car d'ordinaire on les néglige sur ce point. Dans le siège, on avait neutralisé la ville du côté de la citadelle qui y répondait ; c'était peu adroit et c'était s'ôter un grand moyen de faire du mal à son ennemi ; une grande population comme celle de Milan devait obliger à employer bien des troupes à la garder et à empêcher un soulèvement. Un jour, quatre ou cinq déserteurs vinrent ensemble dans la ville : à leur vue, quelques habitants prennent l'épouvante, le bruit se répand de là partout que les Autrichiens sont dans la ville ; il y eut un mouvement prodigieux (2).

(1) La citadelle ne s'était pas rendue en 1796 après les premiers succès des Français, et elle avait été bloquée par Despinoy. Dès que les Autrichiens eurent été battus sur le Mincio, l'artillerie de siège approcha, et la tranchée fut ouverte devant le château du 17 au 18 juin ; le 27, les batteries se démasquèrent à la fois, et leur feu eut pendant quarante-huit heures une telle supériorité que le gouverneur battit la chamade et capitula le 29, à trois heures du matin. Le Directoire proposait de démolir la citadelle ; mais Bonaparte jugeait, comme Desaix, qu'elle était capable de résister, qu'elle pourrait soutenir deux mois de siège, donner ainsi, en cas de revers, le temps d'évacuer les parcs d'artillerie.

(2) Cf., sur cet épisode, les *Mémoires* de don Francesco Nava, 40, et les textes recueillis en note par Gallavresi.

Bréra. — J'ai été à *Bréra*: c'est une espèce de collège fort bien ordonné, ou plutôt une université bien composée (1). Il y a des astronomes, au nombre de trois, et tous fameux, hommes estimables : Oriani (2), Reggio et Cesaris (3). Ils sont

(1) « Grand et beau collège qui a le titre d'Université... L'Observatoire est un des plus commodes, des plus solides, des plus ingénieusement disposés et des mieux assortis que je connaisse... On a mis au collège de Bréra l'académie de peinture et de sculpture, et le cabinet de physique. » (LA LANDE, *Voyage en Italie*, 1790, 3ᵉ édit., I, 303-306.) Cf. D'HAUTERIVE, *Lettres d'un chef de brigade*, 43-44 : « L'Observatoire est abondamment fourni d'instruments ; un des professeurs nous a fait voir la planète Vénus. »

(2) On connaît la lettre de Bonaparte à Oriani qu'il assure de l'amour du peuple français pour les sciences et les arts : « Tous les hommes de génie, tous ceux qui ont obtenu un rang distingué dans la république des lettres, sont Français, quel que soit le pays qui les a vus naître. » Il le vit à Milan, et, la première fois, Oriani était troublé, interdit ; le célèbre astronome n'avait pas encore vu les superbes appartements de l'archiduc, et il ne se doutait pas, dit Bonaparte, qu'il faisait ainsi l'amère critique de l'ancien gouvernement ; il reçut ses appointements et tous « les encouragements nécessaires ». Né à Garegnano en 1753, entré à l'Observatoire de Bréra en 1777, chargé en 1786 d'une mission scientifique à Londres, membre de l'Institut d'Italie, comte, sénateur du nouveau royaume, auteur de nombreux ouvrages et opuscules sur l'astronomie, Oriani mourut à Milan en 1832.

(3) Le père Francesco Reggio et le père Angelo Cesaris (Desaix a estropié ce dernier nom et écrit quelque chose comme *Chieza*) étaient jésuites. Reggio (né à Genève en 1743, mort à Milan en 1804) et Cesaris (né en 1749 à Casal-Pusterlengo, mort à Milan en 1832) entrèrent tous deux à l'Observatoire de Bréra en 1773. La direction de l'établissement appartenait à Reggio ; mais Desaix a raison d'écrire que tous trois étaient à

à la tête d'un observatoire très bien ordonné, qu'ils soignent bien et où ils font des observations très exactes. Ils sont absolument fournis de tout ce qu'il leur faut. J'y ai observé la lune dans son premier quartier; rien n'était plus beau. La lune était immense, bien claire; on distinguait parfaitement les inégalités de la lune; elle paraissait formée d'un massif de l'or le plus pur. Ses montagnes sont bien sensibles. En effet, dans la partie qui n'est pas éclairée, on distingue, un peu avant, des petits points lumineux; ce ne peut être que des montagnes très élevées, qui reçoivent les rayons du soleil plus tôt que les autres terres plus basses.

Rien n'est agréable comme ces belles nuits d'été d'Italie : le ciel toujours serein, l'air frais. Respirant du haut de cet observatoire un air pur et agréable, j'y ai passé des heures charmantes. Deux femmes, dans le temps que nous y étions, chantèrent parfaitement des airs agréables; j'en fus pénétré, je ne l'oublierai jamais. Et ces bons abbés, si honnêtes, si doux, si vertueux, qui nous

la tête de l'Observatoire. « La direction, nous dit le directeur actuel, fut en réalité entre les mains des trois amis et collègues, Reggio, Cesaris et Oriani, toujours unis dans les plus nobles intentions, sans qu'il y eût marque de différence de grade. »

expliquaient avec un plaisir bien vrai tout ce qui était de leur dépendance, je les prenais pour des hommes du ciel, jamais descendus chez les hommes corrompus, et qui avaient tous les agréments de l'âme et du cœur.

A Bréra, il y a un joli jardin botanique, grand, bien tenu; il y a aussi des professeurs de peinture, dessin et sculpture. Ce n'est point un couvent, mais un établissement du gouvernement qui y nomme aux emplois; il est excellent.

Couvent des Grâces. — J'ai été voir au couvent des Grâces une peinture à fresque, qui est un chef-d'œuvre; elle est de Léonard de Vinci, fameux peintre très habile; elle était placée dans le réfectoire du couvent : les figures en sont admirables. Mais je n'ai pas pu bien les voir, parce qu'on a fait de ce couvent un hôpital de prisonniers de guerre autrichiens et qu'on a changé toutes les disposi-tions. Au réfectoire, on avait fait une séparation à deux pas de la peinture, de manière qu'on la voyait de très près et sous un mauvais jour; c'est bien dommage. Les peintures sont aussi un peu dégradées. Les Français ont emporté une immense quantité de tableaux d'Italie; c'est à Paris qu'il faut aller pour les voir. Les fresques, ne s'emportant point, sont restées (1).

Cependant, à Pompéi et Herculanum, on les lève aisément pour les placer où on le désire; mais cela demande bien du soin; j'en ai entendu faire le détail par le citoyen Monge.

Bibliothèque Ambrosienne. — De là nous avons été à la Bibliothèque Ambrosienne. Nous eûmes, par parenthèse, un accident à notre voiture : une roue s'en fut, la cheville étant mal placée, et nous tombâmes sans grand mal. A Saint-Ambroise, nous exerçâmes notre patience : le moine qui devait nous ouvrir les clefs, dormait. Enfin il vint et nous fûmes peu récompensés de nos peines. La Bibliothèque Ambrosienne n'a rien d'extraordinaire; son vaisseau n'est pas très vaste; il est oblong, élevé; point de peintures. Ce qui la rendait recommandable, c'étaient quelques manuscrits très anciens de Vir-

(1) Sainte-Marie-des-Grâces ou Le Grazie, église des domini-cains, fondée par Ludovic Sforza. (Cf. le *Voyage en Italie* de LA LANDE, I, 300, et MILLIN, I, 225-240, qui fait une longue descrip-tion de la Cène.) L'année précédente, Bonaparte avait visité le lieu et écrit sur ses genoux un arrêté qui portait que cette salle serait exempte de logements militaires. Au mépris de cet arrêté, un nouveau prieur fit de la salle une écurie; elle devint ensuite un grenier à foin; puis la municipalité la fit fermer. En 1807, le vice-roi (le prince Eugène) la fit « dignement accommoder, et un pont fut élevé près de la peinture, pour qu'on pût facilement l'examiner. »

gile, de Properce, de Pétrarque, et autres choses de ce genre pas très extraordinaires. Il y a à la suite de la Bibliothèque et au rez-de-chaussée, comme elle, quelques curiosités et antiquités assez intéressantes, mais pas étonnantes (1).

Palais archiducal. — J'ai vu aussi le palais archiducal, à présent palais du Directoire cisalpin; il est près du dôme ; les apparences ne le feraient pas prendre pour un palais. En effet, il est sans cour, la façade n'a rien de remarquable. Mais l'intérieur des appartements est magnifique. L'architecture est négligée à l'extérieur, mais les ornements sont nombreux, magnifiques; les salles sont immenses, très élevées et ornées de tapisseries du plus grand prix. Il y en a, dans plusieurs suites de pièces, qui représentent tous les événements de la vie de l'enchanteresse Médée, qui sont très frappantes et d'une grandeur immense. Toutes les pièces qui forment ce château sont de la plus grande beauté ; il faut remarquer surtout la grande salle d'audience, du plus grand luxe et du plus grand éclat.

(1) Pourtant La Lande (*Voyage en Italie*, I, 290) dit que la Bibliothèque Ambrosienne est la chose la plus intéressante de Milan, après la cathédrale.

Théâtre (1). — Le théâtre de Milan est énorme; son étendue est prodigieuse; il est surtout très élevé; il a six ou sept rangs de loges; point d'amphithéâtre. Dans toute l'Italie, les Italiens se soucient fort peu de voir le spectacle : au parterre, on a son chapeau sur la tête, ce qui fait que ceux qui sont derrière ne voient point ou voient avec peine. Toutes les loges sont séparées par des planches jusqu'en haut, de manière qu'on ne voit pas ses voisins. Les loges se ferment avec des rideaux à volonté; il y a aussi d'ordinaire une glace, et chacun éclaire sa loge à sa fantaisie. Le spectacle n'est pas couru d'ordinaire. On y donne presque toujours les

(1) Le théâtre de la Scala, bâti en 1776 sur les ruines de l'église de la Scala fondée par Régina Visconti, fille des seigneurs de la Scala, souveraine de Vérone. Cf. LA LANDE, I, 307-308. « Les loges, dit-il, sont grandes et commodes; des personnes qui y passent le quart de leur vie doivent être jalouses de les meubler agréablement. L'usage d'y tenir assemblée, d'y recevoir des visites, d'y faire la conversation, d'y jouer est aussi commun à Milan que dans le reste de l'Italie. On prend peu de part au spectacle... Il n'y a qu'à Rome où les loges soient dans l'obscurité, et où l'on est forcé d'écouter les acteurs. » Voir également DUVIQUET, *Souvenirs*, 142; D'HAUTERIVE, *Lettres d'un chef de brigade*, 44; *Douze ans de campagnes*, lettres de Louis de Villiers, 140; BOULART, *Mémoires*, 76 (il a vu le 14 juillet 1800 le théâtre tout illuminé à l'intérieur, « ce qui arrive rarement à cause de la dépense considérable qui en résulte et des chances d'incendie »), et Stendhal qui appelle la Scala le premier théâtre du monde : « C'est le salon de la ville; il n'y a de société que là; pas une maison ouverte; *nous nous reverrons à la Scala*, se dit-on pour tous les genres d'affaires. »

mêmes opéras. Un mois de suite le même ballet et le même opéra, c'est assommant. J'ai vu donner *Tarare* (1) et le ballet de *Deucalion et Pyrrha* (2), et jamais d'autres; ce qui fait que personne ne prend d'intérêt à la pièce et ne s'en occupe. Il est vrai que, par la disposition des loges, il n'y a que dans le fond qu'on peut voir; sur les côtés, on ne distingue rien, si on n'est pas les deux premiers. Encore celui qui a la place d'honneur y est-il fort gêné pour voir le spectacle. C'est toujours une dame. Elle est obligée de se tourner tout le corps pour voir; elle est assise tournant le dos au théâtre et est obligée d'avancer la tête avec effort pour pouvoir découvrir sur le théâtre, étant gênée par la séparation qui est à la loge (3).

Le ballet de *Deucalion et Pyrrha* est beau; il y a beaucoup de décorations bien entendues. Le jeu des machines est lent, et les coulisses tombent si

(1) *Tarare*, pièce de Beaumarchais, mise en musique par Salieri et donnée pour la première fois le 8 juin 1787.

(2) *Deucalion et Pyrrha*, ballet en un acte, paroles de Morand (d'après une comédie de Poulain de Sainte-Foix), musique de Giraud et Berton, représenté pour la première fois le 30 septembre 1755.

(3) Cf. Mme DE RÉMUSAT, *Mém.*, II, 139. Son mari lui décrit en 1805 « la tristesse des spectacles de Milan; l'obscurité des salles qui permet à chacun de s'y rendre sans toilette et de s'occuper souvent à toute autre chose, dans les loges presque closes, qu'à écouter l'opéra; le peu de diversité des représentations. »

peu rapidement qu'on s'ennuie de les voir descendre. Les habillements sont beaux, bien faits et agréables. J'ai remarqué trois jolies danseuses. La première a les cheveux très noirs; elle est petite, nerveuse et a bien de l'expression; elle a fait la passion de l'adjudant-général Franceschi (1) qui, toujours au spectacle, ne la quitte pas des yeux. La deuxième, petite, jolie, physionomie ronde, sourire gracieux, protégée par l'archiduc et son amante, disait-on, est très agréable, danse bien. La troisième est une danseuse des grotesques. Nous n'en avons pas d'idée en France; elle est très jolie, figure ronde, beaucoup de couleur et très intéressante. Ces grotesques étonnent et amusent; ils paraissent à la fin des ballets dont le jeu d'ordinaire est court pour remplacer ensuite ces danses continuelles, auxquelles on ne comprend rien. Les grotesques figurent alors et font

(1) C'est Jean-Baptiste Franceschi. Né à Bastia en 1766, quartier-maître au 16ᵉ bataillon d'infanterie légère, aide de camp de Gentili, adjudant-général chef de brigade en 1795, chargé en avril 1796 de dresser l'état nominatif des prisonniers de guerre faits à Dego, général de brigade en 1799, chef d'état-major de Gouvion Saint-Cyr à Naples en 1805, attaché à l'état-major de l'armée d'Espagne en 1808, employé en Toscane de 1809 à 1812, envoyé à la Grande Armée, il mourut du typhus à Danzig en 1813. « C'est, disait Courier, un ci-devant procureur de Bastia et né pour toujours l'être; à dire vrai, il l'est toujours, et n'a guère changé que d'habit. »

assaut; c'est à qui fera les sauts les plus hauts. Il y en a de très forts qui s'élèvent à plusieurs pieds. Ils m'ont toujours fait rire. Ce sont des espèces de bouffons de la danse; ils ont des sauts en tournant qui sont très plaisants. Il est surprenant de voir dans ce genre les femmes ne le céder en rien aux hommes et faire des sauts prodigieux.

Dans le ballet de *Deucalion*, il paraît une quantité d'hommes énorme; il y a beaucoup d'évolutions militaires. Mars y paraît armé de sa pique et d'un casque, il fait faire mille mouvements à ses soldats. Les dieux viennent successivement du ciel apporter aux hommes leur attribut. C'est un beau et grand sujet.

Les acteurs ont l'usage, quand on les applaudit, de faire un grand salut; si leur rôle veut qu'ils sortent de scène, ils paraissent un instant hors de la coulisse pour remercier par un salut.

La ville. — La ville de Milan est immense, son contour est prodigieux. Il est très aisé de le suivre, vu que le rempart enferme la ville en entier sans qu'il y ait de faubourg.

Canal. — Son enceinte n'était point aussi considérable autrefois, elle s'arrêtait au canal qui existe

encore et qui enceint la ville ; il est navigable et
on y voit beaucoup de bateaux. Les maisons de
l'intérieur de la ville le bordent immédiatement,
de manière qu'il n'y a point de quai ; mais extérieurement ce canal, bâti tout à neuf, a des quais assez
larges et bordés toujours de maisons neuves,
superbes et agréables, presque toutes ornées de
jardins. Tout l'intervalle entre le canal et le rempart est occupé en grande partie par des jardins,
en général peu agréables et jamais sans ombre.

Nombre d'églises. — On croit dans le pays que ce
lieu est malsain ; cependant, avant que d'y avoir
toutes les maisons que le terrain comporte, on y a
d'avance bâti bien des églises. Sur les cent trente
qui se trouvent à Milan, il y en a déjà aux environs de quarante dans ce quartier ; ce qui prouve
que les modernes aiment autant les églises que
leurs pères.

Remparts. — La ville est, comme je l'ai dit, environnée de murs ; ils forment des remparts mais
sans parapets et sont très bas ; ils sont très esca-
ladables. La ville de Milan étant le siège du gouvernement et se trouvant près des frontières de la
nouvelle République, peu grande, mais très peu-

plée, il a été formé un projet de relever ses remparts et de creuser des fossés qu'on puisse remplir d'eau. Ce serait très peu de chose, si la place était petite; mais, avec un aussi grand développement, ce serait cher. Il est vrai'qu'il est dur'pour une capitale de se voir exposée à être abandonnée parce qu'un parti s'y présente. Un officier du génie, venant de l'armée du Rhin, né à Gray, instruit, m'a beaucoup causé de cela.

Cours. — Les remparts entre la porte Orientale et celle de Rome, se trouvant les plus larges, servent tous les jours, c'est-à-dire que tous ceux qui ont des voitures (et le nombre en est immense à Milan), vont, en voiture beaucoup plus ouverte que les nôtres, y faire trente ou quarante tours de promenade à la file (1). On voit souvent quatre

(1) C'est le lieu, dit Millin (I, 97), « où les Milanais se plaisent à montrer le luxe de leurs équipages, ou à faire preuve de leur grâce à monter à cheval, ou de leur adresse à conduire trois ou quatre chevaux attelés à un élégant phaéton. » On connaît la description de Stendhal dans *Rome, Naples et Florence :* « En été, après dîner, à la chute du jour, à l'*Ave Maria*, toutes les voitures du pays se rendent au Bastion de la porte Rense; elles font halte pendant une demi-heure : c'est une sorte de revue de la bonne compagnie. Les Milanais sont fiers du nombre des carrosses qui garnissent leur Corso. J'y ai vu quatre files de voitures arrêtées des deux côtés du large chemin, et, au milieu, deux files de voitures en marche; deux cents jeunes gens à cheval et trois mille piétons complétaient le tapage. Dans toutes les villes d'Italie, il

rangs de voitures, jusque même six, qui courent à la suite les unes des autres. Après plusieurs tours, on se met de côté dans un rang qui reste établi et on regarde passer les autres. On se promène quelquefois à pied, mais rarement; la poussière est assommante, quoiqu'on arrose souvent.

Lazaret. — Au dehors de la ville, près de la porte Orientale (1), se trouve ce qu'on appelle le Lazaret. Il est très intéressant. C'est un bâtiment énorme, construit au commencement du siècle pour y placer les pestiférés. Il est carré; dans son enceinte est un vaste champ au milieu duquel est une chapelle élevée, ornée de colonnes, qui fait un très bel effet. Ce bâtiment forme des arcades immenses qui communiquent à des espèces de cel-

y a un Corso ou revue générale de la bonne compagnie. » Cf. D'HAUTERIVE, *Lettres d'un chef de brigade*, 44 : « Le Cours est très fréquenté par le monde élégant; on y voit une foule d'équipages et de voitures. »

(1) Le Lazzaretto fut construit, non pas au commencement du siècle, comme dit Desaix, mais en 1489, par Ludovic Sforza, et ce fut Louis XII qui le fit achever en 1507. La Lande (I, 311) fut étonné de la grandeur et de la solidité du bâtiment, ainsi que du nombre de ses arcades. Il avait fini par servir de caserne, et Bonaparte y fit placer en juin 1796 tous les dépôts de cavalerie, et, en septembre suivant, le dépôt de l'artillerie. (Cf. D'HAUTE- RIVE, *Lettres d'un chef de brigade*, 44.)

lules où se tenaient les pestiférés. L'idée de l'usage de cet établissement fait frémir ; mais sa grandeur, l'usage qu'on peut en tirer pour de grandes fêtes, le font voir avec plaisir et intérêt.

Cimetière des nobles. — Il y a aussi dans ce genre un monument intéressant dans l'intérieur de la ville. C'est le cimetière des nobles. Placé près du rempart, entre la porte Orientale et celle Romaine, il forme un rond à douze festons avec des arcades intérieures et une église au milieu. Chaque famille illustre (et il y en a tant à Milan qui ont joué un rôle dans l'histoire) y a son caveau et son terrain particulier. Ils ont beau faire, ils ont beau se séparer des autres ; après leur mort, ils n'en sont pas moins oubliés et confondus. Que de sujets de réflexion !

Promenades. — Revenons à un sujet plus gai et qui ne l'est guère à Milan. C'est la Promenade. Elle est très belle, très variée, tous les agréments y sont réunis, et elle est déserte. On dit qu'elle n'est point saine parce que l'ombre ne vaut rien dans l'Italie ; j'en doute. Les Italiens sont trop paresseux pour se promener et ils disent que c'est contraire à leur santé ; ce le serait à leur mollesse. La

Promenade commence au canal et s'étend jusques au cours si sain pour leurs voitures. Elle est, d'un côté, bordée par un canal qui la rafraîchit, et, de l'autre, par de beaux bâtiments appelés palais, comme celui de Belgiojoso et ceux qui bordent la rue Orientale, avec la vue ensuite sur cette rue. Elle est très agréable; elle varie de mille manières. Après plusieurs carrés d'allées longues et fraîches, viennent des labyrinthes de charmilles très agréables et bien entendus, mille variétés, un superbe bâtiment au milieu servant de guinguette Rien de cela n'attire l'habitant; il traverse froidement, le dimanche, pour aller un peu recevoir la poussière des voitures, et revient sans s'arrêter une minute. Un des défauts de ce jardin, je pense, c'est qu'il ne donne pas assez le moyen de se laisser voir; car les femmes vont dans les endroits publics moins pour l'agrément de ces lieux que parce qu'elles pourront y être vues (1), et comparer entre elles leur toilette et leur habillement. Le peuple qui n'a pas de voiture et le bourgeois aussi ne se promènent qu'un instant et reviennent tranquillement se placer, le dimanche, devant leur porte y jouir du frais et causer. Les cafés sont

(1) Desaix se souvient-il du vers d'Ovide :

Spectatum veniunt, veniunt spectentur ut ipsæ?

très fréquentés. Le soir, on se tient très en avant dans la rue, assis sur des chaises, au risque de se faire casser le cou par les voitures.

Rues. — Les rues de l'ancienne ville sont étroites, irrégulières pour leur ensemble, alignées assez droit, bien pavées en petites pierres (1), avec des trottoirs peu larges, en briques. Au milieu des rues, se trouvent deux rangs de pierres de taille placées à distance de la voie des voitures, de manière qu'on voyage le plus à son aise du monde et sans secousse.

Habitants. — Milan ne devait sa population et son étendue ni à son commerce, ni à ses manufactures, ni à ce qu'elle était le siège du gouvernement. Cette raison est bien celle qui l'avait formée; mais elle était bien plus grande en proportion que le séjour du gouvernement ne l'aurait produit dans tout autre pays. Placé dans le pays le plus fertile du monde, où, avec le moins de champs et le moins de travail, il est possible d'avoir beaucoup, il a été naturel que le pays eût un grand

(1) Ce sont, dit La Lande (I, 326), des « pierres roulées et arrondies par l'Adda ou par les autres rivières des environs; des granits rouges, verts, gris ou d'autres couleurs, ou des pierres qui ressemblent au porphyre. »

nombre d'hommes riches; c'étaient ces gens-là qui s'étaient réunis à Milan; aussi c'est eux qui en font absolument la population.

Ils n'ont point le luxe de l'agrément de la vie, de la bonne chère, des bains, des bons lits, de se garantir du froid; des vêtements élégants; ils n'ont que celui de l'ostentation extérieure. Beaucoup de voitures, de chevaux, une immensité de domestiques. Propriétaires de toutes les terres sans droits seigneuriaux, les nobles font des habitants ce qu'ils veulent, les payent peu et leur donnent juste ce qu'il faut pour l'existence. Aussi le peuple est-il pauvre, mal habillé, mal nourri de farine de Turquie au milieu de l'abondance.

En France, la terre demande un grand nombre d'hommes et on nourrit au moins les armées, les marins; les colonies en consommant beaucoup, l'industrie en employant infiniment. Rien de tout cela au Milanais. Mais aussi que de domestiques dans les maisons! Trente et quarante, dont un grand nombre mariés! Pauvre espèce d'hommes, bien humiliés et rampants! Nation bien dégradée!

Les sciences et les arts sont peu en honneur à Milan (1).

(1) C'est ce que remarquait La Lande (I, 341) : dans l'état actuel de la peinture et de la sculpture, rien qui puisse intéres-

Il y a du commerce, un grand échange avec la Suisse; on lui donne du blé, du vin, du riz, de la soie; elle donne des chevaux, des bestiaux en quantité, du fromage et le fruit de son industrie. Il y en a peu au Milanais. Les soies vont à Nîmes et Lyon; on les retire ouvrées, et ce qui est coton vient en quantité d'Angleterre.

Le Milanais est un pays prodigieusement riche (1). Il exporte des grains de toute espèce, du vin en quantité qui se change en eau-de-vie dans le pays de Modène, du riz, du cuir, de la soie et tout le produit d'un pays riche. Milan, capitale de 4 à 5 millions, joue un beau rôle.

ser les voyageurs, et l'esprit de procédure, le goût de chicane, l'envie de gagner ont affaibli les dispositions des Milanais pour d'autres genres d'occupations.

(1) « Cette capitale du plus riche pays de l'univers, a dit Stendhal, comptait 400 familles à cent mille livres de rente, et 20 à un million, qui ne savaient que faire de leur opulence. »

CRÉMONE

Départ de Milan. — Partis de Milan à 4 heures du matin, dans une bonne voiture tirée par quatre chevaux, nous avons été dans un instant, après avoir longé le canal et être arrivés à la rue Romaine, hors de la ville. La route est toujours la même et le pays aussi, uni comme la main, sans la moindre inégalité ; il est toujours bien cultivé ; en effet, on ne voit continuellement que des cultures variées, des productions admirables ; la végétation est magnifique.

D'abord, tout le pays est arrosé à volonté par le moyen de canaux tirés des rivières voisines, et chaque propriétaire à son tour peut disposer des eaux, de manière qu'on fait du pays ce qu'on veut : une rizière, une prairie, une vigne, un étang, etc.; mais d'ordinaire chaque terrain est presque toujours trois choses à la fois : un champ, un verger, une vigne.

A chaque vingt pas carrés se trouve planté un cerisier, un orme, un buisson, un autre arbre autour duquel se marie une vigne, et l'intervalle est orné de blés de différentes espèces ou bien de chanvre. Il y a souvent des champs de maïs qui y vient d'une hauteur prodigieuse, à huit ou neuf pieds. Le pays est extrêmement coupé. Toutes les propriétés sont entourées de canaux et bordées d'arbres, d'ordinaire de saules très serrés, de manière que la vue ne s'étend pas à deux cents pas et que l'ensemble du pays ne paraît proprement qu'une immense forêt de bois taillis où l'on voyage toujours de même. Du haut d'un clocher comme de la route, on n'a pas d'autre aspect; on ne distingue que quelques maisons de distance en distance, en général bien bâties en briques et couvertes en tuiles.

Bœufs, cochons, moutons. — Les habitants se servent beaucoup de bœufs pour leur transport. Ils sont en général de belle taille, presque tous blancs. J'en ai distingué dans le Mantouan une singulière espèce; ils ont des cornes immenses, toutes droites; elles ne partent point du devant de la tête pour s'étendre en avant, mais elles partent du dessus de la tête et paraissent se tenir toutes deux par leurs racines, et alors elles s'élèvent tout droit pour faire avec la sommité de la tête un angle de quarante-cinq degrés.

Les chariots sont tous très bas; ils sont à quatre roues, pas élevées, sur les essieux desquelles on arrange un large plancher qui déborde un peu les roues; il est plus haut d'un pied. En général, ils sont très peu chargés; leurs bestiaux doivent être peu fatigués. Les bœufs ne tirent point par les cornes, ni par le cou, mais par le garrot; c'est à l'endroit où le cou se joint aux épaules que s'appuie toute la charge; ils peuvent balancer leur tête; ils sont cependant attachés à un timon qui la dépasse de quatre à cinq pieds et s'élève de beaucoup au-dessus d'eux.

Les cochons en Lombardie sont tous noirs, les oreilles bien basses et bien plates; leur peau est presque rase et sans poil.

Les moutons y sont de taille moyenne et se distinguent aussi par des cornes horizontales à leur tête et extrêmement longues, s'éloignant par trois ou quatre spirales.

Habitants. — Les habitants ont tous les jambes

nues et les pieds de même ; ils n'ont pour les couvrir que des culottes de toile grise ou d'étoffe de coton, et une chemise avec un chapeau rond. Les femmes, dans cette partie-là, n'ont point, comme les Milanaises, un mouchoir sur la tête avec un petit voile noir ; elles ont (celles de la campagne) un petit chapeau de paille rond, dont le fond de la tête ressort d'un pouce et dont le bord est tout autour retourné en dedans d'un demi-pouce. Elles portent des corsets lacés des deux côtés, mais ouverts assez larges, c'est-à-dire trois doigts par le haut.

Les habitants voyagent d'ordinaire avec des voitures très légères ; elles sont à deux roues sur un brancard ; les roues sont très en arrière, et sur le brancard est placé, sans être suspendu, un coffre de bois découvert où peuvent être assises deux personnes ; mais souvent il n'y a place que pour une seule personne. Les habitants des campagnes vont toujours où leurs affaires les appellent avec des voitures de ce genre ; rien au monde n'est plus léger, mais on ne peut rien mettre dessus, pour ainsi dire.

Quand on court la poste sans voiture, on vous en fournit de ce genre ; les brancards ne sont pas pendants des deux côtés du cheval ; ils sont portés au-dessus de la selle où il y a des pièces de bois à cet effet. Les postillons, en général, sont élégants et conduisent bien ; ils ont de très petits fouets très légers et ne les font point claquer comme en France : quand ils veulent prévenir de leur arrivée ou qu'on doit se déranger, ils ont un cri qui prévient et auquel on est accoutumé.

L'uniformité des routes fait qu'on n'a rien à remarquer ; il n'y a que les villes qui offrent quelque chose d'intéressant.

Lodi (1). — Lodi est à deux lieues trois quarts de Milan. La ville est placée sur une petite hauteur qui domine de dix pieds à peu près le reste de la campagne. Sa forme est un carré long ; elle est enceinte par une muraille en briques, élevée de huit ou neuf pieds, et d'aucune défense militaire, puisqu'elle n'a point de flancs et de fossés ; seulement elle est élevée sur un petit escarpement peu difficile ; elle est parallèle à l'Adda dont elle est éloignée de deux cents pas. Elle a deux petits faubourgs : un sur la route de Pizzighettone où il y a huit ou dix maisons ; c'est là où est la poste ; l'autre est du côté de l'Adda, vers le pont ; il est

(1) La Lande (I, 403) dit qu'il n'y a de remarquable à Lodi que l'église de l'Incoronata ; Millin (II, 41) y trouve, au contraire, quelques édifices intéressants et lui consacre quinze pages.

parallèle au mur de la ville et forme un ensemble d'une cinquantaine de maisons. La ville est bien bâtie, les maisons pas hautes, les rues assez larges, pavées en petits cailloux, et, comme à Milan, ornées de trottoirs en briques avec deux rangs de pierres de taille au milieu de la rue pour que les voitures ne soient pas cahotées. Les rues ne sont pas tout à fait droites. Il y a au milieu une place carrée qui sert de marché; elle est peu intéressante.

Ce qui a donné à Lodi une grande célébrité, c'est le passage de l'Adda par l'armée française (1). La rivière n'est pas très profonde et large, mais elle est rapide; on la traverse sur un pont de bois dont les arches sont très rapprochées et sont en pilotis. Les ennemis n'eurent point l'attention de le couper. La rive droite est très coupée de saules, de

(1) Aussi POUGET, en 1804 (*Souvenirs de guerre*, 56), « ne manque pas d'aller saluer le pont de Lodi, rendu célèbre par l'intrépidité du général en chef Bonaparte. » Stendhal ne dit-il pas que « Napoléon vint réveiller l'Italie par le canon du pont de Lodi »? Au fond, l'affaire n'avait pas été grand'chose, comme l'avouait Bonaparte, et le colonel Boutroue écrit en 1798 (D'HAUTERIVE, *Lettres d'un chef de brigade*, 44) qu'il est allé voir le fameux pont, qu'il l'a examiné de près, qu'il n'y a rien trouvé d'extraordinaire, et que, selon les témoins, habitants et militaires, « l'importance de ce pont n'a été que dans le rapport sur l'affaire. » En revanche, COIGNET (*Souvenirs militaires d'un jeune abbé*, 114), admire le « coup de main » de Bonaparte.

bois. A l'extrémité du pont se trouvent quelques maisons, cinq ou six, formant une rue parallèle à la rivière; elles en sont distantes de deux cents pas. A l'extrémité d'une, il se trouve une espèce de demi-lune qui couvre le pont. Elle est formée à gauche par une muraille, à droite par une maison où se trouve une porte; le tout est enveloppé d'une tête de pont formée par un ouvrage à corne de peu de valeur; la route passe à sa branche gauche qui n'existe plus.

La rivière n'est point en ligne droite devant Lodi; elle fait deux coudes, un au-dessus et l'autre dessous, qui donnent facilité de battre l'autre rive et de la prendre de revers. Le général Buonaparte, avant de passer le pont, forma les troupes dans la ville et leur dit qu'il les ferait bien passer le pont, mais qu'il n'avait pas assez de confiance en elles, qu'elles s'amuseraient à tirer et qu'alors cela n'irait pas. Il excita bien leur amour-propre, les piqua bien, les anima, et enfin lança cette fameuse colonne. L'ennemi maladroitement s'était étendu le long de la rivière sans avoir une réserve. Les troupes, une fois passées, ne trouvèrent plus d'obstacles; le pays étant très coupé et divisé, les canons ne purent pas s'emmener, et 1,800 ennemis furent pris. Tout le pays au delà est très coupé; notre cavalerie passa au gué avec facilité; mais le pays au delà ne lui permit pas beaucoup d'attaquer et d'agir.

A Lodi, je fus malade; j'eus bien de la peine à regagner ma voiture et des vomissements fatigants me mirent bien bas. Cependant nous partîmes, sans avoir rien remarqué jusques à Pizzighettone.

Pizzighettone (1). — Cette place est sur l'Adda, dont elle occupe les deux côtés. La rivière est belle, large; elle n'est pas si large que l'Ill à Strasbourg. On la traverse sur un pont en bois en pilotis à arches très serrées. La ville se divise en deux parties; celle sur la rive droite a un autre nom; elle a un quai sur la rivière et n'est autre chose qu'une rue parallèle à la rivière. Les maisons ne sont pas considérables ni extraordinaires.

Logé sur ce quai et bien faible, je regardais la

(1) Pizzighettone avait été pris d'emblée le 12 mai 1796, et, dès le 30 septembre, Bonaparte avait ordonné de travailler aux fortifications où il voulait faire tout le possible et « sacrifier sans répugnance 100,000 livres »; il y envoyait, le 1er octobre, l'adjudant-général Partouneaux; il faisait, en janvier 1797, visiter la place par Sugny, et il assurait en avril qu'elle était plus forte et valait mieux que Mantoue. Mais elle ne pouvait être la capitale de la nouvelle République; c'était une ville sans population où il faudrait tout créer.

vue de tous ces objets et je souffrais cruellement.
Accompagné du commandant, vieux sergent du
régiment de Neustrie et à présent chef de bataillon,
je fus visiter les fortifications; elles ont été bien
négligées et sont bien détruites, mais elles ont tout
ce qu'il faut pour être promptement remises en
état et très bonnes. C'est un ouvrage à couronne
qui environne ce faubourg.

Les ouvrages sont en terre, assez élevés et
défendus par des fossés pleins d'eau. Il y a des
demi-lunes et des chemins couverts assez affaissés.
On s'occupe dans ce moment-ci à relever la partie
qui joint la rivière à sa sortie; elle avait été
détruite en entier. On y travaille lentement; mais
cependant il paraît qu'il y a eu par moments de
grandes quantités d'ouvriers, car tout est relevé,
et ce front de fortifications entier sera très promptement en état. Ce qu'il y a d'excellent dans ces
fortifications anciennes, c'est que les remparts
existants sont tous casematés; en effet, j'y ai vu
de quoi loger de la cavalerie en quantité. Il y a
un bastion très dégradé; on y a planté des vignes.

De l'autre côté de la rivière, Pizzighettone est
une place en règle; elle n'a pas de quai sur la
rivière, mais un très bon rempart bien couvert et
très haut. Toute son enceinte est très bien con-

servée; elle est en briques et fort élevée. Presque tous ses remparts sont des casemates à plusieurs rangs d'étages et capables de loger immensément de monde. Les bastions sont très petits et les flancs par conséquent extrêmement courts; les fossés pleins d'eau; les ouvrages avancés sont détruits ou plutôt tout affaissés; on s'occupe à les relever; ce sont des espèces de contre-gardes qui couvrent les quatre bastions. Les fossés sont toujours pleins d'eau et par conséquent de bonne défense.

Il y avait à Pizzighettone un établissement pour les galériens du pays. Nous y avons beaucoup de chevaux d'artillerie et un bataillon de sapeurs.

Crémone. — Depuis Pizzighettone jusques à Crémone, je n'ai rien vu de remarquable. La route est toujours la même, c'est-à-dire très belle et environnée de pays très couverts. Nous avons eu un relai et nous sommes arrivés assez tard à Crémone. La nuit était presque fermée. J'ai donc très peu vu cette ville si célèbre par la surprise du prince Eugène (1). Elle m'a paru longue, les rues

(1) Le prince Eugène surprit Crémone le 2 février 1702; il fut chassé sur-le-champ, mais le maréchal de Villeroy resta son prisonnier; on montrait volontiers aux Français, dit La Lande (I, 409), la maison où le maréchal avait été pris.

étroites et les maisons anciennes, les églises communes et antiques.

La ville est très étendue; sa forme est un carré long appuyé au Pô qui coule sur un des côtés. Nous avons été logés à une auberge au centre de la ville, passant pour une des meilleures : très médiocre, mauvaise chambre, lit excessivement large, sans rideaux. J'étais horriblement malade à Crémone, sans forces, sans courage. Nous sommes partis le matin d'assez bonne heure. Le rempart de Crémone existe encore, mais tous les dehors sont détruits en entier et sont très effacés.

De Crémone pour aller à Mantoue, on ne rencontre d'endroit intéressant que Bozzolo. Les postes se trouvent presque toujours placées dans des endroits très petits, souvent à une maison seule. En général, les postillons ont tous jolie tournure, jeunes, alertes et bien habillés; leurs chevaux valent ceux de France à tous égards pour la maigreur et les défauts; poussifs, aveugles, rien de cela ne leur manque. On est assez bien servi, promptement, mais assommé par les postillons qui arrêtent souvent en route et ne sont jamais contents de ce qu'on leur donne.

Bozzolo — Bozzolo est un joli endroit, bâti

assez proprement, qui n'a rien de remarquable; il est petit, n'ayant que 3,000 habitants vivant en grande partie du produit de leurs terres, qu'un grand nombre cultivent eux-mêmes. J'ai pris ces renseignements d'un habitant très honnête, parlant très bien français, et très obligeant. La ville est entourée de murailles, tout simplement, mais point susceptibles de défense. Les rues sont droites et bien alignées; les maisons peu élevées, d'un étage pour la plupart, ce qui fait paraître la ville assez grande, quoique peu considérable. Il y a une place formant un carré long et une église au bout (1).

L'Oglio. — Après Bozzolo, à peu de distance, à plus d'un gros quart de lieue, nous avons trouvé l'Oglio. C'est une assez petite rivière dont les eaux sont assez rapides; il m'a paru moins considérable que je l'avais imaginé. En effet, là il a déjà vingt-quatre lieues de cours, il a reçu une grande partie des eaux de la Chiese. Par lui-même, il doit être peu de chose, car son bassin est très étroit, excepté dans la vallée d'Iséo, où il a quatre lieues. Mais la Chiese, qui le joint, en a un bien plus large.

(1) Millin (II, 306) dit simplement que Bozzolo est une ville agréable et qu'elle a une bonne forteresse.

Je ne compare pas l'Oglio à la Sarre à Sarre-
libre (1), où elle a au plus vingt lieues et un bassin
un peu plus large. Peut-être qu'on doit attribuer
cela d'abord en très grande partie à la prodigieuse
quantité de canaux qui, arrosant toutes les terres,
doivent faire évaporer une grande quantité d'eau à
un grand soleil et, par des saignées continuelles,
doivent diminuer la masse des eaux; en second
lieu, à ce que les rivières, ne parcourant que des
plaines pendant la plus grande partie de leur
cours, ces plaines, où il pleut peu, doivent peu
fournir les rivières.

Crémone. — Je reviens un peu à Crémone. Elle
a de quinze à seize mille habitants; elle est antique
et a éprouvé bien des changements. Son ancien
château est détruit; un habitant riche du pays l'a
acheté et partagé entre des propriétaires, de manière qu'il a pour ainsi dire disparu. Le Pô bai-
gnait presque ses murs; il passait, il y a quelque
temps, à une petite portée de la ville, au point où
il s'en approche le plus par un coude; à présent, il
en est à quatre ou cinq. Son cours est inconstant,
ses eaux rapides; il est très large : aussi n'y fait-on

(1) Sarrelouis.

point de pont; on le passe sur des barques qui se manœuvrent lentement et avec peine; le prix est cher.

Les environs de Crémone sont très riches; aussi la ville est-elle peuplée de beaucoup de propriétaires aisés qui y font vivre bien du monde.

Des couvents avec de nombreuses fondations pour les pauvres y encouragent la fainéantise (1). Il y a quelque peu d'industrie à Crémone; on y fait quelques ouvrages de coton, des futaines en usage pour les gens du pays : le coton vient de Smyrne, va se filer dans le duché de Parme et vient se travailler à Crémone. L'industrie y est bien tombée et les manufactures languissantes.

Les églises de Crémone sont ornées de quelques tableaux des maîtres du second ordre de l'Italie; Crémone en possède plusieurs des deux frères Campi, dont on voit les ouvrages dans les églises, et cela avec plaisir (2).

Les arts y sont tombés comme dans le reste de

---

(1) Cf. Duviquet, *Souvenirs*, 167.

(2) Voir, sur les Campi (Jules, Antoine et Vincent), les pages que leur consacre Millin dans sa description de Crémone (II, 323-325); ils ont établi, dans la seconde période de la peinture crémonaise, une école assez semblable à celle que les Carrache fondèrent à Bologne; les deux Campi dont parle Desaix sont Jules et Antoine; Vincent « n'a pas aidé ses frères » et « il a peu travaillé dans sa patrie ».

l'Italie; il n'y a plus un homme recommandable.

Beaucoup de marchands tirent leurs marchandises de soieries de Parme et presque tout de France; quelques draps et marchandises anglaises de seconde main des marchands de Vérone.

Il y a aussi à Crémone beaucoup de plaideurs et hommes de chicane de ce genre, sans grande cour de justice.

Avant de revenir à notre route, ajoutons qu'il peut y avoir de soixante à quatre-vingts voitures à Crémone, ce qui annoncerait autant de familles riches; ce qui, joint avec les nombreux couvents et prêtres, fait la grande existence de cette ville. Là, comme en Italie, l'usage des habitants est d'aller à l'entrée de la nuit se promener sur la route de Mantoue en voiture, de faire huit ou dix tours jusqu'à ce qu'il soit bien tard, d'aller sur la place ensuite, où l'on prend quelques glaces, et puis rentrer. C'est une vie bien monotone et triste (1).

(1) On se rappelle le mot de Stendhal *(Journal, 8)* du 9 juin 1801 : « Crémone est une grande villasse où l'on meurt d'ennui et de chaleur. » Et l'année précédente, en novembre 1800, Cognet écrivait *(Souvenirs militaires d'un jeune abbé, 223)* : « Ville déchue, bien trop vaste pour le nombre de ses habitants; ses rues pleurent leur solitude, suivant la belle expression de Jérémie, et, dans plusieurs quartiers, on peut cheminer longtemps sans rencontrer une âme. »

MANTOUE

Route de Mantoue, environs, lac. — Après avoir passé l'Oglio, on ne trouve rien de remarquable pour aller à Mantoue. On va à Castellucchio, peu considérable ; mais on gagne après les bords du lac supérieur de Mantoue et l'on jouit d'un spectacle rare dans l'Italie, une superbe vue. On suit le lac à peu de distance ; le terrain est un peu élevé ; la guerre, par ses ravages, a découvert le pays et une assez grande étendue de terrain se présente à la vue : Mantoue en perspective, le lac étendu et vaste, de grandes prairies à son alentour et, de lointain, les montagnes du lac de Garde.

Je suis arrivé près de Mantoue avec plaisir : cette ville a joué un si grand rôle, elle a vu tant d'événements que l'on ne peut pas la voir sans intérêt. A son approche, on reconnaît bien la guerre. Les vignes sont couchées à terre, séparées des arbres, des buissons qui les soutenaient. Les nombreuses petites fermes qui se trouvent à tous les pas dans le pays sont détruites ou dévastées; une ou deux, agréables et très élégantes, ont résisté; elles se trouvent placées assez près des bords du lac.

Enfin, notre impatience est satisfaite et nous arrivons à Mantoue. Nous sommes sur le plateau qui domine Pradella et sa porte.

Arrivée à la porte Pradella. — Nous sommes tout yeux pour bien juger et regarder, et voir si cette ville répond à l'idée que nous nous étions formée. Nous regardons les remparts, les fossés, et nous reconnaissons bientôt que les eaux font toute la défense de cette ville. Cependant, à Pradella, il y a plusieurs ouvrages extérieurs qui donnent les moyens de déboucher de la place, mais leur étendue est peu considérable; c'est un ouvrage à corne en terre avec une demi-lune en avant, tous ses fossés pleins d'eau. Tout est inondé autour de la ville.

Auberge de la Poste. — Une chaussée peu longue mène à la porte. Elle est antique et n'a rien de remarquable. Nous fûmes logés à l'auberge de la poste aux chevaux, placée assez près de là, du côté de la place, et vis-à-vis une grande place déserte où sont déposés beaucoup d'effets d'artillerie. Cette auberge de la poste est très grande, très belle, et ne paraît pas anciennement bâtie; elle est toute en briques, sans être blanchie. Elle a été bâtie sur une place carrée; elle en a la forme, ainsi qu'une grande cour qui est au milieu. Il y a pour les étrangers de distinction des appartements très beaux, très grands, de grandes antichambres. Les autres appartements sont, comme dans toute l'Italie, de petites chambres mal meublées et incommodes (1).

J'y eus une assez drôle d'aventure. Arrivant dans une bonne voiture à quatre chevaux, je ne fus pas cependant pris pour un homme de très haut rang et je fus fort mal placé. Peu après, je reçois des visites, je suis annoncé pour un général. Dans un instant les beaux appartements sont prêts. J'étais sorti; mon aide de camp, qui dormait, fut tout d'un coup réveillé par des compliments sans nombre et obligé d'aller occuper la belle chambre.

(1) Millin (II, 37) a logé à cette auberge qu'il nomme l'*Albergo Grande* et qui renfermait une cour carrée et aussi vaste que celle d'une caserne; on lui donna une chambre qui ne répondait pas au faste extérieur de l'habitation; c'était « un grand galetas à moitié couvert d'un vieux damas jaune ».

Un jeune Italien vint me trouver ; il était accompagné d'un officier, major de la place ; il m'annonça qu'il était originaire français, qu'il portait le même nom que moi et qu'il serait enchanté de faire ma connaissance. Je fus très surpris de cela ; j'appris de lui que son père était de la Bresse et avait eu un frère au service.

Description de Mantoue. — Mantoue est une ville très considérable, autrefois la capitale du Mantouan et la résidence de ses ducs, riches et d'ailleurs recevant presque toujours des subsides des grandes puissances. Elle était alors riche, florissante et très peuplée ; on compte qu'elle avait de 50,000 à 60,000 âmes ; mais, à présent, tout a bien changé, elle n'a plus la moitié de cette population, et n'a d'influence que celle que lui donne sa position qui en fait une place très forte et la clef de l'Italie. Cette ville est toujours la capitale du Mantouan, duché de 300,000 âmes. Elle était la seule ville qu'il y eût, Goito, Bozzolo et Sabbioneta exceptées, mais qui sont très petites. Elle est habitée par beaucoup de gens très riches et de nom connu, tels que la maison Colloredo qui y a un palais très beau, et beaucoup d'autres. Il y a aussi beaucoup de moines et de prêtres, pas beaucoup d'industrie. Le Mincio, le lac de Garde devraient donner la facilité d'un très grand commerce. Il n'était pas extraordinaire.

Mantoue est placée sur les bords d'un lac qui varie beaucoup dans sa largeur; il est divisé en trois parties qui sont le lac supérieur, du milieu et inférieur; elles enveloppent la ville en demi-cercle par les inondations. L'autre partie de la ville qui va de Pradella à la chaussée. de Cerese paraît être un lac; le grand désagrément, c'est que ce lac baisse et hausse prodigieusement suivant les circonstances, et cela varie de manière que ses bords sont souvent à découvert dans une grande étendue de terrain; alors il s'en exhale une odeur infecte et marécageuse infiniment malsaine.

Air malsain. — Le Mincio fait croître le lac de Mantoue dans les grandes pluies, mais surtout lorsque le Pô est haut; alors, il se trouve plus élevé que le Mincio, dont les eaux refluent alors avec la plus grande facilité dans les lacs. Il existait autrefois, m'a-t-on assuré, à quelque distance de Mantoue, une digue qui servait à retenir les eaux toujours au même niveau en ayant de plus grands dégagements, quand les eaux étaient grandes et plus élevées, de manière à ce que les eaux du

Pô ne pussent faire refluer le Mincio. En effet, l'air est extrêmement malsain à Mantoue, les fièvres communes; les troupes qui y sont en garnison étaient réduites à un quart; les commandants des postes particuliers, comme la citadelle, etc., y étaient relevés à tout instant. Ce qu'il y a de consolant, c'est qu'à peine s'est-on éloigné de la ville, qu'on est pour ainsi dire rétabli; mais aussi on y est attaqué quelquefois de maladies si terribles qu'on est emporté sous quelques jours. C'est prodigieux le nombre de malades que les Autrichiens et nous ont eus au siège de cette place.

Enceinte. — Si on ne considère que l'enceinte proprement de la ville, elle est grande, puisqu'elle est bien de 3,500 toises; mais si on y comprend son enceinte militaire, c'est-à-dire la citadelle, Saint-Georges, les ouvrages de Pradella et tous ceux en avant de Cerese, c'est énorme et il faut plusieurs heures pour en faire le tour.

L'enceinte de la ville n'est autre chose qu'une simple muraille crénelée. Elle n'est pas élevée de plus de 12 pieds et est flanquée de distance en distance de petits bastions ou grosses tours. La partie entre la porte Cerese et le lac inférieur, étant l'endroit où les eaux n'existent point ou peu dans quelque temps de l'année, est couverte par un rempart très élevé et flanqué par de grosses tours. Entre Cerese et le commencement de l'île du Tè, il n'y a point d'inondations, mais il y a un énorme fossé plein d'eau très vive; tout le reste du contour est couvert par le lac.

Places. — La ville de Mantoue est bien bâtie; les rues droites, longues, assez larges. Il y a un grand moyen de s'y reconnaître : c'est qu'elle est traversée en son milieu par un canal nommé Rio qui permet de ne pas se perdre dans son étendue.

Il y a beaucoup de places, et toutes sont petites en général et n'ont rien de remarquable. Il y en a une, en entrant à la porte Cerese, qui sert de marché aux bestiaux. Deux se trouvent à côté l'une de l'autre vers la porte Pusterla et sont bien ornées par la très belle maison de **M.** d'Arco. Elle est toute neuve et très élégante; les appartements y sont grands, vastes; on y remarque surtout une très grande salle où sont tous les portraits de cette famille très ancienne et illustre.

Outre ces deux places, il y en a deux autres : celle des Arcades qui sert de marché aux herbes; elle est carrée, mais très grande, mais ornée de tous côtés d'arcades très commodes, surtout dans la grande chaleur, et qui se prolongent aussi dans les rues voisines. Cette place communique presque de suite à une autre place, la plus grande de la ville. Celle-ci est oblongue, et près de la porte Saint-Georges. Un de ses côtés est orné de beaux bâtiments élevés et bien décorés; c'est là où logeaient le général et le commandant de la ville. A l'extrémité de la place et sur un petit côté est une église neuve, très belle et très élégante; elle n'est pas tout à fait achevée, mais elle sera très jolie.

Palais Gonzague. — L'ancien palais des ducs de Mantoue se trouve sur cette place; il est bien antique et a plus l'apparence des restes d'un ancien château fort que d'un palais. En bas, il y a des arcades tout le long en cintres gothiques. Il y a peu de fenêtres, et la muraille se termine très haut par de larges créneaux. L'intérieur des cours n'est pas plus brillant, mais les appartements sont vastes et beaux.

Château. — Dans le voisinage de ce palais, on remarque, près du lac, un vieux château fort bâti en pierres carrées, très élevé, servant certainement de citadelle avant l'invention de la poudre à canon. A présent, c'est peu de chose. Les prisons y sont. Il y a quelques magasins. Il est susceptible de quelque défense; mais très petit et serré, il est peu de chose.

Théâtre. — Tout près de là encore, se trouve le théâtre. Il est au fond d'une place et ne présente point de façade. Mais, dans l'intérieur, il est propre, élégant, orné et assez bien distribué. Il est moins rond que les autres salles que j'ai vues, plus oblong (1).

Palais du Tè (2). — Ce qu'il y a de plus curieux à voir à Mantoue, c'est le palais du Tè, à la porte Pusterla. Ce palais, placé dans l'enceinte des fortifications, était la maison de plaisir et de fête des ducs de Mantoue. Il est assez neuf et en bon état. Il a été construit par Jules Romain, architecte et peintre né à Mantoue, où l'on voit encore sa maison qui n'a rien d'extraordinaire. Le palais du Tè est proprement un grand carré dont l'entrée

(1) La Lande (VII, 200) le juge un des beaux théâtres de l'Italie.

(2) Desaix écrit le palais du *Thé*. Le nom de ce palais vient, non pas de *thé*, non pas de la lettre T dont l'édifice avait primitivement la forme, mais, comme dit Millin, du lieu où il fut bâti et qui s'appelait Tejetto (d'où l'abréviation Tè). Cf. sur ce palais les *Souvenirs* de DUVIQUET, 160.

est un superbe portique très élevé, soutenu par des colonnes et chargé d'ornements. A la suite, est un vestibule qui donne à gauche dans de très beaux appartements, très curieux par des peintures magnifiques. C'est là que sont peints les Titans renversés, voulant escalader le ciel; les détails sont immenses et prodigieux; la proportion d'hommes de plus de douze pieds de haut, parfaite. On passerait sa vie à voir ces détails : les Titans renversés, écrasés sous les montagnes, exprimant la rage, le désespoir, le repentir, le pardon, la douleur; l'Olympe et une immensité de dieux et de déesses avec des attributs à les faire connaître. Rien n'est oublié, jusqu'aux plaisanteries : une déesse est peinte, jetant son pot de chambre sur la tête des Titans (1). Dans la chambre précédente, on voit dessinés tous les bas-reliefs peints sur la colonne Trajane; c'est immense et bien fait. A droite, trois appartements aussi se présentent, et pleins de peintures à fresque. La chambre du

(1) Voir, sur cette célèbre salle des Géants, les pages 277-278 de MILLIN, *Voyage dans le Milanais*, II; la page 201 du tome VII de La Lande : « Ce morceau, dit La Lande, est le triomphe de Jules Romain, et, s'il n'a pas les agréments qui touchent, il a la force qui enlève; » la page 211 du tome III de COCHIN, *Voyage d'Italie* (« figures d'un beau choix, groupes assez bien liés, dessin d'un caractère fort grand quoique plein d'incorrections »), et es *Souvenirs* de DUVIQUET, 161.

fond représente Bacchus, ses fêtes, le vieux Silène, les faunes et tous les attributs de la joie et de la bonne chère; rien n'est plus délicat et plus gracieux; Bacchus est parfait pour les formes et le coloris, et le vieux Silène, plein d'expression. Dans les deux autres appartements, il y a une infinie quantité de petits sujets, et tous admirables. Je conviens que j'ai oublié les sujets. J'étais excusable : une très jolie demoiselle, bien faite, bonne tournure, assise sur un bout de canapé, à côté de moi, me les montrait; il est permis alors d'être distrait.

En avant du château, se trouve une grande cour, fermée en avant par une muraille très élevée, en fer à cheval, avec de hautes arcades. A droite, en entrant, sont des pavillons ornés aussi de peintures. On y remarque le supplice horrible de Régulus, mais surtout une femme voilée, seule et appuyée, qui est un chef-d'œuvre; elle n'est couverte que d'un voile qui descend jusques aux pieds; c'est vraiment très beau.

Tous les appartements de ce palais sont ainsi ornés, mais, en beaucoup d'endroits, dévastés. Il y a une chambre terrible : on n'y fait pas un pas sans être entièrement couvert de puces.

Pour les arts, il n'y a pas beaucoup de choses

très curieuses. Il y a un Musée assez intéressant.

Il y avait à Mantoue une Académie (1) où l'on trouvait quelques hommes instruits. Il y avait quelques morceaux précieux. On les a envoyés à Paris, entre autres un buste de Virgile, qui, né à Pietole, à une lieue de Mantoue, était regardé en grande vénération dans cette ville; il y avait un jour qui lui était consacré, où on faisait mille cérémonies en son honneur; on lui avait érigé une statue en bronze. Un duc de Mantoue fut si jaloux des honneurs prodigieux qu'on rendait à la mémoire de Virgile qu'il fit jeter cette statue dans le lac; elle a été repêchée depuis. Les Mantouans ont regretté infiniment qu'on leur ait enlevé le monument élevé à ce grand homme; ils ont demandé avec instance qu'on leur permît d'en faire faire une copie (2).

(1) Cf., sur cette Académie mantouane des sciences et des arts, LA LANDE, VII, 205.

(2) « Lorsque je visitai Mantoue, écrit Millin (II, 289), cette ville retentissait encore des honneurs rendus à Virgile par les chefs de l'armée française; mais le cœur était peiné de sentir qu'au milieu de ces vives démonstrations, l'image si vénérée du poète lui eût été enlevée et qu'elle eût été remplacée par un plâtre. C'était élever des autels à un dieu dont on avait emporté la statue.» Millin ajoute (son livre a paru en 1817) que les Mantouans ont recouvré leur Virgile, mais que la critique pourrait leur déplaire, si elle s'avisait d'examiner l'authenticité de leur chère image : « Cette tête est celle de Bacchus ou de quelque

J'ai vu le jardin botanique. Il est placé près du rempart, à peu de distance du bastion Saint-Alexis; il est bien soigné, propre, bien en état, mais très grand, et n'a rien de merveilleux; il est arrangé à la française. J'y ai vu une plante grimpante, extrêmement belle.

A Mantoue, toutes les rues portent des noms de saints, mais toujours avec des épithètes au bout, ce qui les fait très longs. Il y a dans l'intérieur de la ville, à l'embouchure du Rio, ou ruisseau qui traverse la ville, un port assez intéressant; on y voit quelques bateaux avec des mâts allant à la voile. Il s'y trouvait une douzaine de chaloupes canonnières qui nous avaient servi dans le siège et pourraient être employées à la défense. Chacune avait une pièce ou un obusier; ornées de leur pavillon, de leurs banderoles, elle sont jolies à voir; elles sont construites dans le goût des chaloupes canonnières de mer.

J'ai vu les approvisionnements de siège de la place de Mantoue; ils sont énormes. Il y a dans les maisons religieuses des caves étonnantes par

jeune berger; aucun caractère n'y fait reconnaître Virgile. Voir, sur le culte de Virgile à Mantoue, le livre de TROLARD, *De Rivoli à Magenta*, 94-100, et lire dans les *Souvenirs militaires d'un jeune abbé*, 90-92, le pèlerinage de Cognet en 1799 au monument de Pietole.

leur immensité et bien remplies de vins, d'eau-de-vie et de vinaigre.

Il y a une boucherie particulière à Mantoue ; elle n'a rien d'extraordinaire, mais, au moins, elle est bien placée sur le bord du canal. Dans l'Italie, en général, les tueries sont isolées chez chaque particulier, ce qui est mal entendu, malpropre et désagréable à la vue.

A distinguer, hommes :

Le général *Miollis*, âgé, sort de Soissonnais : brave homme, honnête, doux, tournure et mise originales et simples ; sert très exactement et d'une manière très distinguée à la guerre (1).

(1) Miollis (1759-1828), fils d'un conseiller au parlement d'Aix, avait été, en effet, lieutenant au régiment de Soissonnais-infanterie. Capitaine au 15e régiment, puis lieutenant-colonel du 3e bataillon des Bouches-du-Rhône, puis adjudant-général en 1792, général de brigade en 1795, il avait commandé à Ceva et à Alexandrie ; le 15 janvier 1797, au faubourg Saint-Georges, il repoussait Provera, et Bonaparte jugeait qu'il avait été en cette occasion « aussi actif qu'intrépide » ; le 4 février, il avait ordre de commander Mantoue, et, le 2 mars, tout le Mantouan. Après le traité de Campio-Formio, il continua de servir en Italie. Général de division en 1799, il défendit Gênes sous les ordres de Masséna. En 1805, il revint à Mantoue comme gouverneur. En 1806, il commandait à Venise, et, dit Marmont, on ne pouvait pas en confier la garde et la conservation à de meilleures mains. Puis on le trouve à Livourne (1807), à Rome (1811), à Metz (sous les Cent-Jours). Il était depuis 1808 comte de l'Empire.

Charton, sort du 5ᵉ dragons dont il a été colonel, maréchal de camp, demeure à Versailles, âgé, grand, tête grise, cheveux courts, a de l'esprit, marié, a sa femme avec lui, âgée, prétentions; une nièce aussi avec lui, jeune, et les agréments de cet âge (1).

Pelletier, je le connais peu : assez âgé aussi, figure ronde, joues colorées, yeux noirs un peu enfoncés; sur la joue droite, une cicatrice profonde (2).

(1) Joachim Charton, né à Lyon le 28 août 1746, volontaire à la légion de Soubise en 1768, sous-lieutenant en 1769, capitaine en 1772, attaché au corps des dragons en 1777, grand prévôt de la connétablie en 1778, commandant de la garde nationale et aide de camp de La Fayette en 1789, colonel du 5ᵉ dragons en 1791, maréchal de camp le 13 janvier 1792, renvoyé de l'armée sur une sommation de « Marat et consorts » et emprisonné pendant la Terreur, réemployé à force de démarches et envoyé en Italie en mars 1797. Il avait commandé Mondovi, et le 15 septembre Bonaparte l'envoyait commander la place de Porto-Legnago; mais quelques mois auparavant, le 3 avril, lorsqu'il passait à Palma la revue de la division Serurier, il avait trouvé que Charton commandait sa brigade avec incertitude et montrait peu d'instruction. Le 6 janvier 1798, Charton mourait à Padoue, dans la maison Salvatieri; il fut inhumé au pied de la pyramide triomphale élevée par les Français sur la place des Statues.

(2) Louis Pelletier (1754-1843), soldat au régiment du Maine, capitaine par ancienneté de grade en 1792, bombardé général de brigade à la fin de décembre 1793 pour sa belle conduite à l'affaire du camp de Raous (c'est de là que lui venait cette cicatrice que remarque Desaix; il avait alors reçu un coup de feu qui lui emporta la pommette de la joue droite) et devant Toulon, employé à l'armée des Pyrénées-Orientales et à celle d'Italie où

Verrières, de l'artillerie : brave homme, âgé, figure longue, physionomie un peu ridée, parlant doucement et lentement (1).

Beaurevoir, chargé des dépôts des remontes de la cavalerie (2).

Philippe, commandant de la place, jeune homme de trente ans à prétentions : grand chapeau ; torse serré ; de beaux chevaux fringants, bien équipés (3).

il se signala, notamment à Castiglione, au blocus de Mantoue et dans le Tyrol, commanda le Gard et l'Hérault sous l'Empire et prit sa retraite en 1814. Il est, disait Clarke, sans talents, mais brave.

(1) Verrières — et non Verdière comme a écrit Desaix — de son vrai nom, Aulmont, né à Paris en 1746, gendarme de la garde en 1762, élève d'artillerie en 1765, capitaine en 1778 au régiment de La Fère où il connut Napoléon, lieutenant-colonel en 1792, chef de brigade en 1793 et commandant l'artillerie à la bataille de Kaiserslautern, employé à l'armée d'Italie à la fin de 1795, directeur de son arme aux îles Ioniennes à la fin de 1797, général de brigade d'artillerie en 1799, inspecteur général en 1802, admis à la retraite en 1809, commandant de Landau de 1812 à 1814, mort à Saint-Germain-en-Laye en 1831. (Cf. A. Chuquet, *Jeunesse de Napoléon*, I, 315 et 463, et *l'Alsace en 1814*, 295.)

(2) Beaurevoir, général de brigade depuis le 8 mars 1793, commande durant la campagne d'Italie, tantôt la cavalerie de l'armée (avant l'arrivée de Stengel), tantôt une brigade, tantôt la réserve, tantôt la cavalerie de la division Serurier. Bon, probe, véritablement patriote, dit Clarke, il méritait le grade de divisionnaire par sa moralité, ses talents et la manière distinguée dont il avait servi à l'armée du Rhin.

(3) François Philippe, né à Annecy en 1774, capitaine au 3ᵉ bataillon des volontaires du Mont-Blanc en 1793, adjoint à

Clément, chef de la 29ᵉ demi-brigade légère, quarante ans, tournure militaire, teint bilieux et plombé, moustaches noires ; adjudant-général après la prise de Toulon; chef de la 29ᵉ depuis quelques mois; rien d'extraordinaire comme militaire (1).

Touret, adjudant-général de quarante-cinq ans, très bel homme, belle figure, grand, large, la tête grosse, ridé, les yeux noirs; chef d'état-major de la division du Mantouan; on croit qu'il sera des premiers supprimés (2).

l'adjudant-général Delort, a laissé un journal de marche. (FOL-LIET, *les Volontaires de la Savoie,* 273-305.) Il avait été blessé à Loano, puis à Lodi, et il était incapable de continuer le service actif; il commanda l'île Sainte-Marguerite, reçut le grade de chef de bataillon en mai 1800 pour « sa conduite valeureuse et ses blessures honorables à l'attaque du pont de Lodi », et mourut en 1803 à Menthon, où il était venu pour rétablir sa santé.

(1) Claude Clément, né à Romans le 1ᵉʳ décembre 1757, soldat au régiment du Maine et caporal en 1777, parti par congé absolu en 1783, élu chef du 13ᵉ bataillon de la Drôme en 1793, adjudant-général chef de bataillon en avril 1794, chef de la 58ᵉ demi-brigade en décembre 1796 et de la 29ᵉ légère en janvier 1797, nommé général de brigade provisoire par Joubert le 12 novembre 1798 et confirmé dans ce grade par le Directoire le 15 mars 1799, fait prisonnier dans Coni, mis en décembre 1801 à la disposition de Leclerc, mort à Saint-Domingue le 20 avril 1802. Cf. LAN-DRIEUX, *Mémoires,* I, 186 et 344.

(2) Augustin Touret, né à Montargis le 8 décembre 1742, — il avait donc cinquante-cinq et non quarante-cinq ans, — entra au service dès 1761. Il était en 1783 porte-drapeau au régiment du Maine ou 28ᵉ régiment, sous-lieutenant en 1790, lieutenant et chevalier de Saint-Louis en 1791, capitaine en 1792; il se distin-

Béguin, chef de bataillon de la 29ᵉ, sortant de la 6ᵉ légère, âgé de cinquante ans à peu près, figure ridée, livide, annonçant l'impression de l'air du climat; commande la citadelle (1).

Kister le frère, jeune homme, a acquis assez bonne tournure, timide, grièvement blessé, fait prisonnier à Trente, bien rétabli; a été à Spire (2).

La 29ᵉ a presque toujours été en Tyrol, elle était à la bataille de Saint-Georges.

Administration mantouane - française. — Était

gua aux sièges de Toulon, de Collioure et de Roses. Nommé adjudant-géuéral chef de brigade par Dugommier, employé pendant la campagne d'Italie à Finale, puis à Oneille auprès de Despinoy, puis, par décision du 2 mars 1797, à Mantoue auprès de Miollis, et confirmé par le Comité de salut public en juin 1795, il ne fut pas, comme Desaix l'avait prévu, compris dans le travail de réorganisation du corps des adjudants commandants (3 août 1801), et, en décembre 1802, il était pensionné. « Vieux, avait dit Clarke, il convient de lui donner la retraite. »

(1) François-Jean Béguin, alors capitaine, était entré le premier dans Saint-Michel et avait pris les Croates qui tiraient des fenêtres du couvent sur la 29ᵉ. (FABRY, *Rapports historiques*, 457.) Il devint chef de bataillon à la 29ᵉ demi-brigade légère et mourut des fatigues de la guerre au mois de ventôse an IX. Sa veuve n'eut pas de pension : la loi ne pensionnait que les veuves des militaires morts sur le champ de bataille ou des suites de blessures reçues à la guerre; elle se fit institutrice à Ribauvillé.

(2) C'est André Kister, sous-lieutenant au 6ᵉ bataillon de chasseurs en 1792 et en 1793; Desaix l'avait connu à l'armée du Rhin, ainsi que son frère Georges Kister, le futur général de brigade, celui qui remplaça Thiébault à Fulda et que Zozotte nommait le général Klister.

nommée par le général. J'ai remarqué un négociant des environs de Montpellier, vieillard toujours poudré à blanc à deux boucles; homme honnête, probe et très instruit. Gouin (1).

(1) La commission administrative nommée par Bonaparte après la capitulation de Mantoue comprenait trois membres, Marois-Duboscq, Gouin et Feyt, ainsi que le secrétaire Rouher; elle a laissé les plus mauvais souvenirs à Mantoue; le plus influent des « triumvirs » était Marois-Duboscq; les deux autres n'étaient que des comparses.

PADOUE

Départ de Mantoue. — Sortant de Mantoue, dans un instant j'ai traversé Saint-Georges et suivi la route de Porto-Legnago. Ce n'est pas une grande route. Aussi est-elle très étroite, tournant à tout instant et très cahoteuse. Le pays est comme celui que nous avions traversé, c'est-à-dire extrêmement coupé de haies, de fossés. Cependant, sur la droite du chemin, on voit deux ou trois champs d'orge assez étendus, malgré cela traversés par des fossés d'arrosage.

Castellaro. — Nous sommes bientôt arrivés à la première poste. C'est Castellaro, petit village peu long, où la poste est à droite, à son extrémité. Il n'y a rien de remarquable. A quelque distance du village, plusieurs centaines de toises, se trouve un canal d'eau très vive et courante, mais pas large ; il est d'environ six toises ; on y établirait avec peine un pont sans un chevalet. C'est là où le général Charton, jeune homme tout à fait plein de zèle, s'est fait tuer en se portant au-devant du général Wurmser. Il avait demandé avec grande instance d'être employé et ne faisait que d'arriver lorsqu'il a été tué (1).

Sanguinetto. — De Castellaro, on arrive à Sanguinetto. C'est un endroit assez grand ; on peut l'appeler un gros bourg. Au milieu est un haut et vieux château en briques. Sanguinetto est très long. Les maisons sont basses et ont chacune une boutique. A l'extrémité est une église assez nue.

(1) Charles-François Charton, né à Boucq (Meurthe) en 1765, lieutenant au 28e d'infanterie en 1792, avait fait la campagne d'Italie en 1793 et assisté au siège de Toulon lorsqu'il fut nommé adjudant-général chef de bataillon. En 1795, il commandait à Toulon comme général de brigade. Il périt le 12 septembre 1796 au combat de Castellaro. Bonaparte raconte ainsi sa fin : « Sahuguet avait envoyé quelques chasseurs pour harceler et retarder la marche de Wurmser, mais il avait trop peu de monde pour y réussir : Charton, avec trois cents hommes, fut enveloppé par un régiment de cuirassiers ; au lieu de se porter dans les fossés, ces braves soldats voulurent payer d'audace et charger les cuirassiers ; après une vigoureuse résistance, ils furent faits prisonniers ; Charton a été tué. »

Urea. — De là, nous avons été à Urea qui est un long village. En entrant, on trouve un très large canal d'environ dix toises; on le traverse sur un pont et on entre droit par une rue large qui bientôt va se joindre à une autre rue assez longue et large qui est parallèle au canal. A Urea fut une affaire assez vive où le général Wurmser eut du succès.

Porto-Legnago. — De là, j'ai été à Porto-Legnago. Avant que d'y venir, nous avons trouvé à très peu de distance un canal venant de l'Adige. La ville est très peu considérable. Elle est coupée en deux par l'Adige qui y est assez rapide et grand. Cette rivière est très réunie dans son cours et m'a paru de la largeur de la Moselle, mais plus rapide. Elle était couverte de beaucoup de très grands bateaux très larges et terminés en pointe très émoussée. Ils ont des mâts qui servent à porter des voiles quand l'occasion est favorable et à attacher les cordes qui servent à les faire remonter. Les bords de la ville, le long de la rivière, des deux côtés, sont fermés par une muraille ancienne dans laquelle se trouvent, en plusieurs endroits, mêlées des maisons. Le pont est sur pilotis; il a ses arcades assez grandes; il y a un pont-levis de chaque côté.

Porto-Legnago est une très petite place, presque pas à l'abri d'un coup de main. Elle a cependant une enceinte bastionnée avec de bons revêtements passablement élevés. Du côté de Mantoue, les fossés étaient pleins d'eau; mais ils m'ont paru peu profonds, puisqu'on voyait beaucoup de joncs qui les dépassaient. Sur l'autre côté, les fossés étaient marécageux; il y a des demi-lunes sur les courtines et des chemins couverts bien dessinés, mais détruits. On travaillait à la sortie de la place à creuser une cunette au pied du rempart.

Legnago n'est qu'un village; en effet, les maisons y sont mal bâties. Deux sont pourtant belles : une sur la place, la seule de la ville sur la rive droite — le chef de brigade Dessaix, de la 27ᵉ (1), y était; — l'autre au bord du rempart, de l'autre côté de la ville; pour y aller, on va parallèlement au rempart; le commandant de la ville y était logé.

(1) Joseph-Marie Dessaix, le Bayard de la Savoie, né à Thonon en 1764, mort en 1834; médecin, comme son compatriote le général Doppet, capitaine, puis chef de bataillon, puis chef de brigade dans la légion des Allobroges; il s'était signalé aux côtés de Leclerc dans la poursuite des vaincus de Roveredo; il devint général de division. Il commandait alors la 27ᵉ demi-brigade d'infanterie légère. (Cf., dans les *Rapports historiques* publiés par le capitaine Fabry, le récit de Dessaix, p. 431-446).

Bevilacqua. — De Porto-Legnago, nous avons été à Bevilacqua, grand village où on traverse, en sortant, un large canal. Il n'y a pas de pont; on est obligé de passer dans l'eau.

On va à *Montagnana*, ville fort longue et singulière. Elle a un très grand faubourg. La ville a une grande enceinte, très élevée en briques avec des créneaux, très larges; au milieu est une place carrée; les maisons ont des arcades.

Este, la montagne, le faubourg, la ville, le canal.

Monselice, jolie ville, la porte...

Escale, vieux, cheveux blancs, de grandes rides. Ancien officier, très brave, adjudant-général à Arcole pour trait de valeur (1).

Solignac, chef d'état-major, très actif, pillard à l'excès (2).

(1) Escale (Louis-Annibal), né à Bédarieux, dans l'Hérault, en 1737, avait alors soixante ans et paraissait très vieux. Un adjoint, dit Thiébault (*Mémoires*, II, 36), le rencontrant un jour, s'écriait : « Comment, père Escale, encore de ce monde! La mort n'a donc pas faim? » Lieutenant dans les milices, les troupes provinciales et aux grenadiers de Royal-Roussillon de 1758 à 1791, lieutenant-colonel en second du 2ᵉ bataillon des volontaires de l'Hérault en 1792, adjudant-général en juin 1795, Escale fut tué devant Saint-Jean-d'Acre le 28 mars 1799. « Bon, avait dit Clarke, et sans grands talents. »

(2) Solignac, dit en effet Thiébault (*Mémoires*, II, 126), était plein de moyens et d'activité; « quelques heures lui suffisaient pour qu'il fît la besogne de toute une journée; mais chez lui ces

Rampon, général de brigade, chef de brigade à la 32ᵉ, sort de Médoc; figure carrée, voix douce; fait la cour à l'ambassadrice d'Espagne; pas voleur; grand: se tient renversé; peau très noire (1).

rages étaient rares, et seulement lorsqu'il n'y avait plus moyen de les reculer. » Mais Thiébault ajoute qu'il avait su en Italie faire une fortune magnifique. Bonaparte n'avait-il pas ordonné à Solignac, le 14 avril 1797, de rembourser dans les vingt-quatre heures les 1,000 ducats de contribution que l'adjudant-général avait indûment prélevés à Leoben? Né à Millau en 1773, soldat à Vermandois, capitaine au 2ᵉ bataillon des Pyrénées-Orientales, adjudant-général, employé à Paris au 13 vendémiaire où il connut Bonaparte, puis en Italie où il fut nommé général de brigade en 1799, attaché à la personne du premier consul qu'il avait couvert de son corps au 19 Brumaire, attaché de nouveau à l'armée d'Italie, destitué en 1806 pour concussions, — mon intention, disait Napoléon, est de lui faire rendre tout ce qu'il a pris — réintégré l'année suivante, envoyé en Portugal et en Espagne, général de division en 1808, destitué derechef en 1811, membre de la Chambre des Cent-Jours, rayé en 1815 des contrôles de l'armée, Solignac fut mis à la retraite en 1819, réintégré en 1830, réadmis à la retraite en 1834. « Le désordre, a dit Thiébault, les profusions, la folie, un luxe du plus mauvais goût, le jeu surtout dévorèrent je ne sais combien de fois ce que l'activité, la capacité, le bonheur, l'audace avaient obtenu; il était de ceux chez qui l'amour des situations violentes fait naître un égal besoin de richesse et de ruine. »

(1) Rampon (1759-1842), enrôlé en 1775 au régiment de Médoc où il passa par tous les grades jusqu'à celui de capitaine, adjudant-général chef de bataillon et chef de la 161ᵉ demi-brigade en 1793, prisonnier en Espagne durant près de deux ans, prend le commandement de Monte-Legino comme plus ancien, et reçoit tous les éloges et honneurs dus, au moins en partie, à Fornésy; général de brigade du 11 avril 1796, général de division et sénateur en 1800, comte en 1808, pair de France. Lorsque Desaix le rencontra, il venait de recevoir (en mars 1797) une gratification de 10.000 livres et il menait la 2ᵉ brigade de la 1ʳᵉ division ou

Brune, général de brigade, âgé de trente-trois ans, assez grand, cheveux noirs, figure oblongue, un peu étroite du bas, de grands yeux noirs, teint bilieux. Général depuis longtemps. A été employé à Bordeaux et à Marseille du temps de la Terreur. Brave, a de l'esprit, surtout dans le cabinet (1).

Sornet, grand, couleurs fortes; sort de l'artillerie

division **Masséna**, composée de la 32ᵉ et de la 75ᵉ demi-brigades de ligne. « Brave, disait Clarke, bon général de brigade et s'est distingué. »

(1) Brune, né en 1763, avait, en effet, trente-trois ans. Il était grand; Danton, son ami, le surnommait le Patagon, et Thiébault l'appelle un grand dégingandé. Général de brigade depuis le mois d'août, il devait ce grade à ses services révolutionnaires : il allait, en 1793, « régénérer » Bordeaux, et, en 1796, apaiser, sous les ordres du représentant Fréron, les troubles de Marseille. Bonaparte qui le connut en vendémiaire, et qui, selon Marmont, « cédait à l'effet toujours produit sur lui par une grande taille, » s'engoua de Brune. Il mandait que Brune avait eu ses habits percés de sept balles, à l'affaire du 12 janvier 1797, en repoussant, à la tête des grenadiers de la 75ᵉ, une attaque des Autrichiens contre Saint-Michel, en avant de Vérone, et le 16 août il le nommait général de division, lui confiait le commandement de la 2ᵉ division jusqu'alors conduite par Augereau, parce que, disait-il, Brune, d'ailleurs le plus ancien général de brigade de l'armée, avait « donné des preuves de talent militaire et d'un courage distingué à la bataille de Rivoli, au combat de Tarvis et dans tous les événements de la campagne ». Plus tard, Brune fut conseiller d'Etat, commandant en chef de l'armée d'Italie, maréchal. Disgracié en 1807, il reparait en 1815 pour être assassiné à Avignon. Desaix dit qu'il avait de l'esprit surtout dans le cabinet; Marmont écrit de même qu'il ne manquait pas d'esprit et de finesse, qu'il avait beaucoup lu, mais qu'il avait mal digéré ses lectures, et que sa tête ressemblait à une bibliothèque dont les volumes sont mal rangés.

sous-officier ; depuis quatre ans avec le général Masséna ; ne passe pas pour très brave ni pour très habile, mais se trouve depuis si longtemps avec le général Masséna que celui-ci le conserve toujours (1).

Ménard, général de brigade depuis 93, une espèce de soldat sans grands moyens, seulement brave ; teint du Midi, un peu livide, figure oblongue, les cheveux abattus des deux côtés (2).

Le général Motte : je l'ai vu à Este, grand, assez

(1) Henry Sornet, né à Metz en 1753, était fils d'un musicien de la cathédrale, et il servit comme musicien, de même que Victor, au 4ᵉ régiment d'artillerie, à Valence, de 1780 à 1792. Élu lieutenant de canonniers au 3ᵉ bataillon des Bouches-du-Rhône le 1ᵉʳ octobre 1792 et aussitôt adjoint de l'état-major de l'armée du Var ou d'Italie, il fut nommé adjudant-général chef de bataillon par les représentants au mois de janvier 1795 ; puis, après Roveredo, où il avait attaqué l'ennemi à la tête de la 18ᵉ demi-brigade d'infanterie légère, adjudant-général chef de brigade sur la demande de Bonaparte (16 mai 1797). Il fut tué en Égypte, à la bataille de Canope, le 21 mars 1801.

(2) Philippe-Romain Ménard (1750-1810), enrôlé au régiment de Champagne où il devint capitaine en 1792, adjudant-général en 1793, général de brigade en 1795 et de division en 1798, commandant en Corse, puis en Piémont, employé à l'armée d'Helvétie, à l'armée de Batavie et à Besançon, devait prendre sa retraite en 1806. Il commandait alors, sous Masséna, la 1ʳᵉ brigade de la 1ʳᵉ division (18ᵉ et 25ᵉ demi-brigades de ligne), et Bonaparte, qui le nommait le brave Ménard, lui avait donné en mars 1797 une gratification de 10,000 livres : « Homme fort ordinaire, a dit THIÉBAULT (*Mémoires,* II, 35), mais un de ces hommes maniant bien les soldats devant l'ennemi. » Et Clarke l'appréciait ainsi : « Bon général de brigade, et brave. »

bel homme, figure maigre, homme de trente-cinq ans, n'a pas le teint sain, un peu de taches de rousseur; sort de La Sarre, est du Vivarais, a été adjoint à l'état-major avec Dugommier à Toulon, de là aux Pyrénées-Orientales, est revenu en Italie : brave, sévère, très honnête homme et estimé (1).

Le général Mignotte, très grand, mince, figure un peu noire; manquent les deux dents de devant; une moustache, assez bonne tournure; honnête et assez bon ton (2).

Madame Papafava, famille très illustre de Pa-

(1) Robert Motte n'était pas du Vivarais, puisqu'il était né à Fresny, dans le Calvados, en 1754, et que, de son témoignage, il a toujours résidé à Montpinçon, dans le même département; il sortait du régiment de La Sarre où il était sous-lieutenant en 1792; il avait été nommé adjudant-général chef de bataillon devant Toulon et général de brigade à l'armée des Pyrénées-Orientales. Plus tard, il commanda la Drôme, le Tarn, l'Isère. Il prit sa retraite en 1815 et mourut en 1829. Il était alors aux ordres de Masséna (1re division) et menait la 1re brigade d'infanterie légère, composée de la 2e et de la 11e demi-brigades.

(2) Joseph Mignotte, né en 1755 à Auxonne, canonnier au régiment de Grenoble, cavalier au 2e régiment, lieutenant en 1792, capitaine en 1793, adjudant-général chef de bataillon en 1795, général de brigade le 1er janvier 1796, passa en 1798 dans la gendarmerie où il servit comme chef de légion jusqu'en 1815. Au 4 octobre 1797, il commandait la 1re brigade (1er hussards et 20e dragons) de la division Rey.

doue (1). — Leclerc logé chez elle (2). — Très aimable. — Leclerc la reçoit. — Ses filles sont les plus jolies de Padoue.

Madame Polcastro, grosse, belle gorge tremblante, beau teint, belle femme, figure un peu longue et grasse. Le mari, noble vénitien, membre du gouvernement cisalpin. Le fils de Leclerc était très assidu près d'elle (3).

(1) Cf., sur cette comtesse Papafava et ses deux filles, la comtesse Polcastro et la comtesse Dotti, les *Mémoires* de THIÉBAULT (II, 111-112). Son jardin passait pour une des curiosités de la ville : « Noch ist sehenswürdig der Garten des Papafava, » lisons-nous dans une *Topographie* des nouvelles possessions italiennes de l'Autriche (1799), et le palais Papafava existe encore.

(2) Pierre Leclerc d'Ostein, né à Marcellus, dans le Lot-et-Garonne, le 17 novembre 1754, cavalier au 4ᵉ dragons en 1762, maréchal de logis en 1765, porte-étendard, puis sous-lieutenant en 1772, sous-aide major en 1773, passé au 10ᵉ chasseurs en 1779, lieutenant en second (1780), lieutenant en premier (1785), capitaine en second (1788), capitaine commandant en 1792, chef d'escadron en 1793, chef de brigade en juillet 1794, avait par trois fois refusé le grade de général en assurant qu'il avait beaucoup de bonne volonté et peu d'expérience, lorsqu'il accepta enfin ce grade de Bonaparte le 11 septembre 1796. Mais Bonaparte ne disait-il pas, en octobre 1797, que Leclerc était son meilleur officier de cavalerie, qu'il avait fait l'avant-garde et l'arrière-garde de l'armée dans les circonstances les plus difficiles, qu'il souhaitait à la République six généraux de cavalerie comme Leclerc? A l'armée du Rhin, Desaix n'avait-il pas témoigné que Leclerc servait au-dessus de tout éloge et se signalait par son amour pour la discipline et le bon ordre ainsi que par ses talents en fait de manœuvres? Et Marmont n'a-t-il pas écrit que Leclerc est un des plus braves soldats qu'ait eus la France? Il mourut au Caire en novembre 1800.

(3) Le fils de Leclerc, François Leclerc, né le 10 avril 1776 à

Madame Dotti, très jolie, jeune, agréable tournure, jolis yeux, belle poitrine, beau teint. Son mari, aussi noble vénitien, grand, assez beau garçon, mais pas un homme extraordinaire. Colbert lui adresse ses hommages.

Saint-Pierre. — J'ai vu à Padoue l'église Saint-Pierre dont le portail est très laid; ce n'est autre chose qu'une grande muraille grise qui n'est pas crépie. Il y a une porte très simple. A droite est une tour en briques, couverte en tuiles. Le bâtiment est surmonté d'un dôme un peu semblable à celui des Invalides, couvert en fer-blanc. Il y a devant cette église une place infiniment étendue. L'intérieur paraît tout neuf; elle est très large; elle est quasi comme toutes les églises, assez élevée, blanchie en dedans et sans peintures. Elle forme des deux côtés une galerie soutenue par des colonnes carrées extrêmement massives. Les ornements sont d'ordre corinthien et de couleur grise.

Padoue. — Padoue est une très ancienne ville,

Gaujac en Lot-et-Garonne, entré au service en janvier 1795, avait été nommé sous-lieutenant au 10ᵉ chasseurs et aide de camp de son père le 27 novembre 1796, et devait être promu lieutenant le 27 novembre 1797. Il devint général de brigade (1829) et mourut en 1857.

immense par son étendue, d'une population de 40,000 âmes, capable d'en contenir trois fois plus.

Rues. — Les rues sont étroites, mais aussi, des deux côtés, il y a toujours sous les maisons des arcades très commodes pour les gens de pied, d'abord parce qu'elles mettent à l'abri du soleil, et qu'en second lieu on y a presque toujours frais, parce que les habitants placent entre les arcades de grandes pièces de toile qui ne permettent pas au soleil d'y pénétrer, mais aussi donnent de l'air au moindre vent (1).

Enceinte. — La ville est immense ; elle a la forme d'un triangle ou à peu près ; elle a une vieille enceinte formée moitié de grandes tours, moitié de bastions. Ils ne sont pas très élevés ; il y a au pied un fossé marécageux, profond et, en beaucoup d'endroits, plein d'eau. Toute la partie orientale est baignée par la Brenta qui suit d'abord au midi une partie des murailles et puis, entrant dans la ville, suit le long des remparts ; à l'est, plusieurs

(1) « Les rues, dit La Lande (VII, 94), sont longues et ressemblent à des cloîtres, soutenus par de gros piliers courts et sans goût ; mais on y a l'extrême commodité des portiques sous lesquels on est à couvert le long des rues, comme à Bologne. »

canaux parcourent la cité en divers sens. Du grand canal de la Brenta qui entre dans la ville, il se détache au milieu un bras qui vient en demi-cercle se joindre au grand bras, de manière qu'entre eux deux, ils forment une portion ronde au centre de Padoue. Il se détache aussi de ce bras un autre qui coule parallèlement au grand, allant du midi au nord et se trouvant dans l'intérieur de la ville.

Grande place. — J'ai vu à Padoue la grande place des Statues, très considérable, sans être ornée de beaux bâtiments. Au milieu est un ovale formé par un canal. Cette partie est toute remplie de statues, pas merveilleuses. C'est la promenade du soir de Padoue.

Église Sainte-Justine. — A côté est l'église Sainte-Justine. C'est une église neuve qui a de très belles choses. Le portail est affreux. Il consiste, comme le dôme, en une seule muraille de briques, sans le moindre ornement, avec trois portes. Le toit de l'église est formé par plusieurs dômes, au nombre de quatre ou cinq au moins, qui sont couverts en plomb. L'église, en dedans, est neuve, bien blanche, et d'une grande richesse. Tout le pavé est en marbre de plusieurs couleurs. Les autels de chaque chapelle sont de plusieurs espèces de marbre rapporté qui forment de très beaux dessins. Le maître-autel surtout est d'une grande richesse en ce genre; les ornements de marbre forment des dessins de fleurs très beaux. Il y a à remarquer au fond de l'église un tableau de Paul Véronèse, qui est très beau : le martyre de sainte Justine dont on voit les préparatifs et le ciel ouvert avec les anges prêts à recevoir son âme; il y a surtout deux soldats romains, sur la gauche du tableau, dont j'ai admiré la touche et les proportions (1).

Jardin des plantes. — Près de Sainte-Justine est le Jardin des plantes. Il est parfaitement tenu, avec un grand luxe. Il est de forme française, c'est-à-dire dessiné de mille formes. Le centre est un grand ovale entouré de jardins particuliers qui viennent s'y attacher par des murailles et forment le carré. Il y a beaucoup de grilles de fer qui séparent les jardins et les carrés particuliers des jardins. Chaque plante y a son carré particulier formé en pierre. J'y ai vu des arbres de la plus grande beauté et

(1) « Tous les auteurs l'ont cité comme un des plus beaux ouvrages de ce maître... On trouve des beautés de détail dans les têtes et les figures. » (LA LANDE, VII, 104.) « Composition grande, magnifique et très ingénieuse;... quantité de choses admirables en détail. » (COCHIN, *Voyage d'Italie*, III, 165.)

venus à un développement prodigieux, un tuli-
pier de la hauteur des plus grands arbres, beaucoup de plantes rares; le café, le sucre y avaient
quitté les serres chaudes; celles-ci sont peu étendues (1).

Saint-Antoine de Padoue. — On remarque à Padoue la fameuse église consacrée au très fameux
saint Antoine de Padoue. Elle ressemble à l'extérieur à Sainte-Justine, c'est-à-dire qu'elle a son
toit pareil, couvert d'une grande quantité de dômes
revêtus de plomb. Elle est aussi distribuée comme
Sainte-Justine. Son portail, sans être beau, est
plus orné et forme quelques arcades gothiques avec
des ornements. Sur la place, près de l'église, est un
cheval de bronze, de belles proportions, monté par
un guerrier padouan ayant à la main un bâton de
commandement et armé d'éperons d'une immense
grandeur (2). Cet ouvrage paraît très vieux et un
peu ravagé par le temps : en effet, un des yeux, le
droit, est enfoncé, de manière qu'on voit que le
cheval est creux. La principale chose à remarquer

(1) Cf., sur le jardin des plantes ou de botanique, *Orto de' sim-
plici*, la description de LA LANDE, VII, 117-119.

(2) C'est la statue d'Érasme de Narni, général des troupes de
Venise, par Donatello. Mme VIGÉE LE BRUN, dans ses *Souvenirs*
(I, 254), la juge digne d'attention.

dans l'église de Saint-Antoine, nommé par excellence le Saint, *il Santo*, c'est la chapelle de ce saint. Elle est ornée toujours de plusieurs cierges qui brûlent en son honneur. Il est placé dans une châsse de plomb, couverte d'une châsse d'argent, dans un autel dont on peut faire le tour. L'autel de la chapelle est orné de grands reliefs en marbre blanc qui représentent six ou sept des miracles du saint : tantôt il ressuscite un mort, tantôt il guérit un enfant et le rend à sa mère éplorée. Tous ces ouvrages sont presque de grandeur naturelle. Toutes les colonnes de l'église sont ornées de monuments élevés à la mémoire de particuliers. J'en ai surtout remarqué un, près de la chapelle de Saint-Antoine, qui est élevé à un savant par ses amis; il est bien fait (1). On voit aussi dans le chœur des reliefs en bronze qui représentent les événements de l'Écriture sainte et, surtout, à côté de l'autel, deux chandeliers en bronze, énormes, fondus d'un seul jet et couverts de traits d'histoire et d'ornements; ils sont carrés, extrêmement hauts, de quinze à vingt pieds. Au fond de l'église est une salle où se trouve un reliquaire précieux et fort grand; elle a des portes très ornées et très riches. Padoue n'offre rien de plus intéressant.

(1) Sans doute le monument du cardinal Bembo.

Salle de justice. — Je n'ai pas assez parlé de la grande salle de justice (1). Son toit est très curieux; il était autrefois très beau, orné de peintures; il y a vingt ans qu'un ouragan terrible le renversa et brisa; un paysan proposa de le remplacer par un autre qu'il plaça d'une seule pièce. Ce toit est en effet, et dans l'intérieur et dans son mécanisme, d'une simplicité étonnante. Il n'est point soutenu par des poutres ni par un grand échafaudage, mais seulement quelques barres de fer le traversent; il en supporte d'autres qui viennent se joindre au plancher. Il est dommage qu'il ne soit pas peint; car cette couleur de vieilles planches qu'il présente est triste et désagréable (2)

Caractère des habitants. — J'ai à remarquer le caractère des habitants dans tout le pays que j'ai vu. La très grande majorité des habitants, ou pour mieux dire tous ceux de terre ferme, ne pouvant pas avoir droit aux places du gouvernement et pos-

(1) Ou le Salone (LA LANDE, VII, 111), « la plus grande salle qui soit au monde. »

(2) Ce fut le 17 août 1756 que l'ouragan renversa la voûte du Salone; elle fut refaite par Barthélemy Ferracini, « artiste étonnant dans le goût des machines, qui ne s'appliquait jamais à rendre raison de ce qu'il inventait, et qui allait toujours au but sans s'en douter, par la raison la plus ingénieuse et la plus simple. » (LA LANDE, VII, 112 et 127.)

sédant très peu de moyens de se placer, vu que le militaire n'était rien, la marine peu de chose, et ne pouvant pas parler du gouvernement, se trouvaient être sans ambition, sans désir d'instruction; ils devaient donc naturellement se livrer au goût que favorisait le climat. c'est-à-dire à la paresse et à la mollesse. En effet, rien de plus monotone que leur existence. Presque tout le monde était noble, mais sans en avoir les droits seigneuriaux et sans que cela menât à aucun avantage réel. Tout le bonheur de ceux de cette classe était de pouvoir avoir des loges particulières et des cafés particuliers où l'on s'assemblait. Les Italiens ne tiennent point à la bonne chère, avec toute la facilité possible pour en avoir une délicieuse par la proximité de la mer qui fournit de la marée, par la quantité de rivières et de lacs qui arrosent le pays, par sa fertilité; ils ne s'y attachent pas; ils ne font pas un effort pour jouir par un peu plus de travail. Tous nos fruits sont plus beaux, nos légumes aussi; leur vin est mal fait et préparé; jamais ils ne le mettent en bouteille, ni ne le mettent au frais; leur volaille n'est jamais grasse. Ils se donnent peu de repas. Ils ne se donnent pas non plus la réjouissance des bains si naturels chez eux, point le plaisir des promenades sous de jolis ombrages. Dans toutes les villes d'Italie que j'ai vues, il n'y a point de promenades agréables, ou elles sont peu fréquentées. A Mantoue, à Padoue, il n'y en a point. Toute l'existence des gens riches est dans la représentation extérieure; leur luxe est d'avoir un grand nombre de domestiques, de chevaux et de voitures. On se lève d'ordinaire très tard; en se levant, après la toilette, les hommes vont faire quelques tours dans les cafés, demander des nouvelles des santés les uns des autres, et puis ils vont dîner, dorment jusque vers les cinq heures; alors ils montent dans leur voiture, vont faire quelques tours aux places principales, se placent à côté d'un café sans descendre, se font donner une glace ou autres rafraîchissements, et puis, après être restés ainsi quelques heures, vont au spectacle très monotone et très triste auquel ils prennent peu d'intérêt, boivent, et mangent, et puis s'en vont se coucher. Le spectacle commence vers les dix heures et finit après minuit. Les femmes n'y marchent jamais sans un abbé et un cavalier servant, ou amant, et un autre attaché souvent, qui est l'officieux de la maison. Cependant, il y a quelques hommes de goût; on remarque à Battaglia, à deux lieues de Padoue, une superbe maison où le propriétaire a rassemblé un muséum très curieux et précieux.

Hommes. — J'ai à remarquer à Padoue quelques hommes. Les corps qui s'y trouvent sont la 32e, extrêmement fameuse, commandée par un nommé *Dupuy* (1), un gros homme assez jeune, cheveux courts sur la tête, cependant liés en queue. Ce corps est fameux ; elle a écrit sur ses drapeaux ce mot du général en chef : « *J'étais tranquille, la 32e était là* (2). » J'ai vu son chirurgien-major, vieux bonhomme de quatre-vingts ans (3). Dupuy, le chef,

(1) Cf., sur Dupuy, les *Mémoires* de Thiébault (II, 35) et ceux de Roguet (I, 154-160 et 308-309). Né à Toulouse en 1767, Dominique-Martin Dupuy était négociant lorsqu'il fut élu lieutenant-colonel du 1er bataillon de la Haute-Garonne. Il se distingua à l'armée d'Italie, en 1793, à la tête du 2e bataillon des grenadiers, mais il partagea la disgrâce du général Brunet et comparut, comme lui, devant le tribunal révolutionnaire. Acquitté, renvoyé à l'armée d'Italie, nommé chef de la 32e, blessé à Dego et à Caldiero, il accepta en 1798, au lendemain de la journée des Pyramides, le grade de général de brigade qu'il avait refusé en 1797, et périt le 21 octobre 1798 au Caire, dans une sédition. Ses sentiments jacobins étaient connus : « Dupuy, disait Bonaparte, bien brave colonel, bon cœur, mauvaise tête. » Mais, comme en témoigne Desaix, ses sous-officiers le détestaient et le traitaient de tyran.

(2) La 32e venait justement — le 17 messidor ou 5 juillet — de terminer l'historique de ses exploits (Cf. Fabry, *Rapports historiques*, 124-145); on y lit que la moitié de ses hommes portent les cicatrices de blessures reçues dans la campagne, que son historique renferme une grande partie de l'historique de l'armée. « Si un jour, en rentrant dans leur patrie, les Français qui ont servi sous Bonaparte disent, dans un juste sentiment d'orgueil : *J'étais de l'armée d'Italie*, peut-être y aura-t-il aussi quelque honneur d'ajouter à cette phrase ce nouveau titre : *J'étais de la 32e*. »

(3) L'historique de la 32e (Fabry, *Rapports historiques*, 134) le

n'est pas aimé ; il est roide et dur, et peu honnête avec l'officier ; très brave, mais une tête bien chaude et bien révolutionnaire ; il a passé par tous les événements du Midi.

La 75* est commandée par *Maugras*, homme de trente ans, grand, mince, maigre de figure, peu d'expression ; assez bon chef (1).

La 75* a mis sur ses drapeaux : *La terrible 75ᵉ que rien n'arrête* (2). Elle a un second chef de brigade, un vieillard âgé, à cheveux blancs, un Gascon nommé Barbacane. Il est président du conseil mili-

nomme Saint-Ours et dit qu'à Roveredo, il chargeait à cheval avec les chasseurs de la demi-brigade. François Saint-Ours, né à Veurey, dans l'Isère, le 5 mai 1770, fils d'un maître en chirurgie, étudiant à Grenoble, chirurgien-major du 3ᵉ bataillon de l'Isère, avait dirigé le service des ambulances devant Lyon et Toulon ; il devait mourir à l'armée d'Orient en mai 1799. On ne conçoit pas que Desaix fasse de cet homme de vingt-sept ans un « vieux bonhomme de quatre-vingts » ; peut-être le père de François Saint-Ours, Claude Saint-Ours, le chirurgien juré de Veurey, était-il alors à Padoue, et Desaix aura confondu le père avec le fils.

(1) Antoine Maugras, né à Bellenot, dans la Côte-d'Or, en 1768 ; chef du 2ᵉ bataillon des volontaires de la Côte-d'Or en 1793, passé à la 117ᵉ demi-brigade, puis à la 75ᵉ, chef provisoire de cette dernière brigade en 1796, puis titulaire en 1797. Il venait, au mois de mars, de recevoir une gratification de 10,000 livres et il fut promu général de brigade le 23 septembre 1800.

(2) Voir, sur la 75ᵉ demi-brigade de bataille, le « Détail historique de la 75ᵉ pendant les campagnes de l'an IV et V en Italie et en Allemagne. » (FABRY, *Rapports historiques*, 247-260.)

taire (1). Un autre chef de ce corps, chef de bataillon, nommé Camut, a une assez belle figure; grand, honnête et bon ton; est aussi du conseil militaire (2). J'ai vu le quartier-maître nommé Guillon (3) qui est de la Creuse; il a la physionomie de Cassagne (4), les yeux noirs, la figure un peu allongée; il est de la connaissance de Fririon (5); il a de l'esprit et des connaissances.

La 25*e* *demi-brigade* est commandée par un nommé

(1) Le nom est en blanc dans le manuscrit. Paul Barbacane, né en 1746 à Cescau, dans les Basses-Pyrénées, engagé en 1768 au 82e où il devint en 1792 capitaine après avoir passé par tous les grades, était chef de bataillon depuis le mois d'août 1794 et fut remplacé en août 1798 sur l'ordre de Bonaparte.

(2) Le nom est également en blanc dans l'original. Jean-Baptiste Camut, né au Creutot, dans le Doubs, en 1760, ancien soldat au corps de la marine, sous-lieutenant au 5e bataillon de la Moselle, capitaine au 7e de la Marne, chef de bataillon depuis le mois de mars 1794, mourut de maladie en juillet 1801.

(3) Arnaud-Léonard Guillon, né en 1768 au Moutier-d'Ahun, dans la Creuse, quartier-maître trésorier au 2e bataillon de la Creuse en septembre 1792, et à la 75e demi-brigade en mars 1796; il devint commissaire des guerres.

(4) Sans doute le Cassagne qui fut général de brigade et baron de l'Empire, et qui, en 1815, défendit Philippeville. Desaix l'avait connu à l'armée du Rhin où il s'était signalé en diverses affaires, au combat d'Oberkamlach et au siège de la tête de pont d'Huningue, notamment dans la nuit du 28 au 29 janvier 1797 : « Il a fait, écrivait Desaix à Saint-Cyr, une sortie très heureuse, culbuté tous les travaux des ennemis, encloué cinq canons; c'est très beau. »

(5) Il s'agit évidemment de François-Nicolas Fririon, le futur général, l'ami et compagnon d'armes de Desaix, alors adjudant-général de l'état-major de l'armée de Rhin et Moselle.

Venoux, jeune, pas grand, les cheveux noirs, assez bon enfant, pas très merveilleux (1).

Le *20ᵉ dragons*, à revers jaunes, est un régiment presque tout belge; il a près de 400 chevaux en bon état. Ce régiment est assez bien habillé, tous en chapeau; il est commandé par un nommé *Boussard*, un gros homme, figure ouverte, assez belle, yeux grands; ne paraît pas grand génie, est sans éducation (2). Chef d'escadron *Terray*, adjudant-général à l'armée du Rhin (3).

(1) Jean-Baptiste Venoux, né à Phalsbourg en 1765, enrôlé au régiment suisse d'Ernest en 1772, où il devient sergent en 1786 et obtient son congé en 1790, lieutenant-colonel en second du 6ᵉ bataillon des Bouches-du-Rhône en octobre 1792, chef de brigade depuis le mois de janvier 1795, venait de recevoir une gratification de 10,000 livres. (Cf., dans les *Rapports historiques* de FABRY, 106-117, l'historique daté de Padoue, « des affaires où s'est trouvée la 25ᵉ demi-brigade d'infanterie de bataille depuis l'ouverture de la campagne de l'an IV. ») Il fut tué devant Saint-Jean-d'Acre le 10 mai 1799.

(2) Cf. l'historique du 20ᵉ régiment de dragons dans FABRY, *Rapports historiques*, 516-519. André-Joseph Boussard, né à Binche, en Belgique, en 1758, capitaine en 1792 et lieutenant-colonel en 1793 aux dragons de Hainaut, passé au 20ᵉ dragons comme chef d'escadron, chef de brigade en 1797 pour sa belle conduite à Mondovi, au passage de l'Adda et à Castiglione, général de brigade en Égypte, baron de l'Empire en 1808, général de division en 1812, mort la même année à Bagnères-de-Bigorre des suites de ses blessures. Desaix l'avait bien jugé : c'était un brave soldat, mais qui manquait de prudence et de sang-froid; GONNEVILLE (*Souvenirs*, 202) dit même qu'il était illettré, inepte, stupide, incapable de donner ou de comprendre un ordre.

(3) Terray, né en 1768 à Bois-Mottin, en Saône-et-Loire, soldat

Le *24ᵉ chasseurs*, à parements rouges et collet jaune, joli régiment, peu nombreux, mal équipé, tous en dolman, formé de jeunes gens du Midi, de jolie tournure, vifs et intelligents. Le chef est un homme d'une jolie et agréable tournure nommé *Bron;* il sort du 18ᵉ dragons, est élégant et paraît estimé (1).

J'ai vu *Thiébault*, adjoint à l'état-major, homme estimable, habitant Paris. Il est grand, figure douce et physionomie agréable, le nez long, les manières simples. Il a servi avec Donzelot, et est de la connaissance de Bacher très particulièrement (2).

aux chasseurs de Gévaudan (1786-1790), volontaire au 1ᵉʳ bataillon de l'Ain en 1791, lieutenant en 1792, adjudant-major en 1793, adjudant-général chef de bataillon en janvier 1794, réformé par l'organisation du 25 prairial, réintégré et nommé chef d'escadron au 20ᵉ chasseurs, eut ordre en juillet 1804 de cesser ses fonctions pour jouir du minimum de la solde de retraite parce qu'il avait correspondu avec des auteurs ou copistes de libelles dirigés contre le gouvernement. Desaix l'avait connu à l'armée du Rhin et Gouvion-Saint-Cyr le cite dans ses *Mémoires* (II, 37-39).

(1) Cf. dans les *Rapports historiques* de Fabry, 566-574, le « récit historique des marches du 24ᵉ régiment de chasseurs à cheval et des affaires où il s'est trouvé dans le cours de la campagne d'Italie ». Bron de Bailly, né à Vienne (Isère) en 1757, capitaine au 18ᵉ dragons en 1793, chef d'escadron au 24ᵉ chasseurs en 1794 et chef de brigade de ce régiment en 1797, général de brigade en 1801 après avoir fait la campagne d'Égypte, baron en 1813, mis à la retraite en 1815.

(2) Thiébault, dans ses *Mémoires* (II, 109), ne se rappelle pas qu'il a vu Desaix à Padoue; mais il dit qu'il a fait à Padoue un séjour de cinq mois, le plus long des séjours qu'il ait faits en

J'ai vu son camarade, joli jeune homme, grand,
jolie figure, doux, yeux noirs, un peu petit; il sort
du 10ᵉ dragons (1).

Existence de Padoue. — Padoue doit en grande partie aussi son existence à la fête de Saint-Antoine.
Il y a alors des fêtes, des foires, des plaisirs pen
dant quinze jours; ils y attirent une grande quantité
de monde qui vient y jouir de tous les agréments
du carnaval de Venise. Pendant deux mois d'au-
tomne aussi, un grand nombre de riches nobles
vénitiens vont passer à Padoue des moments d'agré-

cinq ans dans aucune ville d'Italie. Comme écrit Desaix, Thiébault avait été adjoint de Donzelot et il connaissait particulièrement Bacher, agent de la République française à Bâle et plus
tard ministre à la diète de Ratisbonne.

(1) Ce camarade est évidemment Burthe, dont Thiébault a
tracé le portrait dans le deuxième tome de ses *Mémoires* : « Le
jeu, le vin, les duels, les filles se partageaient sa vie; il aurait
pu être un officier distingué, mais tout se bornait pour lui à trois
choses, s'amuser, ravaler ses chefs et se vanter à toute outrance;
aussi, il ne joua aucun rôle, et son nom ne se rattache à rien
qui vaille la peine d'être cité. » Le jugement est sévère. André
Burthe a pourtant de beaux états de service. Il naquit à Metz le
8 décembre 1772 : enrôlé en 1791 au 2ᵉ dragons, sous-lieutenant
en 1793, lieutenant en 1796, capitaine en 1797, aide de camp de
Masséna durant la campagne d'Helvétie et au siège de Gênes,
chef d'escadron en 1799, adjudant-commandant en 1800, envoyé
en Louisiane (1803-1804), colonel du 4ᵉ hussards en 1805, baron
de l'Empire en 1808, général de brigade à la fin de 1810, blessé
dans la campagne de Russie et prisonnier, il assiste en 1815 à
la bataille de Ligny et au combat de Rocquencourt, obtient sa
retraite en 1825 et meurt à Paris le 3 avril 1830.

ment; le spectacle est alors très beau : les plaisirs non interrompus, la bonne chère, tout alors a lieu (1).

Départ de Padoue. — Nous sommes partis de Padoue; il était très tard, déjà 4 heures. Alors la difficulté des passages des rues nous a obligés de nous allonger, et, par la place des Statues, de passer devant Saint-Antoine, puis de suivre assez droit pour nous rendre à la porte de Venise. Nous avons franchi la Brenta qui est très large, bordée de digues élevées faisant grande route. Elle baigne les murs de Padoue, terminée de ce côté par une ancienne tour ronde. La Brenta se rend dans le port de Venise par beaucoup de canaux qui rendent la navigation très facile; aussi, à tout instant, on trouve des bâtiments considérables qui, conduits par un cheval, la remontent, ou, sans ce secours, la descendent avec facilité. Les bords de la Brenta des deux côtés sont admirables; la route est semée de belles et magnifiques habitations où se rendent d'ordinaire, en été, les riches Vénitiens (2).

(1) Les grandes foires de Padoue, qui commençaient le 12 juin et le 6 octobre (La Lande, VII, 107), se tenaient sur la vaste place qui est devant Sainte-Justine et qui s'appelle Prato della Valle.

(2) La Lande (VII, 88) remarque pareillement : « Une double

Campagne magnifique. — Tout près de Padoue, à un mille, il en est une très belle sur la gauche de la route ; elle est élevée, pas très grande, bien bâtie, et paraît bien distribuée : le long de la route, elle est bordée d'un mur assez bas, à claire-voie, orné de magots ou grotesques en pierre, fort plai sants ; ils ont tous des attitudes singulières qui m'ont beaucoup amusé. J'ai remarqué une femme allaitant son enfant avec une mamelle énorme qui va par-dessus son épaule ; j'en ai bien ri. J'y ai remarqué de très belles promenades, fort grandes, bordant un jardin français ; il présentait de l'ombrage bien précieux dans les pays chauds. Dans celui-là, les eaux, les bosquets sont inconnus, et les beaux jardins anglais qui devraient être un délice dans ces cantons, et pas difficiles et coûteux à faire.

file de villages et de maisons qui se succèdent sans interruption ; des palais superbes, des casins ornés, des jardins sans nombre, une belle verdure ; je n'ai point vu de rivages aussi riants et aussi bien peuplés. » Miot fit ce chemin en 1796 : « La riante vallée de la Brenta, dit-il *(Mémoires*, I, 87), s'offrait au voyageur, animée par le luxe des riches propriétaires de cent palais magnifiques, élevés sur les bords de la rivière dont les eaux étaient sillonnées en tous sens et sans interruption par les gondoles et les barques. » Cf. Thiébault, *Mémoires*, II, 119 (il parle de 1797) : « De Padoue jusqu'à Venise, le chemin que longe le beau canal de la Brenta était ravissant ; » et la *Topographie* autrichienne de 1799 : « En été, nobles et riches habitent leurs belles villas de la Brenta, contrée qu'on peut nommer réellement un paradis terrestre. »

La Noventa. — Cette campagne est celle où le général Masséna comptait s'établir l'été pour y jouir de la campagne et sortir de l'assommante Padoue. La maison s'appelle la Noventa (1).

Strà. — Bientôt après avoir vu grande quantité de maisons assez intéressantes, beaucoup d'anciennes, avec de jolies promenades, des jardins du même genre, je suis arrivé à Strà (2). C'est un très grand village où a été longtemps le 20ᵉ de dragons, qui y était à merveille. On y trouve des habitations charmantes. Il faut en remarquer surtout deux. La première *casa* est très belle, presque neuve, remarquable surtout par de magnifiques écuries construites avec la plus grande élégance, et présentant toutes les apparences d'un bâtiment d'une autre destination. Près de là est une autre maison, pas aussi neuve, mais beaucoup plus vaste, offrant une très longue façade, une fort belle

(1) Noventa est un village à deux milles de Padoue et à trois milles de Strà (LA LANDE, VII, 89), et la maison où Masséna comptait s'établir est sans doute le palais Giovanelli, « une des plus belles maisons de campagne qui soient sur la route; le bâtiment est très grand; l'entrée est d'un très beau caractère; les jardins sont surtout très beaux, quoique sur un plan très simple. »

(2) Strà, gros bourg à cinq milles de Padoue et à vingt milles de Venise.

cour. Elle se nomme..... (1). Ce village, fort long, bien bâti, contient un grand nombre de maisons très belles, mais moins magnifiques.

Dolo. — L'espace entre Strà et la poste de Dolo est assez court et très varié par les belles habitations, par le mouvement du canal et par le plaisir, lorsque la route s'élève sur la digue, de voir un peu plus loin; car le pays est toujours le même, très coupé, très cultivé et couvert. Le Dolo est un long village placé en croissant sur la Brenta; il est beau, bien bâti; il a un quai large et une infinité de monuments (2).

(1) Le nom est en blanc dans l'original. Mais ce doit être la maison Pisani. LA LANDE (VII, 89) vante l'étendue et l'extraordinaire magnificence des bâtiments et des jardins : « Quantité de pelouses à l'anglaise et de charmilles taillées dans le goût de celles de Marly; un beau berceau de limoniers; terrasses, peintures, statues, colonnes de marbre, tous les genres de décoration annoncent un des plus riches possesseurs de Venise. » Stendhal a parlé de ce « joli palais » qui fut, dit-il, volé aux Pisani par Buonaparte : « Buonaparte eut l'idée de réclamer tout l'arriéré de l'impôt dont les nobles de Venise se faisaient grâce; les Pisani se trouvèrent devoir une somme énorme, et on leur prit leur beau palais de Strà. »

(2) Dolo, bourg considérable, à dix-sept milles de Venise (LA LANDE, VII, 88-89). « On y passe des écluses et l'on entre dans la Brenta, qu'on a détournée des lagunes et qui va jusqu'à la mer, par le canal appelé Brentone. » La Lande cite deux maisons fort belles, la maison Tron et la maison Tiepolo.

VENISE

Venise. — Arrivée à Mestre. — Embarcation. Dispute de postillons. Ennui de quantité d'importuns. — Canal de Mestre. — Impatience de voir la mer. Son odeur, son goût. Étincelles brillantes sous la rame dans la mer. — Pleine mer. — Arrivée dans Venise. — Configuration.

Port. — Ses entrées au nombre de quatre, la Chioza, Malamocco, la petite entrée. — Vaisseau de 74 coulé bas; relevé à grand frais; son beau contour de loin. — Forme du port, sa longueur, son peu de largeur. — Forts qui défendent les entrées. — Digue magnifique entre la Chioza et Malamocco, 6 milles. — Peu de profondeur du port, souvent à découvert dans la marée basse. — La marée la plus forte de la Méditerranée de 5 à 6 pieds; on ne peut naviguer que par les canaux; ils sont marqués par des poteaux. — Soins et dépenses pour que la mer d'un côté et les rivières de l'autre, de même que les immondices, ne les comblent.

Vaisseaux. — Il n'entre dans le port que des vaisseaux marchands ou des bricks de huit ou dix canons, des bâtiments de 300 tonneaux. Leur nombre. — Forêt de mâts. — Différence des constructions. — Galères. — Français mis pour discipline attachés à un anneau. — Bâtiment romain à voiles latines, à large proue. — Construction grossière. — Dix matelots, deux voiles. — Chambre du capitaine — ses détails — chambre de dessous — cuisine au bout opposé. — Quatre ou cinq fusils contre pirates. — Pont propre, à l'abri du soleil par une tente.

Arsenal. — Arsenal vaste — entrée — deux lions énormes, vieux, plus vantés qu'ils ne valent. — Grand hangar couvert pour les constructions. — Vieux vaisseaux de 80, 60, 30, etc., gros, finis, commencés, les plus jeunes, il y a quinze à vingt ans. — Construction pas commode pour des Français. Les côtés très séparés rendent les bordages faibles; épaisseur du bois de 9 ou 10 pouces moindre; vaisseaux beaucoup plus courts, trop larges, quille et côtés plats, convenant à une mer très basse, si fort qu'on ne pouvait armer ni équiper les bâtiments à Venise; ils recevaient canons et tout en Istrie; elle en fournissait la matière. — La Dalmatie, 20,000 matelots; Venise, 600 bâtiments.

A l'arsenal il faut remarquer : 1° la chambre des modèles, tous les bâtiments de différente grandeur, ancienne et nouvelle construction, chaloupe canonnière; de là, suivre les différents travaux des vaisseaux de 74. Je suis monté dedans par l'extérieur; parcouru la cale, le premier pont, le second pont; vu la chambre du conseil, examiné la forme. La marine française n'aime pas ces vaisseaux; elle ne les trouve pas à sa fantaisie. Frégates, bonnes, passables, et pouvant être employées; les autres en flûtes, en hôpitaux, etc. Tous les hangars sont grands, vastes, la mer les touche; les bâtiments n'ont qu'un pas pour aller à la mer. On y met en activité quelques bâtiments qui porteront le nom des généraux français morts dans les combats, le *Laharpe*, la *Muiron*, le *Stengel*. Trois seront bientôt prêts (1).

(1) Laharpe était tombé, sans doute sous des balles françaises, le soir du 8 mai 1796, à Codogno; Muiron avait péri au pont d'Arcole en recevant le coup destiné à Bonaparte (et on sait

Nous avons traversé le canal de l'arsenal sur un grand bâtiment. Quantité de rameurs.

Vu le *Bucentaure*, beau vaisseau tout doré dont la proue est recouverte par un toit orné d'un immense drap magnifique orné de crépines ou franges de grand prix.

Français. — *Fiorella*, brave homme, Corse, grand, belle figure et physionomie honnète, doux, bonnes façons; a servi dans Royal-Corse et la 4ᵉ de ligne (1).

que la *Muiron* était la frégate qui ramena d'Égypte le général; que lorsqu'elle vieillit et se fatigua, il prescrivit de la garder comme un monument à l'arsenal de Toulon); Stengel était mort le 28 avril d'une blessure reçue le 21 à la bataille de Mondovi. Il y eut aussi le *Sandos*, le *Beyrand*, le *Robert*, le *Causse*, le *Banel*, le *Dubois* (d'Alexis Dubois mort à Roveredo), la *Carrère* (du colonel d'artillerie Carrère, tué aux gorges de Neumarkt; ce fut la frégate sur laquelle Murat, Lannes, Marmont et autres s'embarquèrent au départ d'Égypte, pendant que Bonaparte et Berthier prenaient place sur la *Muiron*). D'autres bâtiments reçurent des noms de victoire : le *Mondovi*, la *Mantoue*, la *Montenotte*, la *Lodi*, la *Lonato*, la *Rivoli*, la *Léoben*.

(1) Fiorella, né à Ajaccio en 1752, volontaire dans Royal-Corse-infanterie en 1770, capitaine en second dans l'année 1781, capitaine au bataillon des chasseurs corses en 1788, lieutenant-colonel en premier du 4ᵉ bataillon des volontaires de l'Isère en 1791, chef de la 46ᵉ demi-brigade en 1794, général de brigade en 1795, passe au service italien, devient général de division en 1804 et sénateur du royaume en 1809, commande en Corse sous les Cent-Jours, meurt à Ajaccio en 1818. Il avait, pendant qu'il conduisait provisoirement la division Serurier, contribué au succès de Castiglione et emporté Vérone, et, depuis mars 1797, il était

Fornésy, chef de la 17ᵉ demi-brigade, sort de Reinach-Suisse, petit, figure ronde (1).

Lévêque, chef du même corps tout suisse, et sorti du bataillon franc commandé par Duhesme (2).

D'Hilliers; sa femme. Détail de position, de leur vie (3).

employé à la division Bernadotte. « Il est, disait Clarke, assez bon, et il a été utile. »

(1) Desaix a écrit *Desfournis* (de même que Roguet écrit *Fourneri*); mais il faut lire évidemment Fornésy. Né à Orbe en 1750, cadet en 1763 à Reinach-Suisse, où il devint lieutenant en 1780 et capitaine en 1790, lieutenant-colonel du corps franc attaché au 12ᵉ régiment de chasseurs à cheval en 1792, chef de brigade de la 32ᵉ légère en 1794, puis de la 17ᵉ légère en 1796, autorisé en 1798 à rentrer dans ses foyers à cause de ses blessures, retraité en 1799 avec pension de trois mille francs, Fornésy mourut en 1811 dans sa ville natale. C'est le héros de l'affaire de Monte-Negino, et justice lui a été rendue sur ce point par Koch (*Mémoires de Masséna*, II, 22 et 430), et par Thiébault (*Mémoires*, II, 41-46), qui fait l'éloge de ce soldat « si brave, non moins modeste que désintéressé ». (Cf. FÉLIX-BOUVIER, *Bonaparte en Italie, 1796*, p. 229-242.)

(2) Joseph-Séverin Lévêque, né à Landrecies le 12 février 1768, sert à Lorraine-dragons de 1783 à 1790, commande la garde nationale de sa ville natale jusqu'à la fin de 1792, devient lieutenant d'une compagnie franche dite des chasseurs de Mormal, entre avec le même grade dans le 4ᵉ bataillon des chasseurs francs du Nord, dit bataillon du Hainaut, composé des compagnies franches de Saône-et-Loire, du Calvados, de Blanzac, de Mormal, et commandé par Duhesme (15 novembre 1792), obtient promptement le grade de capitaine (5 janvier 1793), puis celui de chef de bataillon à la 32ᵉ demi-brigade d'infanterie légère (15 décembre 1794); lorsque Desaix fait sa connaissance, il est second chef de bataillon de la 17ᵉ légère.

(3) Cf., sur Louis Baraguey-d'Hilliers qui venait d'être fait général de division (10 mars 1797), les *Mémoires* de LAVALLETTE, 108-

Aides de camp : *Le Vavasseur* (1);
Lamotte, malade (2);

109. Bonaparte l'avait demandé à Carnot, et il rendit des services; il commanda Milan et la Lombardie; il déploya de la dextérité et de la fermeté dans la prise de la citadelle de Bergame; il mena avec distinction la 58ᵉ demi-brigade sous les ordres de Rey; il coopéra avec Joubert à l'expédition du Tyrol et au combat de l'Avisio; il remplaça Serurier malade à la tête de sa division; il fut chargé de prendre possession de Venise, et, dit Marmont, « il convenait parfaitement à cette mission : homme d'une grande distinction, instruit, spirituel, imposant, rempli d'honneur et de délicatesse, faisant, partout où il était employé, estimer et respecter le nom français. » Il accompagna Bonaparte en Égypte, mais, remarque Marmont, « il regrettait d'être parti de France et désirait y retourner; sa femme exerçait un grand empire sur son esprit, et il était inconsolable de l'avoir quittée. Bonaparte le renvoya et le chargea de porter au gouvernement les trophées de Malte. Il s'embarqua sur une frégate qui tomba au pouvoir des Anglais. » Il servit ensuite sous Lecourbe et Moreau, sous Macdonald, devint colonel-général des dragons, gouverna Venise, contribua à la victoire de Raab, et, après avoir combattu en Espagne, encourut la disgrâce de l'empereur pour un échec qu'il essuya en Russie. Il mourut de chagrin à Berlin à la fin de décembre 1812.

(1) Charles-Amable Le Vavasseur, né à Rouen en 1769, fils d'un négociant et juge au tribunal de commerce, frère d'un membre de la Législative qui devint général et inspecteur de l'artillerie de la marine, sous-lieutenant au 61ᵉ en 1792, adjoint à l'adjudant-général Vial en 1795, aide de camp de Baraguey-d'Hilliers en février 1797, capitaine à la 121ᵉ demi-brigade un mois plus tard, démissionna la même année, en octobre.

(2) Antoine-Charles Houdar de Lamotte (Cf. Thiébault, *Mém.* III, 414), né le 21 novembre 1773 à Versailles, fils d'un commis des bureaux du duc de la Vrillière, soldat au 9ᵉ bataillon de Paris, grenadier à la 181ᵉ demi-brigade, sous-lieutenant en octobre 1793, adjoint à l'adjudant-général Liébault en août 1796, aide de camp de Baraguey-d'Hilliers en avril 1797, lieutenant en août 1797, capi-

Leur figure, caractère, etc.

Coussaud, adjoint à l'état-major (1).

Gardanne, sa taille, sa figure, détails (2).

Dufresse, gros homme, belle tête, beaux yeux (3).

taine en 1799, chef de bataillon en 1801, colonel du 36ᵉ en 1805, fut tué à Iéna. Sa mère reçut de Napoléon une pension de 1,200 francs.

(1) Joseph-Pierre Coussaud (et non *Cousseau*, comme écrit Desaix), ou Coussaud-Duillé, né à Agen le 16 septembre 1773, volontaire au 4ᵉ bataillon du Jura, sous-lieutenant au 10ᵉ chasseurs à cheval en 1793 et adjoint à l'adjudant-général Valentin en janvier 1796, lieutenant en janvier 1798 et aide de camp du général Baraguey-d'Hilliers, puis capitaine, puis chef de bataillon au 62ᵉ régiment en 1808, et de nouveau aide de camp de Baraguey-d'Hilliers en 1810, retraité en mars 1813.

(2) Gaspard-Amédée Gardanne, le beau Gardanne ou Gardanne la Moustache, né à Solliès en 1758, lieutenant dans les canonniers gardes-côtes en 1779, chef du 1ᵉʳ bataillon des volontaires du Var en 1791, adjudant-général chef de brigade en 1794, général de brigade en 1797 et de division en 1800, employé en Normandie contre les chouans, puis à Gênes et en Italie, puis à la Grande Armée en 1806, mort à Breslau en 1807. Il avait été blessé à Arcole où il menait la 32ᵉ, et il avait, en mars 1797, reçu une gratification de 10,000 livres. Lorsque Desaix arriva à Venise, il venait d'être mis à la tête de la 13ᵉ demi-brigade qui se trouvait à Crémone et qui se rendit à Venise pour y former brigade avec la 63ᵉ. « Il est, disait Clarke, brave et assez bon général de brigade. »

(3) Dufresse avait, en effet, une belle tête; il était comédien avant d'entrer dans l'armée, et un agent jacobin juge en 1792 qu'il « porte une tête guerrière et révolutionnaire », qu'il a « une haute et belle stature ». Desaix ignorait sans doute les antécédents de Dufresse et la conduite de sa femme à qui Bonaparte dut ordonner, le 6 juillet 1797, de restituer sur-le-champ ce qu'elle avait pris à différents propriétaires de Mestre et, entre autres choses, les voitures de la maison où elle avait logé. Voir sur ce général les *Mémoires* de Thiébault, II, *passim*, et la notice que lui consacre A. Chuquet dans *Valenciennes*, 213-215.

Dessolle, adjudant-général, fait général; petit, bien fait, pâle un peu; toujours avec le général en chef; physionomie; yeux petits, noirs (1).

Monge, gros sourcils; de la Côte-d'Or. Excellentes qualités. Détails. Bibliographie.

Berthollet, des bords de la Durance, chimiste, brave et honnête homme, doux, figure longue, physionomie douce, ridée, un long gros nez (2).

(1) Dessolle (1767-1828), était attaché à la 4e division de l'armée et commandait la 7e brigade d'infanterie légère, composée de la 21e et de la 29e demi-brigades. Il venait d'être nommé, par un ordre du 9 août, inspecteur des hôpitaux entre l'Isonzo et la Brenta, et il avait porté au Directoire la copie des préliminaires de la paix de Léoben. Plus tard, chef d'état-major de Moreau, commandant de l'armée de Hanovre, et, après une longue éclipse, d'une division de l'armée du centre en Espagne, gouverneur de Cordoue et de Séville, chef d'état-major du prince Eugène en Russie, Dessolle devait siéger à la Chambre des pairs et présider un instant le conseil des ministres. C'est, disait un agent de Louis XVIII en 1803, le plus honnête de tous les généraux de la Révolution.

(2) Monge et Berthollet sont assez connus; le premier était né à Beaune; le second, à Talloire, près d'Annecy, en Savoie. Il y avait sept commissaires du gouvernement pour la recherche des sciences et des arts en Italie : Monge et Berthollet, Berthelemy et Tinet, Moitte (qui devait faire le tombeau de Desaix au Saint-Bernard), Thouin, La Billardière; et Bonaparte jugeait que ces « commissaires artistes » s'étaient très bien conduits, qu'ils avaient été assidus à leur besogne. Moitte et Thouin partirent avec les envois de Rome. Tinet et Berthelemy prirent le 13 septembre le chemin de Paris. Bonaparte retint auprès de lui Berthollet et Monge; le 16 août, il ordonnait de les adjoindre à la commission qui faisait le relevé de tous les papiers de l'ancien gouvernement de Venise.

Berthelemy, peintre, grand, vieille physionomie rude, très honnête, excellent ton, connaissant bien son art (1).

Tinet, peintre, belle figure, gros, beau teint; tous quatre chargés de recueillir ce qu'il y a de bien. Gens estimables, honnêtes, vertueux (2).

Le citoyen *Perrée*, chef de division de la marine; de Picardie; longtemps à Boulogne; jeune, trente ans; a commandé avec distinction; cent vingt prises. A conduit à Constantinople la suite de Dubayet; commande la marine à Venise (3).

D'Alincourt, son aide de camp. Capitaine de frégate, jeune, agréable, bon ton (4).

(1) Ce fut Berthelemy (Desaix écrit *Barthelemi*) qui choisit les tableaux de Bologne, parmi lesquels la *Sainte Cécile*, et Bonaparte le nommait un artiste très distingué. Il était né à Laon en 1743 et mourut à Paris en 1811.

(2) Tinet (Jacques-Pierre), artiste attaché à la légation de Toscane, nommé par Bonaparte et Saliceti, le 19 mai 1796, agent près l'armée d'Italie pour ramasser dans les pays conquis les tableaux, chefs-d'œuvre et autres monuments antiques qu'il jugerait dignes d'être envoyés à Paris. Il avait, en cette qualité, suivi le quartier général et concerté ses opérations avec le chef de l'état-major.

(3) Jean-Baptiste Perrée, né à Saint-Valery-sur-Somme en 1761, lieutenant de vaisseau en 1793, avait, durant une croisière dans la Méditerranée en 1794, enlevé une frégate et deux corvettes anglaises, ainsi que vingt-cinq navires marchands. Il avait été nommé chef de division en 1796, et il devait, en Égypte, obtenir le grade de contre-amiral. Le 18 février 1800, il périt dans un combat livré à Nelson en essayant de ravitailler la garnison de Malte.

(4) On n'a pu trouver aucun renseignement sur cet officier,

Sibille, Provençal, capitaine de frégate; brave, commandant la flottille sur les lacs de Garde et de Mantoue, les bâtiments le long des côtes de Gênes; grosse tête carrée, grands yeux noirs expressifs (1).

Songis, général de brigade d'artillerie; petit, grand nez, jeune, figure oblongue, étroite par le bas (2).

sinon que, le 19 avril 1816, il demande une audience au ministre de la marine.

(1) Le capitaine Jean-Baptiste-Herménégilde Sibille (et non *La Sybille*, comme le nomme Desaix) commandait la flottille en station à Trieste, et il était venu à Venise pour y prendre le commandement du port. Il avait rendu de grands services à la tête de cette flottille qu'on appelait la division navale de l'armée d'Italie; il avait secondé les opérations militaires sur les côtes, et, disait plus tard le ministre Forfait, c'est grâce à lui que l'armée avait reçu les convois dont la perte l'aurait réduite à la disette; grâce à lui que le grand convoi d'artillerie, sorti des ports de la Ligurie, et « seule ressource de l'armée pour reprendre l'offensive », était, en présence d'une escadre anglaise, entré sain et sauf à Antibes. Aussi, le 28 novembre 1799, le Directoire accordait-il à Sibille une paire de pistolets de la manufacture de Versailles. Le 8 septembre 1800, Sibille, en inactivité depuis trois ans, était porté au nombre des officiers qui devaient jouir du traitement de réforme. C'est lui qui voulait faire de Marbot un marin. (MARBOT, *Mém.* I, 40.)

(2) C'est le cadet des Songis; mais il n'était encore que chef, et non général de brigade. Né à Troyes en 1761, attaché au 4e régiment d'artillerie où il était devenu en 1793 chef de bataillon, passé ensuite au 8e, il avait fixé sur lui l'attention de Bonaparte, son ancien camarade. C'était lui qui commandait l'artillerie de l'expédition de Toscane, et, après Castiglione, Bonaparte demandait pour lui le grade de chef de brigade. Songis obtint ce grade le 19 novembre 1797. Un peu auparavant, en mars, il avait eu, comme quelques autres, une gratification de 10,000 fr.

Maubert, provenant du génie, lieutenant-colonel, gros homme, assez bon enfant, un peu original (1).

Forfait, ingénieur de la marine; grand, bien fait, agréable tournure, parlant bien, avec facilité, figure assez passable, pâle, longue. Habit bleu, parements, collet noir avec broderies. A été de l'Assemblée législative et fait quelques rapports (2).

Général de brigade en 1799 et de division en 1800, commandant de l'artillerie de la garde des consuls en 1801, premier inspecteur général de l'artillerie en 1804, commandant en chef l'artillerie de la Grande Armée en 1806, en 1807 et en 1809, comte de l'Empire en 1808, Songis mourut de fatigue à Paris le 27 décembre 1810.

(1) Voir sur ce Maubert les *Mémoires* de ROGUET. I, 183-184, et une lettre de Bonaparte du 10 février 1797. « Il conçut, dit Roguet, et dirigea les travaux, depuis le col do Tende jusqu'à Vado d'abord, et ensuite, depuis le col de Tende jusqu'à Borghetto; doué de beaucoup de connaissances, d'un grand zèle, d'une bravoure et d'une activité rares, il rendit, pendant les campagnes de 1793, 1794 et 1795, des services de la plus grande importance. » Il a, écrivait Bonaparte, « rendu des services dans plus de quarante combats et fait des reconnaissances dangereuses et utiles » Étienne-Constantin Maubert était né à Cabasse, dans le Var, en 1759; élève ingénieur des bâtiments civils de la marine en 1779, sous-ingénieur en 1786, breveté aide des travaux en 1792, adjoint aux officiers du génie en qualité de capitaine au mois de juin 1794, promu extraordinairement au grade de chef de bataillon par le Directoire en février 1797, il fut nommé chef de brigade au mois d'avril 1799 et mourut directeur des fortifications, à Saint-Domingue, le 12 juillet 1802.

(2) Forfait, né et mort à Rouen (1752-1807), était venu à Venise avant la Révolution pour étudier son arsenal. Élu député à la Législative par le département de la Seine-Inférieure, il accusa les clubs des désordres de Brest et obtint, lorsque la guerre fut

Lallement, ministre de France à Venise ; vieillard respectable, gros, grand, œil de travers ; bon et brave homme ; est depuis quarante ans employé en Italie, à Raguse, Sicile, Naples ; à Venise depuis deux ans ; marié à Naples ; quatre enfants, un fils grand, marqué de petite vérole ; trois demoiselles ; la plus jeune jolie, beau teint, peau magnifique ; les autres passables, marquées de petite vérole (1).

Lallement, son voyage, son arrivée à Brescia, etc.

Villetard, secrétaire, s'occupe de plaisirs, d'agré-

déclarée à l'Autriche, que les armées seraient payées en argent. Il avait, après la session, repris ses fonctions d'ingénieur au Havre. Appelé en Italie, il était, à l'époque où Desaix vint à Venise, directeur des constructions, et il avait fait marquer dans les forêts vénitiennes cinq cents beaux mâts qui devaient être envoyés à Toulon. Bonaparte le proclamait un officier du plus grand mérite qui possédait toute sa confiance ; aussi, il le nomma ordonnateur de la marine depuis Anvers jusqu'à Cherbourg, lui donna le ministère de la marine et le fit conseiller d'État, préfet maritime du Havre, puis de Gênes.

(1) Lallement, ancien consul à Naples et successeur de Noël à Venise, qui reçut en floréal an VIII un brevet du grade de ministre plénipotentiaire, avait transmis au Sénat de Venise les injonctions menaçantes du Directoire, obtenu que Louis XVIII fût éloigné de Vérone, réclamé — vainement du reste — à trois reprises l'expulsion de d'Antraigues, attaché à la légation russe. Il envoyait à Bonaparte des renseignements sur la position des ennemis et lui conseillait d'imposer le duc de Modène qui s'était enfui à Venise avec ses trésors et qui « débourserait abondamment ». Ce fut lui qui, au nom du général, enjoignit au Sénat de Venise de cesser ses armements et lui demanda des vivres pour l'armée.

ments, de comédies, d'esprit (en a), peu de légation (1).

ITALIENS. — *Mocenigo*, figure pâle, ronde, belle peau ; sa femme, grande, belle, beaux yeux (2).

Minotto, marin distingué, élève d'Emo, contre-amiral vénitien, voulant servir en France (3).

Soverani (4), sa femme, ses deux filles.

Querini, pâle, jeune, mince, honnête, bon ton, ambassadeur (5).

Mme Marina *Benzon*, belle dame de trente ans,

(1) Quoi qu'en dise Desaix, Villetard semble avoir eu beaucoup d'initiative et d'activité, notamment dans l'affaire d'Antraigues (PINGAULT, *D'Antraigues*, 143-144); il poussait le gouvernement vénitien à saisir les papiers de l'émigré, et, lorsqu'il envoya les passeports de la légation russe, il spécifia qu'aucun d'eux ne pourrait servir au nommé d'Antraigues, « agent d'un émigré français, imaginaire héritier de la couronne de France. » Cf. sa conduite à l'égard de Barzoni. (TROLARD, *De Rivoli à Magenta*, 202, et A. LUMBROSO, *Attraverso la Rivoluzione e il Primo Impero*, p. 144.)

(2) Louis Mocenigo avait été, avec Donato et Giustiniani, un des trois députés chargés de conclure le 16 mai la paix entre la France et Venise.

(3) Leonardo Minotto (Desaix écrit *Minoto*), avait sous les ordres de Tommaso Condulmer, escorté les quarante chaloupes qui vinrent de Mestre débarquer sur la Piazzetta les troupes de Baraguey.

(4) Ne serait-ce pas Salvani qui venait d'être nommé par Bonaparte sous-ingénieur de vaisseaux pour les services qu'il avait rendus et pouvait rendre encore ?

(5) Querini, né à Venise en 1758, ministre de Venise à Paris sous le Directoire, plus tard conseiller d'État (1807) et préfet du Reno (1809).

beaux bras, belles formes, beaux traits (1).

Le prince *de Belgiojoso*, grand, âgé, maigre, figure longue; entretenant la signora Marianna Gafforini, actrice de la Fenice, jolie femme; dans *César*, elle jouait le rôle..... (2).

Signor *Alcaini*, père du général au service d'Autriche (3), entretenant la sœur, Élisabeth Gafforini, paraissant jolie et très jolie; gros homme, larges épaules, se remuant à peine.

Palais Manini, sur le Grand Canal, très beau. Deux rangs de colonnes ioniques et corinthiennes. Beau portique.

Palais Mangilli, petit, mais très élégant; trois appartements de front, élégants, bien meublés, enveloppant une petite cour; les bâtiments pas assez élevés; sur la lagune sont des chambres à coucher. Sur le derrière, jolie pièce de bain en marbre blanc. Psyché, belle, corps nu, jouant avec un

---

(1) Marina Querini-Benzon (Desaix écrit *Maria Penzone*), chantée par Lamberti et citée par Stendhal.

(2) Marianna Gafforini (et non *Gauphorina*, comme a écrit Desaix) eut en effet, dans l'été de 1797, un rôle dans *la Mort de César*, le rôle de Porcia; sa sœur, Élisabetta, jouait le rôle de César.

(3) On avait lu avant nous *Alvinzy*; mais Alvinzy — celui que Napoléon regardait comme son meilleur adversaire en Italie — est né en 1735, et quel âge aurait eu alors son père! Le nom est évidemment Alcaini (Desaix a écrit *Alcainy*, et il y avait, en effet, à cette époque, un comte Alcaini général-major dans l'armée autrichienne.

papillon ; tête à cheveux relevés, enveloppée dans le bas du corps d'ajustements. Observations.

Église de Saints-Jean-et-Paul. Place. Portail. Muraille simple, toute de briques, fort élevée ; les croix aussi ; le milieu surmonté d'un dôme couvert en plomb. Beau tableau de Paul Véronèse, représentant un homme furieux qui en tue un autre ; un troisième, effrayé, s'enfuit. Couvert d'un rideau, prêt à être démonté (1).

Au centre de la place, un piédestal carré long, quatre colonnes de marbre blanc. Sur le petit côté, six colonnes supportent un cheval de bronze avec un cavalier ayant l'air du commandement et de la volonté ; le cheval un peu trop long, tête grosse. Détails (2).

(1) Ne serait-ce pas plutôt le *Martyre de saint Pierre, bénédictin*, par le Titien, que LA LANDE décrit ainsi (VI, 443) : « La scène est dans une forêt ; saint Pierre est renversé ; son compagnon s'enfuit et témoigne une vive douleur »? Cf. COCHIN, *Voyage d'Italie*, III. 54 : « Ce tableau est admirablement bien composé, de peu de figures, pleines d'action, dessinées de grand caractère et avec une belle finesse de contour et de détail... Le peintre a voulu exprimer la colère dans celui qui frappe le saint, et la frayeur dans les autres. »

(2) C'est, comme on voit dans LA LANDE (VI, 442), la statue de Barthélemy Colleoni (1400-1475), général des troupes de la République, par le Florentin André Verrocchio : « Portrait réel d'un condottiere assis sur son solide cheval de bataille, en cuirasse, avec les jambes écartées, le buste trop court, la physionomie rude d'un soudard qui commande et qui crie, point embelli, mais pris sur le vif et énergique. »(TAINE, *Voyage en Italie*, II, 356.)

Dans l'église : deux hommes à cheval ; le cheval doré, les hommes aussi. Ce sont des généraux qui ont bien servi leur pays de toutes les manières à la guerre, l'an 1650. Vis-à-vis, un grand monument, où se trouvent les statues d'une famille qui a bien servi (1) ; auprès, une chapelle a une Madone en grande vénération, où j'ai vu grande et fervente dévotion des malheureux (2).

Au fond de l'église, un chœur habité par huit ou dix moines qui gagnent beaucoup de revenus à peu chanter.

A côté de cette église, à droite, en sortant, est l'entrée du couvent devenu un hôpital, quoique les moines s'y trouvent encore. Cette partie est assez bien sculptée (3).

A l'extrémité, est une autre église qui était plus élégante ; elle est remplie de malades (4).

(1) Desaix veut évidemment parler du mausolée du doge Bertucci Valieri (élu en 1656 et sous qui, onze jours après son élection, le 26 juin 1656, la flotte vénitienne vainquit les Turcs à l'entrée des Dardanelles), ainsi que des statues de Nicolas Orsino qui défendit Padoue contre Maximilien, et autres personnages distingués. (Cf. LA LANDE, VI, 445-446.)

(2) La chapelle du Rosaire. (Cf. LA LANDE, VI, 443.)

(3) La confrérie dite Scuola di San Marco, « enrichie de marbres fins avec des statues. » (LA LANDE, VI, 446.)

(4) San Francesco della Vigna, église des Récollets. (LA LANDE, VI, 447.)

Murano. — De là, j'ai été à Murano. J'en ai traversé le canal, laissant à gauche les deux îles Saint-Christophe, voyant le fond de la lagune couvert d'oiseaux de mer blancs, faisant un bon effet. Dans le lointain est Saint-Secondo, petite île fortifiée par les Français. Ils occupent les quatre îles qui voient les quatre points de la ville; elle ne peut pas remuer sans la crainte d'être brûlée.

On a une belle vue en allant à Murano. On s'éloigne de Venise, laissant à droite la Madonna dell' Orto, devant soi, Saints-Jean-et-Paul; à gauche, l'immense arsenal; dans le lointain Burano, très grand village, divisé en deux; le joli îlot de la Madonna. On voit à travers les toits l'immensité des mâts qui dominent la ville et de l'autre côté du Lido des bâtiments à la voile qui vont ou viennent de Murano.

J'ai vu couler le verre pour en faire de la verroterie et fondre des glaces. A Murano, quatorze mille âmes sont employées à ce travail et à faire tous les ouvrages de menuiserie nécessaires pour contenir les objets ouvrés. Les glaces se polissent à Venise et s'y achèvent; elles sont belles, mais pas aussi magnifiques que les nôtres. On en emploie beaucoup à Venise. J'ai vu des séparations d'appartements, c'est-à-dire des antichambres, en glaces ; mais on ne s'y sert pas de beaux verres qu'on pourrait y avoir facilement pour avoir des fenêtres agréables à grands carreaux : ceux qu'on a sont, comme nos anciens, en petits morceaux ronds, ovales et de différentes espèces (1).

...Un des grands objets de commerce, à Venise, est une imprimerie grecque où s'impriment tous les ouvrages qui se trouvèrent en Grèce ; de Venise, ils étaient vendus chez tous les Grecs, et fort cher.

...Tout est doré dans le *Bucentaure* (2). Il a la forme à peu près d'une galère. Il était conduit par des rames ; il servait à la cérémonie du mariage du doge. En effet, il avait une place distinguée sur un fauteuil à la proue du vaisseau ; à côté de lui, plus bas, les Dix, et, plus loin, les Conseils occupant le reste du pont.

Nous y avons mangé des huîtres et des moules qui y sont très estimées ; celles de l'arsenal de

---

(1) On lit dans la *Topographische Uebersicht* de l'année 1799 que Murano est le plus important des faubourgs de Venise et forme une ville particulière qui compte près de 7,000 habitants (le chiffre donné par Desaix est donc exagéré) : « Ce qu'il y a de plus remarquable, c'est la célèbre fabrique de glaces qui livre les plus beaux miroirs, candélabres, etc. »

(2) Voir, sur le Bucentaure, l'arsenal où « on a coutume de manger des huîtres qui sont très larges et très bonnes », la fonderie, la corderie ou la Tana qui est « ce qu'on peut voir de plus magnifique en ce genre », LA LANDE, VI, 449-454.

Venise ont de la réputation, y étant engraissées exprès ; elles étaient accompagnées de vins exquis. M. Mocenigo, famille illustre qui a donné beaucoup de doges, entre autres celui qui a renouvelé le *Bucentaure*, nous a fait cette galanterie. Il paraissait sensible à la destruction de l'arsenal de Venise et aux plaisanteries maladroites du général Masséna, qui disait qu'on devait tout prendre (1).

Nous avions vu auparavant les salles de l'arsenal ; elles ne sont pas très grandes, mais, pareilles les unes aux autres et nombreuses, elles faisaient encore quelque étendue, mais pas prodigieuse. Il ne doit pas contenir 10,000 fusils. Propre, bien arrangé avec soin, agréable à voir : armes antiques, armes nouvelles, fusils vénitiens d'une livre plus lourds que les nôtres, plus longs ; baïonnettes plus courtes ; assez beaux pistolets longs ; sabres esclavons pouvant être propres à notre cavalerie : lame droite, un peu courte, poignée couverte par des recouvrements en fer en losange, plats, gênant la main (2).

<hr>

(1) Masséna était arrivé le 14 août à Venise et descendu au palais Gradenigo aujourd'hui disparu : il faisait une excursion d'agrément, et c'était Brune qui commandait par intérim sa division, la 1re division, composée des brigades Ménard, Rampon, Motte et Mignotte.

(2) Comparez cette description de l'arsenal de Venise avec celle que trace Romain en 1788 (*Souvenirs d'un officier royaliste,*

Nous avons vu la fonderie de canons avec la manière de les forer — pas trouvée extraordinaire : la grande roue va par des hommes.

La corderie est prodigieusement grande, à perte de vue, pas très large, soutenue par deux rangs de piliers au milieu.

Nous avons quitté alors l'arsenal. Nous étions bien du monde ensemble, de la marine française, vénitienne, grand nombre d'étrangers, Français et des Vénitiens en quantité. J'ai dîné à l'arsenal avec M. Mocenigo, membre du gouvernement provisoire, et le général d'Hilliers, sa femme, etc.

Embarcation pour aller en mer. — Beau temps. — Description du bâtiment; rameurs; mouvement cadencé, fatigant. Pilote vieux; costume plaisant, coiffure originale. Passage à travers tous les vaisseaux. Arrivée à l'entrée du port. Sortie; tangage; roulis; fatigue; maux de tête. — Vu arrivée et sortie de vaisseaux ayant fait route pour ou de Trieste. Arrivée au quai esclavon; fatigue excessive.

Place Saint-Marc. Première place en débarquant

J, 384-386); Romain passe une journée entière dans l'arsenal : « Quelle manutention, dit-il, quel détail, quelle population! Il n'y a rien de semblable dans l'univers. » Mais Romain ne connaissait pas les abus infinis dont était plein ce célèbre arsenal. (Cf. TIVARONI, *l'Italia prima della Rivoluzione francese,* 62-63.)

de la Giudecca : de grandes colonnes de marbre, rien dessus le chapiteau.

De ce côté, la prison d'État; distingué les Plombs; l'un, élevé; l'autre, cachot abominable sous la mer; on n'y pouvait pas tenir debout.

Façade du palais du doge. Architecture mauresque plus simple que la gothique, moins d'ornements, mais pas élégante, sans colonnade et sans fenêtres.

Église Saint-Marc, façon de Sainte-Sophie. — Quatre chevaux de bronze.

Place Saint-Marc; ressemble au Palais-Royal pour la forme, les arcades; pleine que de cafés petits, mal servis; on a l'usage de s'asseoir en avant sous des toits en plein air. Architecture de deux façons. A gauche, belle : trois ordres différents — dorique aux arcades fait bel effet — ionique ensuite et corinthien après. L'autre partie est plus vieille, point d'observance dans les ordres.

A l'extrémité de la place sont quatre pièces de canon qui sont gardées par des Français; de ce côté est une petite rue qui va aboutir au canal; c'est là qu'est le fameux café de Paris, le plus fréquenté de Venise

Sur cette place est un clocher élevé, isolé, carré,

qui donne une vue magnifique de tous les environs de Venise.

Les environs de la place Saint-Marc sont remplis de superbes boutiques très riches. Les rues sont nombreuses, mais très étroites, bien pavées en pierres de taille. Jamais chevaux ni voitures n'y passent, ni dans tout Venise; aussi on n'entend jamais ce bruit désagréable, seulement les cris des gondoliers. Tout ce quartier jusqu'au pont Rialto est très intéressant et vivant. A ce pont se trouvent les boutiques d'orfèvreries, bijouteries, très riches et belles. C'est aussi le lieu du change. Le soir, rien n'est joli comme toutes ces boutiques bien éclairées, comme aussi toutes les gondoles naviguant parées d'une lumière. C'est très plaisant à voir la nuit.

Emo. — J'avais oublié de parler à l'arsenal de la salle d'armes, de parler du chevalier Emo, relief admirable de Canova, Vénitien, présentement à Rome. La statue de ce marin ou plutôt son buste est couronné de lauriers par une Gloire qui est prête à mettre la couronne sur sa tête; un Génie écrit dessous : *Angelo Emo i...* et en reste là; c'est la première lettre d'*immortale;* il mourut après son expédition de Tunis à la fleur de l'âge, n'ayant pas encore pu assez faire pour être immortalisé et avoir la couronne de lauriers. Détails de la sculpture, etc. (1).

Palais du doge. — Le palais du doge est très beau à voir pour les peintures. Dans ce palais, il y a de Paul Véronèse plusieurs morceaux très magnifiques. Le premier que j'ai vu est une conquête de Vérone par Contarini; ce général est monté sur un cheval blanc et donne ses ordres; son armée victorieuse poursuit l'ennemi qui écrase un pont dans sa fuite. Rien n'est beau comme ce moment, il est bien saisi. Un homme est représenté dans la position horrible de se trouver poussé sur la partie penchée du pont; il veut se retenir pour ne pas tomber dans la rivière; ce morceau est beau (2).

J'ai vu la salle des Dix où il y a de belles peintures. Dans le Grand Conseil, Venise, sous la forme

---

(1) Angelo Emo avait en 1764 chassé les pirates de la Méditerranée, forcé le bey d'Alger à la paix et bombardé Tunis; mais l'expédition fit peu d'effet. (Cf. TIVARONI, *l'Italia prima della Rivoluzione francese*, 63.)

(2) C'est le tableau que LA LANDE (VI, 423) a vu dans la salle du Grand Conseil, entre les deux fenêtres de la façade opposée au tribunal, et qu'il appelle brièvement « la victoire du doge André Contarini contre les Génois »; Cochin, qui l'a vu aussi (*Voyage en Italie*, III, 18), dit qu' « il est bien composé et bien groupé », qu' « il y a de très belles choses dans le groupe qui est à droite », que « le reste est plus faible ».

d'une femme couronnée, est très belle. Le *Paradis* du Tintoret est immense, prodigieux, mais ne me plaît pas. Toute cette salle est pleine de tableaux représentant des batailles des Vénitiens, leurs différentes prises de Constantinople avec les croisés. Il y en a beaucoup de Bassan qui travaillait avec une facilité prodigieuse et faisait un tableau dans un jour; c'est dommage, car ses compositions sont bonnes, ses dessins aussi, mais on voit que tout est négligé. Il y a aussi beaucoup d'actions contre les Turcs en Dalmatie. Tout autour se trouvent les portraits des doges; quelques places sont en noir; ce sont ceux qui ont été déposés ou décapités pour mauvaise gestion. Ce palais est immense sans le paraître (1).

(1) Cf., dans LA LANDE (VI, 420-428), la description de la « Sala del Gran Consiglio », où l'on voit « les plus beaux traits de l'histoire de Venise ». La *Venise couronnée* est le célèbre ovale de Véronèse : « Venise est élevée sur les nuages dans la posture la plus majestueuse, couronnée par la Gloire, accompagnée de la Renommée, ayant autour d'elle l'Honneur, la Paix, l'Abondance et les Grâces; des peuples de tous pays la contemplent avec admiration; des guerriers lui amènent de toutes parts des dépouilles et des trophées; l'idée générale de ce tableau est aussi belle que l'exécution est admirable. » Le *Paradis* du Tintoret n'est pas, remarque également La Lande, des plus estimés. Les portraits des doges sont la plupart de la main du Tintoret; « on a laissé vide la place de Marino Faliero qui fut décapité en 1355, pour montrer aux ambitieux qu'une conspiration contre l'État peut conduire le prince même entre les colonnes de Saint-Marc; au lieu du portrait on y a écrit son histoire. » Cf. COCHIN,

Spectacles — commerce — usages — coutumes, maisons, etc. — jeu — dépravation des mœurs — casins — cafés — jeux d'échecs — tombola dans toutes les rues.

Le commerce des Vénitiens est encore considérable; il paraît qu'il était à leur avantage ou qu'au moins ils pouvaient presque se passer de leurs voisins et n'en recevaient que peu de chose. Beaucoup de nations les payaient en argent, pas en marchandises.

Ils ont 600 à 700 bâtiments d'une jolie, élégante construction, de deux ou trois cents tonneaux, qui portent toutes leurs productions au Levant, dans toute la Méditerranée et hors de cette mer en Angleterre. Ils font aussi le cabotage sur les différentes mers : une grande quantité de grains, dont ils avaient toujours double récolte, c'est-à-dire froment, orge, blé de Turquie, etc. Ils en fournissaient beaucoup à Marseille et à tout le Midi. Une énorme quantité de soie de Bergame et du Brescian pour la France. Ils exportaient leurs glaces, leurs verroteries et des brocarts d'or et d'argent en Turquie et dans tout le Levant. Ils tiraient le

III, 18 : « Le *Paradis* du Tintoret n'est pas une belle chose; mauvais dessin, mauvaise couleur et point d'effet », et 20-21 : « *Venise couronnée* est une des plus belles machines de composition qu'ait imaginées Véronèse. »

fil d'argent de France et nous en fournissaient d'or qu'ils travaillent bien. Ils font les plus belles chaînes d'or, inimitables ailleurs. Ils tirent peu de parti de leur vin, que dans le Tyrol, la Suisse où il passait. Les manufactures du pays fournissaient ce qu'il fallait.

Il faut remarquer à Venise le clocher de Saint-Marc ; il n'y a point d'escalier pour y monter ; c'est une rampe assez douce ; on pourrait, pour ainsi dire, y aller à cheval. On y a une vue magnifique et étendue.

Le port est fermé par le Lido, longue langue de terre, étroite de deux ou trois cents toises, très bien cultivée. Il faut voir la digue de pierre de taille, faite de la Chioza à Malamocco. Elle a coûté plusieurs millions ; elle a deux ou trois lieues de long, toute en pierres de taille, taillées dans l'Istrie et portées par mer sur la place. Les autres parties du Lido sont défendues par des dunes, chaque entrée par des forts peu conséquents.

Église Saint-Marc magnifique, toute en mosaïque.

Palais Grimani, antiques, vase étrusque, modèle de beaux morceaux de Rome.

Il y a deux beaux théâtres à Venise ; le premier est la Fenice ou le Phénix, comme s'il était aussi inimitable et rare que cet oiseau.

J'y étais avec Leclerc au parterre. J'y ai vu jouer *la Mort de César*, opéra superbe et magnifique pour les décorations peintes en perfection : costumes, temple romain imité à merveille. Mais le jeu des machines bien lent et bien fatigant. Les toiles ne montent et descendent que très lentement ; cela fait souffrir.

J'y ai vu représenter le ballet de *Britannicus*. Il est très beau et des plus agréables que j'ai vus. Néron est amoureux de la femme destinée à Britannicus ; il veut la séduire. Elle se défend courageusement et n'y consent jamais. Le chagrin de Britannicus et d'elle sont des scènes touchantes ainsi que leur inquiétude. Cependant Néron, après plusieurs tentatives, feint de consentir à leur union. La cérémonie de l'hyménée se fait. Néron y préside et donne à boire de la liqueur empoisonnée à Britannicus qui périt au moment des réjouissances de la fête. Alors son épouse est désespérée et s'aperçoit bien que le coup vient de Néron. Tout le peuple est indigné contre lui ; il ne s'en étonne pas, il veut s'emparer de celle qu'il aime. Mais le peuple la défend ; elle se met sous la protection d'un grand prêtre et se fait vestale pour échapper à Néron.

2° Saint-Benedetto, très beau théâtre dans le genre de Phenice, presque aussi grand et aussi beau. J'y ai vu jouer un opéra assez joli parce qu'il est entremêlé de scènes bouffonnes. J'ignore le nom, mais je m'en rappelle assez bien. *Pour souvenir*. Un hussard assez plaisant tourmente fort un pauvre paysan qui a très grand'peur de son épée et qui fait toutes les singeries d'un homme effrayé et bien soumis. Le hussard l'empêche d'approcher de sa belle dont il est jaloux. On lui joue plus d'un tour assez drôle, et lui aussi, à son tour, pour la joindre et la conquérir, lui donne plusieurs leçons; mais il est toujours dupé.

J'y ai vu un beau ballet pour les décorations Une jolie femme appartient à un seigneur qui l'épouse; ce qui occasionne des fêtes et des réjouissances. Mais, à la suite de cela, elle est enlevée par des grotesques, en costume turc, larges culottes, qui la conduisent sur une montagne. Alors le mari de la dame attaque les grotesques pour la ravoir. Rien n'est plus beau que cette décoration. Elle présente parfaitement une montagne, ses couleurs, son caractère. Le combat s'engage; beaucoup de coups de pistolet se tirent. Je n'ai jamais rien vu de plus beau. Les grotesques sont vaincus et se jettent aux genoux du vainqueur qui leur pardonne, et tout se fini par des danses entremêlées de grotesques (1).

A Venise, on ne voit jamais les demoiselles. Elles sont toujours privées des bals, comédies, fêtes publiques, et même n'assistent pas aux dîners un peu considérables qui ont lieu. Elles vont long-temps au couvent, et, en rentrant chez elles, c'est comme auparavant. Leur éducation est absolument négligée, d'une manière honteuse et cruelle. Les dames y sont très libres, font tout ce qu'elles veulent et prolongent les repas très tard. Mais, à cinquante ans, alors fardées et parées, elles agacent publiquement les hommes pour en tirer parti. Il y en a qui vont jusqu'à en procurer aux jeunes gens pour de très petites récompenses pour elles; quelquefois de ce qu'elles font donner aux autres (*sic*).

Départ de Venise. — Arrivée à Mestre. — Canal horrible par sa puanteur et la couleur de ses eaux sales et vaseuses. — Fin du canal. — Voitures dont les garnitures sont volées — chagrin — dispute — payement pour avoir remisé la voiture — 15 livres. — Impatience pour des chevaux

(1) LA LANDE (VII, 56) remarque que les Vénitiens « sont encore plus pour les farces » que les autres Italiens, et qu'ils entremêlent leurs pièces, tragédies, comédies et opéras bouffons « de ballets-pantomimes où il y a beaucoup de sauteurs, suivant l'image des Italiens qui connaissent très peu notre danse noble ».

de poste malgré les courses des importuns officieux — raisons. — Chef de brigade du 25ᵉ chasseurs (1). — Enfin, départ. — Belle route — gaieté,
conversation avec *Doumerc,* du 4ᵉ chasseurs (2).
— Jolie campagne. Le long du chemin, rien de
remarquable, autrement que la variété des belles
maisons, qui distraient et amusent. — Rencontre
du général Dugua, son fils et son aide de camp.
— Conversation — Départ. — Campagne de
Mme Albrizzi, femme aimable, Grecque; sa maison
jolie; description; petite ménagerie (3).

(1) C'était François Guérin d'Étoquigny. (Cf., dans les *Rapports
historiques* de FABRY, 575-578, l'historique de son régiment, daté
de Mestre.) Né à Dieppe en 1762, sous-lieutenant au 8ᵉ dragons
en 1791, lieutenant en 1792, capitaine adjoint à l'état-major de
l'armée des Alpes, chef d'escadron de hussards en 1794, chef de
brigade en 1796, Guérin commandait provisoirement le 25ᵉ chasseurs depuis le 7 janvier 1797 et le commande effectivement à
la date du 6 avril 1799. Mais, le 19 octobre 1799, il est nommé
général de brigade. Il devint sous la Restauration (25 avril
1821) général de division.

(2) Jean-Pierre Doumerc, né en 1767 à Montauban, soldat au
7ᵉ dragons de 1783 à 1788, sous-lieutenant au 4ᵉ chasseurs à cheval en 1791, lieutenant en 1792, aide de camp de Pichegru en 1793,
était alors chef d'escadron (depuis novembre 1794 au 11ᵉ cavalerie
et depuis le 4 mars 1797 au 4ᵉ chasseurs); on sait qu'il devint
colonel du 9ᵉ cuirassiers, général de brigade (1806) et de division (1811), et qu'il fut baron de l'Empire (1808).

(3) Cette campagne de Mme Albrizzi (voir plus loin, p. 197,
note 1) est la belle villa de Gordigiano, sur le Terraglio, à
trois milles de Trévise; l'aimable Grecque y élevait un paon,
une autruche et quelques tourterelles. (MALAMANI, *Isabella Teotochi Albrizzi*, p. 48-49.)

TRÉVISE

Trévise. — Arrivés presque à la nuit à Trévise, vieille ville à peu près ronde, environnée d'un vieux rempart, sans flancs, avec un ruisseau dans le fossé. — Porte — rues étroites — maisons anciennes, noires — rien d'intéressant — point de promenades, point de places — quelques ruisseaux traversent la ville en faisant aller beaucoup de moulins. Le commerce de Trévise était ses moulins, employés à moudre pour Venise. — Gros bateaux, pas longs, larges et lourds, y servaient. — Canal bien fait communiquant jusqu'à la mer. — Ruisseau venant de Castelfranco, sortant tout d'un coup de la terre et faisant de suite une petite rivière.

Arrivés presque à la nuit chez le général Leclerc, absent ; son fils malade.

A l'auberge de la *Poste*, remplie. Attendons à la rue impatiemment. Logés à l'évêché ; y courons, fatigués, mourant de faim. Le logement pris par un adjudant-général. Malentendu, querelle, vivacité de Doumerc; enfin nous nous en allons chez Doumerc. Point de chambre; le domestique a emporté la clef, il est à Venise. Cependant, chambre de camarade : j'y repose; un souper se prépare; il arrive; bon appétit! — Arrivée de Leclerc (1). — Horizon meilleur. — Logement chez Madame Paula (2). — Description de la maison : immense; deux étages, hauteur de cinq; grande et immense salle servant de vestibule; peintures; terrasses; belle vue; escalier en dehors de la maison, construit après elle, oublié dans l'édification; arceaux se soutenant. — Madame Paula, quarante ans au moins, maigre, petits yeux noirs, manières, sans être affectées, exagérées; aimant, caressant des enfants grands au nombre de onze, neuf filles, deux garçons. — Riche; voiture. — Fatigue, sommeil excessif, repos.

(1) Desaix a simplement écrit L.

(2) On trouve encore dans les papiers de la famille Paula (TROLARD, *De Rivoli à Magenta*, 224) un certificat du général Victor, daté du 23 avril 1797; Victor déclare que la famille Paula a fait aux Français qui se sont présentés chez elle toute sorte d'honnêtetés, et leur a « témoigné la plus intime amitié »; que d'ailleurs les Trévisois se sont parfaitement conduits envers les soldats et se sont empressés de pourvoir à leurs besoins.

Au lever, visite de corps du 11ᵉ chasseurs (1), ensuite du 4ᵉ chasseurs.

Scalfort (2), Doumerc, un gros vieux chef d'escadron.

Marigny, placé au 4ᵉ, joli garçon, jeune, brave sortant des états-majors, a l'air riche. Beau costume, diamants. A fait bonnes affaires. Aimé d'une jolie demoiselle, Vénitienne, fille d'un noble ruiné ; la mène publiquement au café (3).

Le 11ᵉ cavalerie. *Desbordeliers*, chef de brigade,

(1) Le 11ᵉ chasseurs avait comme colonel le futur général de division Trelliard, que le général inspecteur Tilly nommait un bel officier et un excellent chef, et comme chefs d'escadron Jaimebon, Villantroys et Saintronne.

(2) Nicolas-Joseph Schelfaudt, dit Scalfort, né à Douai en 1752, mort en 1833, conquit tous ses grades, jusqu'à celui de colonel, au 4ᵉ chasseurs à cheval. Chef de brigade depuis le 26 août 1794, général de brigade en 1803, baron de l'Empire en 1808, il commandait en Italie une division de dépôts de cavalerie lorsqu'il demanda et obtint sa retraite en 1809. Il s'était distingué à la bataille d'Austerlitz où il reçut un coup de feu au menton.

(3) Joseph-Bernard Marigny était né dans l'Isère, à Morestel, en 1768. Capitaine au 2ᵉ bataillon de l'Isère, adjoint à l'état-major général, il se signala par sa bravoure dans toutes les affaires de l'armée d'Italie, à Lodi, à Borghetto, à Saint-Georges, à Saint-Michel, au Tagliamento, et, à la suite de ce dernier combat, Bonaparte le nomma chef d'escadron au 4ᵉ chasseurs (4 mars 1797). Promu plus tard chef de brigade au 20ᵉ régiment de chasseurs, il fit à l'armée du Rhin les campagnes de l'an VIII et de l'an IX. Il périt à Iéna. Gonneville le juge « fort bien de sa personne »(*Souvenirs*, 3), mais lui reproche d'avoir « pressuré son régiment de toutes les manières, comme si c'était une ferme ». Cf. Thiébault, *Mém.*, IV, 553, et Parquin, *Souv.*, 52 et 74.

malade (1). — N... (2), chef d'escadron, gros, gras, figure longue. — N...,⁻ chef d'escadron, petit, figure longue, mince, ridée, nez long.

Visite d'anciens officiers de 93. — Dalons, toujours le même (3).

La 9ᵉ, *Marpaude*, chef de brigade, âgé (4).

La 12ᵉ, *Girardon*, âgé, ridé, instruit, bon ton (5).

(1) Desbordeliers (Anne-Marie-Louis Guinot), né à Crépy-en-Valois en 1754, carabinier (1771-1775), entré à Orléans-cavalerie en 1779, brigadier en 1781, fourrier en 1784, adjudant sous-lieutenant en 1786, lieutenant en 1792, capitaine en 1793, était chef de brigade du 11ᵉ cavalerie, ci-devant Royal-Roussillon, depuis le mois de septembre 1794. Il devint chef de la 24ᵉ légion de gendarmerie à Avignon en novembre 1801, prit sa retraite en 1806 et mourut à Orléans en 1817.

(2) Les noms de ces chefs d'escadron manquent dans l'original ; il y avait alors quatre chefs d'escadron présents au corps, L'Ériveint, Tiphaine, Boiteux et Bernier.

(3) Jean Dalons, né à Toulon en 1749, soldat au régiment de Beauce ou 68ᵉ (1766-1786), lieutenant-colonel en second du 5ᵉ bataillon du Var en 1792, chef de bataillon dans la ligne en 1793, chef de brigade de la 69ᵉ depuis le 11 mars 1797. Il commandait la place d'Alba lorsqu'il fut, le 30 avril 1799, blessé dans un village insurgé des environs par deux coups de feu à la jambe gauche. Dalons dut prendre sa retraite — qui fut de 2,400 francs — et le 13 septembre 1810, il mourut à Salernes, dans le Var, privé de la vue et de l'usage de ses jambes.

(4) Le nom est en blanc dans l'original. François Marpaude, né en 1755 à Pontarlier, enrôlé au 1ᵉʳ régiment d'infanterie en 1773, et, de grade en grade, devenu en 1792 capitaine dans ce régiment, puis chef de bataillon (28 février 1794), puis chef de brigade (15 février 1795), fut blessé devant Saint-Jean-d'Acre.

(5) Le nom est en blanc dans l'original. Antoine Girardon, né à Chaumont en 1758, soldat à Brie-infanterie de 1776 à 1783, capitaine au 1ᵉʳ bataillon des volontaires de la Haute-Marne en

Aussi, le lendemain, de la 69ᵉ (1), aussi de 93, et de quelques bataillons du Rhin. — Visites flatteuses.

Dîné chez Leclerc; conversation; — soirée se passe. — Sorti et passé revue d'artillerie : une compagnie d'artillerie légère passe; tous des chapeaux de toile cirée; peu ont des bottes; chevaux en état, chevaux de trait passables, neufs, méchants et rétifs. — De là au café : société nombreuse; dames et cavaliers; le général *Beaumont* (2) avec Madame X..., née à Vienne en

1793, chef de bataillon dans la 70ᵉ demi-brigade en 1794, chef de brigade de la 12ᵉ en 1796, général de brigade en 1799 et commandant la subdivision de Maine-et-Loire, général de division en 1805 et commandant les provinces vénitiennes, employé en 1806 à l'armée de Naples où il meurt des suites d'une maladie contractée au siège de Gaëte.

(1) La 69ᵉ demi-brigade de bataille comptait à son entrée en Piémont 3,400 hommes; elle n'en avait plus que 1,800. (FABRY, *Rapports historiques*, 239-246.) Son chef de brigade était Pierre-Henri Mésange, né à Mortain en 1730, enseigne au régiment de Conti en 1757, capitaine commandant en 1779, lieutenant-colonel en 1792, chef de brigade depuis le 30 janvier 1794. Ses chefs de bataillon étaient : 1° George Duchayrou, né à Saint-Martin-le-Vieux (Haute-Vienne) en 1747, sous-lieutenant au régiment de Barrois en 1787, capitaine au 94ᵉ en 1792, chef de bataillon depuis le 30 janvier 1794; 2° Jean Dalons (voir la note 3 de la p. 195); 3° Jean-Joseph Gazagnaire, né à Cagnes en 1757, lieutenant aux canonniers gardes-côtes de Provence en 1779, lieutenant-colonel du 9ᵉ bataillon du Var en 1793.

(2) Marc-Antoine Bonnin de la Bonninière de Beaumont (1763-1830), page du roi en la grande écurie et capitaine avant 1789, colonel en 1792, général de brigade en 1795 et de division en

Autriche, pas jeune et jolie, gorge plate, beaucoup de rouge ou de couleur, extrêmement polissonne, aimable, parlant très bien français.

Il y a un théâtre petit, mais grand pour une ville de 20,000 âmes. Dîné au 11ᵉ chasseurs. Jolie campagne, agréable, bien située. Canal, gros bateaux. — Retour à Trévise, voiture de Leclerc — quelques tours — son aide de camp — son fils, gros, gras, brun; — café. — Madame *Albrizzi*, Grecque, très aimable, instruite, adroite, originaire d'Athènes, née à Corfou, avait fait un mariage médiocre pour la fortune, a divorcé pour en faire un second très considérable (1). Près

1802, premier écuyer de Madame Mère, sénateur en 1807, comte en 1808, pair en 1814. (Cf., sur lui, les *Mémoires* de DESVERNOIS, publiés par A. Dufourcq, 43-52.) Beaumont était noble, et « se sentait antipathique à cause de sa naissance »; aussi, après Lodi, et à cause de la lâcheté de ses hussards, — qu'il avouait du reste, — fut-il remplacé à la tête de l'avant-garde. Clarke disait qu'il avait de l'instruction, mais qu'il était « sans nerf » et « froid en patriotisme ».

(1) Cf., sur Isabelle Teotochi-Albrizzi, le livre de Malamani (1882). Isabelle Teotochi, de Corfou, avait épousé le 10 avril 1776 Carlo-Antonio Marin, commandant d'une galère vénitienne et plus tard provéditeur de Céphalonie. En 1795, elle obtint le divorce, et l'année suivante, le 28 mars, elle épousait Giuseppe Albrizzi, inquisiteur d'État. Mme Vigée Le Brun avait fait son portrait en 1791 et disait d'elle qu'elle était aimable, spirituelle, et qu'elle avait infiniment de physionomie. Denon, son ami, la nommait un « être délicieux », et trouvait sur son visage à la fois la finesse grecque, la passion italienne et l'amabilité française.

d'elle, chanoine instruit. Général Fiorella lui faisait la cour. Bains. Lit. Musique chez une jolie et belle femme agréable, beaux yeux noirs, figure un peu longue, d'une jolie physionomie, menton long mais rond; poitrine sèche, taille mince, un peu voûtée. La dame grande, d'une famille pas riche, ayant le désir de se mieux marier, sage, dit-on, pour cette raison, chantant à merveille, avec un goût exquis et ravissant; très bonne musicienne. Duo agréable. Rimes sur un air italien exprimant à perfection la folie d'amour. Jolie société s'y réunit.

De là, sorti pour aller voir émonder le riz et l'orge. Grand moulin, où des fouloirs placés à la suite les uns des autres, terminés à leur extrémité par quatre dents de fer et levés alternativement, enlèvent la pellicule du riz ou de l'orge. Puis, autre machine, en fil d'archal, pour laisser tomber les dépouilles et laisser le grain net.

Dîné chez Madame Paula. Le général Dugua de retour. A 4 heures, départ.

Départ. — Route très agréable; comme de l'autre côté, très jolies campagnes; à tout instant leur forme varie; elles sont remplies de volontaires qui n'y paraissent pas à merveille.

J'ai remarqué une campagne dont l'entrée en fer à cheval avait les murs surmontés de piques de fer à extrémités dorées. L'habitation est un carré perpendiculaire à la route; elle est assez belle, mais à côté s'élevaient perpendiculairement deux bâtiments à grandes arcades qui étaient beaux. Vis-à-vis l'habitation se trouvent une jolie chapelle et un petit clocher carré quasi séparé, d'une couleur rouge. — La vue n'est pas bien étendue; cependant on voit les montagnes très élevées, désertes, et qui contrastent avec le très beau pays où l'on se trouve.

Chemin. — Au bout de deux heures de chemin, le pays n'est plus tout à fait le même; il est plus découvert, produit infiniment de millet. La terre est plus sablonneuse et toute caillouteuse, coupée de fossés. Plus d'arrosage. Les arbres, les vignes pas plus petits qu'à l'ordinaire. Les maisons de campagne, plus rares.

On découvre le pays un peu plus loin. Tout d'un coup, une plaine immense se présente à la vue. Elle est d'abord couverte de prairies pas très fertiles. C'est dans cette plaine que coule la Piave. A mesure qu'on en approche, le pays devient plus aride : en effet, il ne produit plus rien; à travers des cailloux et du sable, il sort encore quelques buissons ou mauvaises herbes. On trouve un terrain de quelques pas, tout de pierre calcaire. On y a établi des fours à chaux près de la rivière. Elle est contenue de ce côté-là par une digue très épaisse, assez élevée, faite en grande partie en grosses pierres informes et calcaires.

La Piave. — La rivière de la Piave, quoique ayant un très long cours, n'est pas considérable en été. Ses eaux sont rapides. Son cours varie suivant sa grosseur; à en juger par la grandeur de son lit, il doit être fort dans de certains moments. Je l'ai passé sur un pont de bateaux assez mauvais et qui ne paraît guère solide; il ne remplit pas le quart du lit de la rivière, et, si elle grossissait un peu fort, il serait sûrement emporté, ou au moins inutile. Je n'ai pas vu de bateaux de rechange pour l'augmenter quand cela est nécessaire.

La rive gauche de la Piave n'a pas de digue; aussi les eaux s'y jettent-elles souvent. Le pays est la répétition de celui de la rive droite; d'abord un terrain inculte, puis des prairies. Un pays un peu cultivé, peu à peu davantage, enfin très riche, très fertile. Par exemple, les routes sont abominables, inégales, vous exposent à des secousses sans nombre. En même temps, très étroites et jamais droites. La vue dans cette partie est admirable. On se rapproche des montagnes; on les voit à merveille avec leurs formes arides. La vallée de la Piave se voit très bien. Au pied de ces énormes rochers se trouvent des coteaux qui leur sont parallèles et agréables. Quelques-uns sont couverts de bois; d'autres sont cultivés et ont sur leur penchant et sommet de belles habitations, de gros villages qu'on voit de loin et qui font un superbe effet.

Conegliano. — Enfin, nous sommes arrivés à Conegliano, mais déjà un peu tard. C'est un joli endroit de quatre à cinq mille âmes, placé en partie dans la plaine le long d'un coteau, en partie sur ce même coteau dont le sommet est couvert par plusieurs habitations jolies et agréables. Il faut remarquer à l'entrée de la ville une maison fort magnifique; elle ressemble à celle que j'ai décrite plus haut et qui se trouve près de Venise.

A Conegliano se trouvaient deux bataillons de la 21ᵉ légère (1); ils étaient là à merveille, très

(1) Le chef de brigade de la 21ᵉ demi-brigade d'infanterie légère s'appelait Robin. (Cf. l'historique de la 21ᵉ dans les *Rapports historiques* de FABRY, 396-398.) Antoine-Joseph Robin, né en 1762,

gais, peu malades, très contents. J'en ai vu un grand nombre; reconnu — outre le chef de brigade, très grand, mince, yeux de travers — qu'un seul, de la Dordogne, le quartier-maître, je crois, ligure longue, yeux noirs (1).

Ils étaient très contents, donnaient à danser tous les soirs et s'amusaient bien. J'ai passé une demi-heure avec eux au café où se trouvaient plusieurs femmes et beaucoup d'oisifs.

Je suis parti de Conegliano à la nuit close; mais, la lune éclairant, le temps était agréable. Le coteau de Conegliano se prolonge, est cultivé, et leur travail bien facile.

Sacile. — Nous arrivâmes tard à Sacile; nous y trouvâmes plusieurs voitures qui relayaient comme nous. Il fallut un temps infini pour être attelé, et

chef de bataillon du 5ᵉ de l'Ain en 1792, nommé chef de brigade de la 21ᵉ légère le 24 août 1796, au passage du Lech, — c'est pourquoi Desaix le connait, — devait être nommé par Desaix général de brigade, le 7 octobre 1798, sur le champ de bataille de Sédiman, et devenir général de division (14 décembre 1801).

(1) Desaix se trompe, mais légèrement. Ce quartier-maître de la 21ᵉ légère, Jean-Marie Régeau, né à Calais en 1760, n'était pas de la Dordogne; mais il sortait d'un corps de la Dordogne. Ancien soldat au 51ᵉ (1777-1788), il avait été nommé quartier-maître-trésorier dans les chasseurs de Paris en 1792, puis de la 1ʳᵉ compagnie franche de la Dordogne, par ordre de Custine, en 1793.

mettre bien la patience à l'épreuve en attendant
les postillons se disputer continuellement et n'être
jamais prêts. Les chevaux tirent avec plusieurs
petites cordes réunies qui à tout instant se défont
et demandent bien du temps pour être réunies de
nouveau quand elles se détachent. Enfin, après
bien du temps, de la colère, de l'ennui, nous
sommes parvenus à partir. Nous nous étions
arrêtés presque à l'entrée de Sacile; c'est un bourg
où il n'y a rien de remarquable. Il y a cependant
une place en carré long avec des arcades; elle est
assez grande et régulière; les maisons pas hautes,
et l'air un peu antique.

Pordenone. — Nous avions fait poste et demie;
nous avons eu le même terrain à parcourir pour
arriver à Pordenone. Il était une heure du matin
quand j'y suis arrivé. J'étais horriblement fatigué.
Je pris le parti de m'y arrêter pour dormir. En effet,
à la poste j'ai eu un lit. J'étais harassé, j'ai profon-
dément dormi et à merveille. Enfin, à 7 heures, je
me suis remis en route. J'ai été surpris au lit par
d'Hilliers allant à Passariano. Nous avons causé un
instant ensemble. Après un peu d'impatience pour
un déjeuner attendu une demi-heure, je suis parti
sans le prendre. La poste est grande, médiocre.

Pordenone est un gros village dont nous avons suivi la principale rue qui est un peu longue. Après ce village, le pays est très beau, bien cultivé; les villages, fréquents, riches, et environnés de beaucoup d'enclos. Mais cela ne dure pas longtemps. Bientôt on trouve un pays aride comme celui de la Piave. C'est le cours d'un torrent à sec qui ravage les différentes parties de cette contrée les unes après les autres. Le pays n'offre que d'immenses prairies maigres coupées par quelques petits bouquets d'arbres clairs. Du côté des montagnes, la vue est de même. Elle s'étend sur de considérables étendues de terrain tout couvert de pierre. A tout instant on traverse le lit différent du torrent suivant les saisons. Le chemin est alors désagréable et difficile. Enfin, on arrive dans un canton plus uni, des pays plus riches, de bonne culture; alors on ne tarde pas à arriver à Valvasone.

Valvasone. — On a fait une poste. Là, nous ne trouvons point de chevaux. Tous étaient employés. Il fallut donc attendre que les chevaux eussent mangé, qu'ils fussent prêts; tout cela fut bien long et impatientant. Qu'y faire? Valvasone n'est qu'un bourg peu considérable. Nous y déjeunâmes; il y avait des chasseurs du 19ᵉ venant de Sambre-et-

Meuse; nous causâmes avec eux; ils regrettaient le pays du lard et des légumes. Enfin nous partîmes de Valvasone. Le village est petit.

Tagliamento. — Peu après, nous rencontrâmes les plaines du Tagliamento; elles sont très considérables et étendues, et nous traversâmes beaucoup de chemins creux. La rivière n'est contenue par aucune digue; aussi coule-t-elle dans un terrain plat dans tous les sens et varie de lit. Ses bords sont, comme ceux de la Piave, des plaines et des prairies peu fertiles. Il n'y a point de pont sur le Tagliamento. Son cours est divisé en plusieurs branches. Il y a un bateau sur la rive de ce côté. Là, comme dans toute l'Italie, se trouvent des obligeants importuns qui veulent vous rendre des services inutiles pour avoir de l'argent. En effet, quatre grands gaillards voulaient absolument nous passer dans la barque, quoiqu'il y eût très peu d'eau; et, voyant que nous voulions rester dans notre voiture, alors ils se mirent dans l'eau pour montrer le gué peu profond, soutenant la voiture, et autres choses de ce genre. On passa sans avoir beaucoup d'eau, pas plus que le jarret des chevaux.

Après ce bras, nous suivîmes longtemps un terrain aride et nous eûmes plusieurs petits ruisseaux à passer. Enfin, nous vînmes au dernier, très grand et le plus considérable, pourchassés de la part des importuns. Nous passâmes sans peine. La plaine est grande, déserte, et devient après cultivée. On arrive assez vite à Codroipo, village peu considérable et rien d'extraordinaire.

PASSARIANO ET UDINE

Passariano. — Udine. — Château. — Jardin. — Théâtre.

Passariano. — Tout près est Passariano, maison de campagne du doge Manin (1) extrémement riche. Cette habitation, où se trouve le général Buonaparte, est très belle, grande et bien disposée; mais le goût n'est pas des plus brillants. Il y a une salle immense, énorme, aussi élevée que la maison et aussi grande à elle seule qu'une habitation ordinaire. Elle est décorée de peintures. Il y a un billard et beaucoup d'appartements. Le jardin est grand et d'un singulier genre; il y a, à l'extrémité, quatre hauteurs à côté les unes des autres; elles sont couvertes de grosses statues sans goût et mal faites en grosse pierre; elles représentent tous les dieux de la Fable : Jupiter y est assis sur son aigle; Neptune, dans un char à quatre chevaux, et ainsi de suite; tout cela est

(1) Manin ou Manini (Desaix écrit *Mani*).

d'un mauvais goût. Il y a aussi à remarquer un théâtre où tout est en gazon, qui est très joli. Ajoutez un relief d'une ville de guerre avec des demi-revêtements. La cour de la maison est belle et vaste ; on y entre par un péristyle. A droite et à gauche sont de grandes arcades pour arriver à la maison. C'est là où le général Buonaparte tient tous les deux jours conférence avec les plénipotentiaires de l'Empereur. Il y a une cour nombreuse de personnes qui viennent de tous côtés pour affaire avec lui ou pour le voir. A table, il y a toujours infiniment de monde. Le général Clarke (1) est avec lui ; ils vivent assez bien ensemble.

Je suis arrivé tard à Passariano, malade, fatigué. Attendu longtemps. Enfin, à 7 heures, est arrivé le dîner. J'ai vu Clarke qui m'a très bien traité. Beaucoup de monde à dîner ; deux dames : une, la femme du valet de chambre du général Fiorella ; l'autre, une Romaine venue avec le général Victor. — Dîner — Conversation — Fatigué, couché, repos.

(1) Clarke, d'origine irlandaise, né à Landrecies en 1765, mort à Neuwiller, dans le Bas-Rhin, en 1818, ministre de la guerre sous Napoléon durant sept ans, et sous la Restauration durant trois ans. Il avait des mérites, mais ce n'était, selon le mot de Préval, qu'un commis de bonne compagnie, et, lorsque Louis XVIII lui conféra le maréchalat, tout le monde le nomma le maréchal d'Encre.

Lendemain, déjeuner, conversation avec le général sur Mantoue, Venise, sur Arcole, sur la paix, Mayence, intérieur, Jacobins détestés. Vu ensuite Clarke chez lui. Latour-Maubourg (1). Conversation sur la guerre, la campagne, sur le général Moreau, griefs contre B.p.te (2) et la paix, conduite envers le général Moreau, sur Berthier, Reynier (3). Arrivée du général en chef : Égypte, isthme de Suez (4). Dîner, départ.

Udine. — Grande ville. Dix mille âmes. Rempart. La ville est longue. Une principale rue qui a des arcades dans toute sa longueur. Il faut y remarquer quelques ruisseaux, un en dehors de la ville, entre elle et le faubourg, et un dans son intérieur.

(1) Desaix et Clarke s'entretenaient évidemment de Latour-Maubourg, de Bureaux de Pusy et de Lafayette, de ceux qu'on appelait les prisonniers d'Olmütz : dans une note, Bonaparte et Clarke avaient fait part à Gallo de l'intérêt que le Directoire prenait au sort de ces prisonniers; ils demandaient que Lafayette et ses compagnons fussent mis en liberté et eussent la faculté de se rendre en Amérique ou ailleurs, excepté en France.

(2) Buonaparte.

(3) Reynier, chef d'état-major de Moreau.

(4) Bonaparte est alors plein de cette idée de conquérir l'Égypte : le 16 août, il écrit au Directoire qu'il faut, « pour détruire véritablement l'Angleterre, s'emparer de l'Égypte; » que la dissolution de l'Empire ottoman oblige la France « à prendre des moyens pour conserver son commerce du Levant »; le 13 septembre, que l'Égypte n'a jamais appartenu à une nation européenne, qu'elle n'appartient même pas au Grand Seigneur.

Rien de remarquable. Place peu considérable. A voir, deux statues en pierre, indécentes. Les soldats ont ôté les plaques de fer, de manière qu'on y voit des apparences brillantes et séduisantes pour les dames. On doit y remarquer une fontaine assez bien faite, mais sans eau. Dans ce quartier se trouve la boutique ou le café où s'assemble tout le monde et qui tient lieu de société.

Château. — Vis-à-vis la place et au-dessus, est le château, ancienne demeure du provéditeur ou général gouverneur, commandant la province pour Venise. On en a fait une caserne. Il domine toute la ville de soixante à quatre-vingts pieds.

Jardin. — On remarque à Udine une place qu'on nomme le Jardin. C'est une espèce de promenade qui, si elle était soignée comme en France, serait agréable. Mais elle est négligée et déserte. Elle est environnée de maisons, et a le château d'un côté. Je ne vois rien d'autre d'intéressant à Udine. J'y suis arrivé à la nuit.

Théâtre. — J'oubliais le théâtre. Il est petit, mais élégant, propre, neuf, agréable, et d'un beau luxe. Il a cinq rangs de loges. Le parterre a des bancs où l'on ne peut s'asseoir qu'en payant quelque chose, les sièges étant relevés et attachés. Les loges, séparées comme dans toute l'Italie, sont belles et riches, ornées de taffetas de soie bleu céleste, et toutes appartiennent à des familles qui les ont louées pour presque toujours; aussi les noms sont-ils sur les portes. Il y a environ cent loges.

J'y ai vu jouer la pièce de la femme qui a quatre amants et les trompe tous les quatre. La musique est bonne. La première chanteuse a du talent, de l'agrément; elle est bien. Elle a épousé un très bon musicien, Napolitain, joli homme, chantant bien, musicien du duc de Parme, d'ailleurs jaloux. Le bouffon de cette pièce est un bon acteur (des bouffons, on en trouve toujours dans les pièces ita-liennes). Il amuse dans celle-ci. C'est un paysan, amoureux d'une villageoise, que la dame coquette veut avoir dans ses filets; elle y réussit : il fait dans son amour toutes les extravagances possibles et amusantes.

Le ballet est assez bon. J'ai vu représenter *l'Amant statue*. Je m'y suis amusé. Les figurants n'y valent pas le diable; mais les acteurs du ballet sont intéressants. Il y a toute une famille qui est jolie. Le père est encore bien fait, droit. Mais il a son fils et sa fille qui sont très jeunes, et, malgré cela, jouent à merveille; ils sont tous deux de la plus agréable figure. Ils ont dansé la hongroise avec toute la grâce possible. Ces deux enfants sont très heureux. Un riche et noble Vénitien est devenu amoureux de la jeune personne et l'a épousée; sa mère l'est devenue du jeune homme, et ils en ont fait autant. Les grotesques de ce théâtre sont très forts. Ils font vraiment des tours de force prodigieux, toujours en costume de Turcs, longues culottes; les femmes, en jupe courte. Ils font toute sorte de gambades; toujours on leur fait enlever quelque fille et puis reprendre; ce qui engage un petit combat. Ils figurent chacun à leur tour ou ensemble, et font des bonds prodigieux, s'élevant en l'air très haut, sautant et tournant, frappant leur tête contre leurs pieds, faisant enfin tout ce qui peut être extraordinaire en danse.

J'arrivai à Udine, très tard; logé chez Buhot (1): il n'y était pas. Suis revenu, pas de logement. Concert. La chanteuse, son mari. Madame F..., sa sœur, hôtesse de Buhot, grosse dame peu jolie. Chant,

---

(1) Antoine-Pierre Buhot (né à Paris en 1761, mort à Montfermeil en 1825), celui que l'imbécile Casabianca appelait en son jargon Bouillotte, commissaire des guerres dès 1785, employé à l'armée du Rhin en 1793 et en 1794, — et, par suite, une vieille connaissance de Desaix, — nommé commissaire-ordonnateur au mois de janvier 1795 par les représentants du peuple près les armées du Rhin et de la Moselle, envoyé à l'armée d'Italie, inspecteur aux revues de 1800 à 1818, prend sa retraite le 20 mai 1818.

musique. Le général Dessolle très bon violon (1).
Soupé, couché.

Le lendemain, pluie; visite à tout le monde, dîné
chez Latournerie (2). De là, chez Buhot, logement
près la Casa Prospero Antonini (3). Lendemain,
visite aux ambassadeurs. Chez Buhot, Cetti (4).
Conversation longue sur le Frioul, la paix, les idées
générales du pays, sa fertilité, population, richesse.
A Udine, 80 voitures ou autant de familles riches,
pas d'industrie. Général Victor (5). Dîné. Comeyras

(1) Mme de Chastenay raconte dans ses *Mémoires* (II, 443)
qu'elle entendit en 1814 le célèbre Viotti dans une soirée chez le
général Dessolle; le musicien n'avait pas de violon, mais « il prit
celui du général, qui en avait parfaitement bien joué autrefois ».

(2) Étienne-Joseph Latournerie, un de ceux qui avaient obtenu,
en mars 1797, une gratification de 10,000 francs. Il était né à Con-
dom en 1761; lieutenant d'artillerie en second (1783), lieutenant
en premier (1786), capitaine en second (1791), aide de camp du
général Vietinghoff(1792), capitaine-commandant au 5ᵉ régiment, il
devint chef de brigade (8 décembre 1794) et mourut en Égypte le
24 septembre 1799, après avoir commandé l'artillerie à la bataille
de Samhoud. Cf. sur lui, SAINT-CYR, *Mém.*, II, 78-80.

(3) La maison où se réunissaient les plénipotentiaires.

(4) Cetti, commissaire des guerres, le même avec qui Thiébault
rivalisa à Landau d'excentricités hippiques (*Mémoires*, I, 483);
il était attaché en 1812 comme commissaire des guerres au
4ᵉ corps ou corps italien.

(5) Victor, le futur maréchal, ministre et duc de Bellune, s'était
particulièrement distingué dans la guerre d'Italie : il montrait en
août 1796, à la tête de la 18ᵉ demi-brigade, la plus grande bravoure;
il emportait au pas de charge la ville de Roveredo; il contenait
Wurmser par son sang-froid au combat de Cerea; il obtenait après
la bataille de La Favorite le grade de général de division, et prenait

aimable. Conversation. Spectacle. Visite de M. de Merveldt (1). Généraux chez moi. Dîné chez Buhot. Conversation. Général Charton.

J'ai eu le plaisir de voir le général Chasseloup, du génie (2) ; Vallongne (3), et un autre, beau-frère

quelques jours plus tard, sans coup férir, 1,200 papalins postés sur les hauteurs en avant d'Ancône.

(1) Maximilien, comte de Merveldt, que Marmont juge un général distingué, d'esprit droit et de manières polies, est assez mal jugé par Bonaparte : « Il a peu de moyens et n'est nullement diplomate, ne rougit jamais des sottises qu'on lui fait dire et des contradictions les plus manifestes dans ses démarches. » Il était né en 1764 et mourut en 1815. Major en 1790, aide de camp de Cobourg et quartier-maître général de l'armée anglo-hanovrienne en 1793, colonel en 1794, général-major en 1796, chargé de négocier avec Bonaparte en 1797, lieutenant feld-maréchal en1799, il fut ambassadeur à Saint-Pétersbourg de 1806 à 1808, et à Londres en 1814.

(2) François Chasseloup-Laubat (1754-1833), général de division en 1799, l'ingénieur par excellence de l'armée d'Italie et pendant longtemps le seul qui eût aux yeux de Bonaparte l'avantage de sortir de l'ancien corps, de l'École de Mézières; le seul, avec Sanson, qui fît son métier tandis que les autres n'étaient pas en état de tracer une flèche et ne faisaient que des bêtises. Le général en chef ne cessait de louer ses services : Chasseloup, disait-il, était à la fois savant et intrépide (à Roveredo, Chasseloup eut son habit percé de trois balles), un très bon officier, et, sur la demande de Bonaparte, Chasseloup était nommé le 21 février 1797 général de brigade pour avoir assiégé le château de Milan et la place de Mantoue, et fortifié Peschiera, Porto-Legnago et Pizzighettone. Le nom de Chasseloup revient à tout instant dans le récit de la campagne d'Italie, et c'est lui, par exemple, qui, en mars 1797, jette un pont sur la Piave à l'endroit où passe la route de Trévise à Conegliano, et qui met à l'abri d'un coup de main les citadelles de Goritz et de Gradisca. Son rôle dans toutes les guerres fut considérable : en 1812, il recevait pour la septième fois le commandement en chef de l'arme du génie.

(3) Vallongne, né à Sauve, dans le Gard, en 1763, entré dans

de Poitevin (1). Chasseloup m'explique très au long l'attaque de Saint-Georges. Il y eut là une adresse du général bien ingénieuse. Il envoya dire à la division Augereau qui, ayant attaqué la première, se trouvait pressée par l'ennemi qui avait rassemblé sur elle tous ses moyens, il lui envoya dire que l'ennemi enveloppé cherchait à se faire jour à travers. Dans un instant, toutes les troupes se raniment, font des prodiges; l'ennemi est repoussé.

Développements sur les différentes lignes de places qui conviennent à la République cisalpine; celle de l'Oglio soutenue par Sabbioneta, Crémone, Crema; celle de l'Adda, Pizzighettone, tête de pont à Lodi, Cassano, et tête de pont à Lecco.

l'arme du génie et devenu général de brigade en 1805, tué au siège de Gaëte en 1806.

(1) Il s'agit sans nul doute de Casimir Poitevin (1772-1829), plus tard baron et vicomte de Maureillan, sous-lieutenant du génie en 1792, capitaine en 1793, chef de bataillon en 1794, chef de brigade en 1797, général de brigade en 1805 et de division en 1814. Poitevin de Maureillan avait une sœur, Marguerite-Jeanne-Gabrielle (1768-1844), qui avait épousé en 1790 Jacques-David de Martin de Campredon (1761-1837), lieutenant du génie en 1789, général de brigade en 1800 et de division en 1806. C'est Campredon que Desaix a vu à Udine avec Vallongne et Chasseloup, et ce dernier jugeait ainsi Campredon dans une lettre du 3 avril 1797 : « Il n'est guère propre à la guerre, il a trop faible santé; il a rendu de très grands services dans le commandement de la Lombardie; à l'armée, il fait que je me trouve seul. »

Le général aime mieux fortifier la ligne de la Chiese ; il faut aussi fortifier sur la rive droite du Pô Ferrare pour couvrir cette partie-là.

Le lendemain, j'ai dîné chez M. de Gallo (1). Société nombreuse, plusieurs officiers autrichiens, un colonel et un major des hussards Joseph (2), deux de Karaiczay (3), jolis jeunes gens, deux d'état-major, un sortant des régiments de prix. Un très joli garçon, aimable, aide de camp de M. de Merveldt, sortant de Klebeck, âgé un peu, fort honnête. Un officier de Khevenhüller. Tous les généraux et officiers de rang du même côté de la

(1) « M. de Gallo, écrivait Bonaparte, est à la fois le favori de l'impératrice, de l'empereur et de Thugut, mais il est étranger et il n'ose jamais, comme étranger, heurter les intentions de Thugut. » Né à Palerme en 1753, choisi en 1790 pour accompagner à Vienne la princesse Marie-Thérèse, fiancée à l'archiduc François, ministre de Naples à la cour impériale, chargé avec pleins pouvoirs de l'Autriche de signer les préliminaires de Léoben, envoyé à Udine avec Cobenzl et Merveldt, le marquis de Gallo sut, dit Marmont, par son esprit fin et conciliant, « réparer sans cesse le mal fait par Cobenzl, et, à plusieurs reprises, renouer des négociations rompues ou prévenir des scènes fâcheuses. » Il fut employé à Naples de 1799 à 1815 et ministre des affaires étrangères sous Murat. Cf. sur lui les *Mém.* de Dedem, 88 et 150.

(2) Le régiment des hussards de l'archiduc Joseph avait alors pour colonel le baron Vincent Knezevich et trois majors : Dobay, Spleny et Fulda.

(3) C'est-à-dire deux officiers du régiment des chevau-légers Karaiczay. (Ce régiment avait pour colonel le comte Joseph Nimpstch, pour lieutenant-colonel Provenchères, et deux majors, Walmoden et Ludwigsdorf.)

table; partout ailleurs, les aides de camp et les autres officiers. Repas long. A la fin, dames assez jolies; une, maîtresse de M. de Gallo, avec laquelle il a fait une petite échappée assez plaisante.

Le général Chasseloup. Conversation. Homme bien aimable et bien instruit.

Le lendemain, contrariété. Voulant aller à Osoppo, pas possible, pas de voiture à deux roues que je voulais, pas de chevaux, impatience fort inutile, resté tranquille. Cependant j'ai couru la ville; j'étais malade. J'ai passé dessous les arcades de l'hôtel de ville; j'ai voulu aller chez Buhot, j'ai suivi la rue où j'étais, me suis perdu, et n'ai pu trouver la maison de Buhot. J'ai couru pendant trois heures, je suis arrivé à la porte de la ville pour aller vers Trieste; enfin, je me suis retrouvé et me suis reposé chez moi avec délices. J'ai été causer avec les officiers du génie et ai passé toute ma journée tranquille dans ma chambre.

Je suis parti d'Udine avec plaisir. L'espace entre Udine et Codroipo est une très vaste plaine; en général, elle est très découverte et laisse voir plusieurs lieues à la fois; elle est coupée de fossés.

TRIESTE

Départ d'Udine. — Obstacles — cheval déferré — dispute — départ d'Udine à 8 heures — passeport demandé, officier de Karaiczay, porte de la ville.

Route. — Description du pays, d'abord découvert, présentant des plaines, puis très fertile et très couvert. — Arrivé au bord du torrent de la Torre; plaine découverte pas très au loin; plusieurs fossés secs; vedette de hulans; puis passage de la Torre à sec. Elle a un lit assez considérable, tout d'un coup disparaît et n'est plus rien. Chemin suit à tout instant ce torrent, le passe et repasse souvent.

Nogaredo, poste. — Village de Nogaredo, poste, chevaux pour relais — pas de postillon; le même double. — Chasseurs de Mahony — leur costume, chapeau, habit, bottes. — Officier, conversation; sous-officier, demande de noms. — Départ — beau pays, plaine riche et fertile, plusieurs villages occupés par les Mahony (1). — Une revue, hussards de Joseph, leurs corps de garde. — Montagnes éloignées, peu élevées, pente assez douce cultivée ou boisée. Plusieurs postes français traversent les autrichiens. — Vue éloignée de Gradisca, plateau qui se prolonge derrière, pays magnifique.

L'Isonzo. — Arrivé à l'Isonzo, description de ce torrent, pas très rapide, peu d'eau, offre des gués, plusieurs bras recevant l'eau de la mer. — Pont de bateaux. — Garde d'infanterie légère. — Tête de pont peu considérable. — Digue autour et en avant, très près. — Suite du chemin. — Toujours des postes français.

(1) Ces chasseurs ou Feldjäger étaient appelés ainsi du nom de leur chef Wilhelm, comte de Mahony (1760-1796). Mahony était major lorsqu'il avait, après la mort de Dandini, pris le commandement de ce corps de chasseurs, et il s'était distingué en Flandre durant la guerre de la Révolution. Lieutenant-colonel en 1793, colonel en 1796, il avait été tué dans la campagne d'Italie, à Bassano, et remplacé par le lieutenant-colonel Plank.

Monfalcone. — Arrivée à *Monfalcone*, pas de chevaux de poste, — embarras, commencement de querelle avec un officier de la 30ᵉ demi-brigade, son air pas honnête — dispute pour le départ avec le postillon qui ne veut pas aller plus loin, embarras très grand, menaces, bruit, municipalité; postillon de Nogaredo s'offre à nous conduire en payant l'avoine des chevaux; arrangement; description du costume du postillon : chapeau rond bordé d'argent, plumet noir, habit rouge, doublé bleu, galonné argent.

Arrivée de l'adjudant-général Berthier. Conversation. Il est chargé d'une reconnaissance sur l'Isonzo.

Monfalcone, petit bourg avec d'anciennes portes, une seule rue, rien d'extraordinaire.

Départ. Route étroite, pierreuse, s'approche d'un large plateau qui est la dernière extrémité des montagnes; le pied est un marais; un canal qui le traverse est navigable. La mer est à droite, on la découvre. Terrain pierreux et peu élevé qui vous en sépare. Pont. Route désagréable et cahoteuse.

Jolie vue, rochers et pierres, la mer, ses bords, quelques bâtiments de pêcheurs.

Le Timavo (1). — Arrivé au bord d'une rivière nommée le Timavo; on la passe sur un large bateau plat. Difficultés, chevaux blancs rétifs. Enfin, passage. Route devient belle et unie. Montée et descente peu rapide viennent fréquemment, mais n'arrêtent pas.

Pays, sa description. — Montagne peu élevée, extrêmement aride, toute de rochers en décomposition et réduits en imperceptible quantité de pierres. Vue s'étend au loin, à droite et à gauche sur ces montagnes. On ne voit point la mer. Les montagnes se prolongent au loin à gauche et toujours tristes, âpres et presque désertes. Cependant, en avançant, on est tout surpris de voir les hommes avoir encore pu tirer parti de ce pays-là. Des cabanes s'y trouvent, de petites cultures. A force de soin et de peine, on a séparé les pierres, fait des murailles, et quelques pas de terre font des champs grands comme la main; on y trouve du blé noir ou sarrasin, des vignes petites comme celles de France, et ces champs sont fréquents. Il vient entre les pierres une quantité de buissons de toute espèce, tous étrangers à la France, tous bien verts et bien

(1) Trompé par la prononciation italienne, Desaix a écrit *Ultimavo*.

vigoureux. Nous avons vu un beau champ d'oliviers. Nous avons remarqué deux endroits intéressants.

Duino, douane. — Duino, vieux grand château, et village placé sur une hauteur. La route, tantôt haute, tantôt basse, le présente sous mille aspects différents; il est aussi remarquable parce qu'il est un péage.

On nous y arrête, demande nos passeports et 14 kreuzers de péage. Quantité de voitures énormes et chargées prodigieusement, pour toute l'Allemagne. Plaisir de voir tous les costumes. Hongrois, en pantalon bleu céleste et habit à la hussarde, chapeau rond; voiture basse; beaucoup de petits chevaux attelés à la lorraine. Allemands; grosses voitures; beaux chevaux; gros colliers, bien tenus. Quantité considérable de voitures ainsi chargées.

Jolie vue. De loin, nous découvrons un clocher blanc comme neige; nous voyons seulement son extrémité. Impatience de le voir. Arrivé. Vue charmante. Petite vallée peu longue, plus étroite, cultivée des deux côtés en terrasses, environnée de déserts. Petits golfes. La mer. Petit village de rien, bien placé. Route toujours intéressante.

Santa-Croce. — Arrivée à la poste à Sainte-Croix. Pas de chevaux. Tous pris par des officiers. Querelle, vivacité, dispute, situation pénible. On s'entend. Nouvelle querelle. Situation plus pénible. On en revient. Excuses de la part des officiers malhonnêtes et grossiers. Calme et repos. Dîner. On trouve des chevaux. On repart. Route, la même. Pays toujours aussi horrible, toujours aussi affreux. Industrie des habitants. Champs plus grands. Sarrasin fréquent. Vignes pauvres. Enfants fréquents; leur humilité pour exciter la compassion des voyageurs, à genoux, etc. Pays. Bestiaux assez fréquents, vivant d'herbes excessivement courtes. Beaucoup de vaches. Des moutons mal soignés, mauvaise mine, leur laine encore en septembre.

Habitants, leur costume. — Les habitants ont l'air bien misérable. Costume, hommes : petit chapeau rond enfoncé d'un pouce ou deux au plus; cheveux plats, de coupe assez courte; bas de grosse laine, souliers cependant; culotte très large de toile, pas fermée en bas, la chemise, et dessus les épaules, une petite veste. Habit très souvent blanc dont les manches ne sont point passées. Les habitations assez belles, en pierre; poêle en faïence comme en Allemagne.

Femmes : costume horrible, les cheveux du toupet et des côtés tout joints et courts, pas tressés; par-dessus, un mouchoir blanc de très mauvaise grâce et bien mal placé. Beaucoup avec chemise de toile et un jupon dessous, attaché par une laide ceinture. D'autres sont habillées de très grosse étoffe grise.

Rencontre d'un village, d'une barrière; demande de passeport. On écrit : « Vu, laissez passer. » La route se continue; alors on monte au pas et on arrive au sommet de ces hauteurs qu'on prendrait pour des montagnes effacées par le temps. En effet, elles dessinent deux chaînes entre lesquelles on voyage. Beaucoup de vallées venant de droite et de gauche, mais toutes, dirait-on, aux trois quarts comblées par des montagnes détruites.

Vue de Trieste. — Arrivée au sommet. Là on jouit d'une vue délicieuse ; toute la mer à perte de vue, le golfe Adriatique, tout le golfe particulier de Trieste, la ville elle-même, qui se présente très bien. Les environs sont riants dans une partie, l'autre est montagne aride. Descente assez douce et bien ménagée, en enrayant. La nuit malheureusement approche peu à peu et nous prive du spectacle.

Arrivée. Description de la ville. — Arrivé. Barrière, garde, demande de noms, etc. Traversons la ville. Auberge nommée *la Grande Auberge*. Musique de régiment. Place remplie. Souper attendu longtemps et bien gagné.

Trieste est en demi-cercle, autour des extrémités du golfe. Elle est resserrée par les hauteurs. Vers la droite qui regarde la mer, elle est assez large. Mais, vers la gauche, le plateau s'approche bien de la mer et de ce côté-là aussi il n'y a qu'une vue principale avec des petites à droite vers le port. A gauche, vers la montagne, dans l'autre partie, il y a plusieurs grandes rues qui s'étendent assez loin. Il y en a deux ou trois parallèles les unes aux autres.

La ville n'a pas d'enceinte. On peut y entrer de plusieurs côtés. Il n'y a point, par conséquent, de fortifications. Il serait difficile d'en faire, les montagnes la dominant de toutes parts. En effet, du côté d'où je suis arrivé, les hauteurs sont très élevées, assez désertes. Cependant, en approchant du fond, à moitié route, on trouve un bois bien vert et riant, et ensuite beaucoup de terrasses soutenant des cultures de vignes et autres, des jardins et quantité de jolies maisons de campagne faisant très bon effet, et un beau coup d'œil.

Un torrent à sec arrive à Trieste. Sur sa rive gauche se trouve alors un coteau peu élevé qui borne la ville. Comme la population s'augmente tous les jours, les maisons déjà en occupent le sommet et le penchant. Il se trouve sur ce sommet une espèce de fort ou plutôt de vieux château dont on a conservé le parapet à moitié hauteur (1); il sert de citadelle; le pavillon autrichien y flotte. Je ne conçois guère l'utilité de cette fortification.

Jetée et entrée du port. — Il y a encore, à l'extrémité gauche de la ville, une jetée très bien construite qui fait une espèce de fort et défend l'entrée du port. — Bâtiment servant de caserne aux invalides faisant encore le service à l'entrée de cet ouvrage. Sa construction en pierres de taille. Un grand talus, en pierres à la base, près des pointes. Batterie de canons dans sa longueur et à son extrémité, flanquant l'entrée du port.

Port peu fermé; grand espace jusqu'à l'autre rive.

Campagne à la gauche de la ville. — Sur le plateau qui est à la gauche, jolie habitation, agréable cam-

(1) Le Castello.

pagne sur le penchant du coteau. A remarquer surtout une villa ou casin appartenant à un Turc ou
à une Grecque et jolie femme. Description de la
maison. Jardin en avant, terrasse basse, grille
de fer à l'entrée, ses dimensions, le tout un peu
massif. Jardin joli, pas large; plantes et arbris-
seaux étrangers; maison neuve, crépie en plâtre, ce
qui fait qu'elle est jaunâtre. Trois grandes arcades
en bas, voiture dessous celle du côté et celle du
milieu. Grande salle en perspective d'un joli jardin
terminé par des saules pleureurs. Agréable vue;
maison grande; deux étages; au premier et au
centre se trouve une espèce de galerie en demi-
cercle faite de pierres de taille, soutenue par des
colonnes qui forment portique. Dessus, il y a une
tour qui la couvre; on y peut jouir du frais et du
magnifique coup d'œil de tout le pays. Plus loin
est une autre campagne dans le même genre; au
centre de l'édifice s'élève aussi une espèce de vaste
tour, mais elle s'élève jusqu'au haut du bâtiment;
point de jardin.

Port. — Le port de Trieste, vu de loin, paraît
très petit, et il est, en effet, garni de peu de bâtiments. Mais, quand on est à la ville, on le trouve
grand.

A noter le port, ses détails, ses divisions et bâtiments pêcheurs près de la jetée.

La ville, ses rues, ses maisons, son pavé, ses places, ses fontaines, la place triangulaire, fouloirs et comptoirs; une fontaine avec des dieux (une Renommée s'élève avec un empereur en bronze tenant un globe et un poignard); l'autre en marbre, tenant la main gauche levée. Théâtre. Cafés. Costumes levantins, grecs, turcs. Femmes. Général Gomer, colonel de Mittrovsky, pris à Luxembourg et à Mantoue (1). Dîner à table d'hôte. Officier du génie. Colonel de Stuart. Fatigué.

Trieste, 30,000 âmes, ses agrandissements successifs Port. Détails. A Trieste, fabrique de savons. Immenses fabriques de liqueurs, et beaucoup de teintures. Entrepôts. Vaisseaux espagnols, trois : le premier, de 54; détails; le deuxième, frégate, joli officier, bien tenue; le troisième, de 60, bien sale. Chirurgien. Bâtiments de toute espèce : quarante. Hôpitaux autrichiens; quantité de malades; un huitième.

Le port. — Le port est, comme je l'ai déjà dit, protégé par une jetée en pierres de taille qui le

(1) Voir plus loin, p. 240, une note sur ce personnage qui se nomme Gummer, et non Gomer.

couvre, et, ainsi que la montagne, le met à l'abri de plusieurs vents. Mais celui d'ouest, venant de Venise, y donne en plein ; il rend alors la mer houleuse, et j'ai vu des bâtiments un peu petits éprouver un gros roulis. Tout près de la ville, les grands vaisseaux n'en ont rien à craindre.

Ce port se divise en plusieurs bras qui pénètrent dans l'intérieur de la ville, de sorte que sans la moindre peine on peut aller des quais aux bâtiments. Ce sont des espèces de canaux où trois bâtiments peuvent aller de front. Le plus grand de ces canaux et le plus avancé dans les terres reçoit les plus gros vaisseaux. On les y répare en les couchant de côté, on les charge et décharge. On passe ce canal sur un pont qui s'ouvre pour les laisser aller. Ce canal en contient un grand nombre. Il y a aussi un autre canal, mais beaucoup moins long ; il se termine vers une place triangulaire environnée de maisons neuves. Un autre port, mais pour les petits bâtiments de cabotage, se trouve encore plus à gauche. Il était, sous mes fenêtres, rempli à ne pas jeter une pierre qui pût aller jusques à l'eau. En avant et sur les côtés sont aussi bien des bâtiments. Ils sont dans la rade. C'est aussi là que se tiennent les gros vaisseaux de guerre. J'en ai vu trois, espagnols, de

60, 54 canons, et une frégate de 36 canons. Tous ces ports sont protégés par quelques batteries aux lieux les plus favorables.

La ville. — La ville de Trieste est peu grande, quoiqu'il y ait plus de 30,000 âmes. Elle est prodigieusement peuplée. C'est une ville presque toute neuve. Dans dix ans, elle a augmenté d'un tiers. Elle doit son existence à Joseph II (1) qui, en faisant d'elle un port franc, y attira un commerce énorme.

Rues, maisons. — Toutes les rues sont bien pavées, très droites, larges et assez propres. Les maisons sont bien bâties; elles sont à deux, trois et quatre étages, toutes crépies en blanc; et beaucoup ont des ornements d'architecture, une porte à ordre dorique. Le bas forme d'ordinaire des magasins ou des caves : on n'y en creuse pas; le voisinage de la mer dont l'eau filtrerait, en est peut-être la cause. Ces rez-de-chaussée alors ont leurs fenêtres fermées par de grosses grilles de fer et sont un peu hauts. Les autres étages, ornés de balcons,

(1) C'est l'empereur Charles VI, et non Joseph II, qui fit de Trieste un port franc, et, après lui, Marie-Thérèse y exécuta de grands travaux.

ont leurs fenêtres pas grandes et étroites, mais assez fréquentes. Les appartements sont trop chers pour ne pas les augmenter tant qu'on peut; par conséquent, ils sont peu grands et disposés dans le genre de l'Allemagne, avec des poêles de faïence.

Pavé. — Les rues sont toutes pavées par de gros et larges quartiers de pierre taillée. Cela fait un beau pavé, mais pas très commode. Ces pierres ne se joignent pas exactement, de manière qu'il y a bien des inégalités et que les voitures sont un peu cahotées. Il me semble que ce pavé, fait avec un peu plus de soin, pourrait être superbe.

Réverbères. — Les rues sont éclairées le soir. C'est par des réverbères, pas suspendus comme les nôtres, mais attachés aux maisons alternativement de chaque côté de la rue, à quarante pas de distance. Ils sont fichés dans la muraille, sont propres et bien tenus. Ils sont à hauteur du dessus des portes. Il faut nécessairement une petite échelle pour y atteindre

Places. — Les monuments d'ornement d'une ville sont rares à Trieste. Il faut remarquer beaucoup de places; mais aucune n'est extraordinaire.

Deux sont agréables (1). La première est une triangulaire. Tous les bâtiments qui l'entourent sont beaux; je ne saurais dire pourquoi, malgré cela, elle n'est pas belle ou ne frappe pas. Il y a plusieurs grands cafés et un casin particulier pour des réunions de négociants. Elle a une petite fontaine, mesquine et basse, où se trouve une statue de Neptune armé d'un trident. Cette fontaine donne peu d'eau.

La seconde place est à quelques pas de là. Elle est moins grande; elle est de la forme d'un carré long. On y voit le théâtre, assez joli bâtiment avec des arcades élevées, larges et profondes. Elle est augmentée par une petite place qui se trouve à son extrémité. Il faut y remarquer une colonne de quinze à vingt pieds de hauteur avec un piédestal, et surmontée d'une statue pédestre de grandeur naturelle d'un empereur en bronze couvert de cuissards et autres armes, tenant à la main gauche un globe et de la main droite un poignard; il a sur la tête une couronne surmontée d'une croix. On trouve à peu près la même répétition à quelques

(1) Il s'agit évidemment des deux places qui se nomment aujourd'hui place de la Bourse et Grande-Place; sur la première, s'élève la statue de l'empereur Léopold Ier; sur la seconde, celle de l'empereur Charles VI.

pas de là; c'est une colonne absolument de même, surmontée d'une statue du même genre, mais en marbre blanc, couverte d'un grand manteau, la main gauche levée en signe de commandement.

Fontaines. — Il y a aussi une fontaine sur cette place. Elle est assez belle, formée de grosses pierres qui s'élèvent à huit ou dix pieds; ces pierres paraissent placées irrégulièrement, et représentent un rocher d'où sortent plusieurs fontaines. Il y en a plusieurs *(sic)* et à chacune une nymphe est couchée auprès, tenant une urne; le tout est couronné par une Renommée.

Le grand désagrément de Trieste, c'est que les eaux y sont très rares. Toutes ces fontaines ne donnent que des filets d'eau bien petits, de manière que les habitants sont obligés d'être toujours à la fontaine pour ne pas perdre de l'eau et pour en avoir assez pour leur ménage. En effet, il y a toujours affluence.

Théâtre. — C'est tout ce que j'ai remarqué à Trieste. J'y ai bâillé au théâtre. Il est très petit, dans la forme italienne; c'est le même arrangement des loges; seulement, au parterre, on est toujours assis, et les bancs, pas levés.

Agrandissement. — Trieste s'augmente tous les jours. Dans peu, elle deviendra très considérable. Par toutes les extrémités, on voit s'élever de nouveaux bâtiments, très grands et très beaux. De toutes parts on entend le bruit des charpentiers et des maçons. Les rues sont pleines de grosses pierres de taille qui annoncent des maisons qu'on prépare et qui vont très vite s'élever.

Costumes des Levantins, variété. — Il y a à Trieste une chose bien intéressante. C'est tous les costumes différents qui s'y trouvent par les gens de toute nation et de toute espèce en route : tous les Allemands, Hongrois qui viennent charger sur des voitures les marchandises pour leur pays, les Hongrois en costume de hussard, petite veste bleue, pantalon, bottes courtes et chapeau bien misérable, petits chevaux attelés à de grandes voitures très simples, harnais le moins coûteux possible dans le genre des Lorrains; les Allemands, beaux chevaux, voiture énorme comme nos rouliers; et tant de Levantins de toute espèce, Grecs, Turcs de l'Asie Mineure, de l'Afrique, chacun, des costumes particuliers, tous, de grandes culottes, larges excessivement, dont le fond est à hauteur des genoux; un grand nombre ont leurs cheveux noirs liés

en queue, une petite veste brune, une ceinture
rouge, une grande culotte noire, des bas blancs et
le chapeau rond. J'ai vu un élégant en drap fin
dans ce costume, le tout en noir avec des souliers
élégants, les cheveux en rond ; je trouvai cela
superbe. Ceux de Smyrne ont de très grandes
tuniques qui vont jusques au talon ; ils retroussent
celle de dessous seulement ; elle est fixée par une
ceinture ; celle de dessus est flottante ; ce sont des
dessus de soie ou de coton. Ils ont des chapeaux
ronds à haute forme, des bas et des souliers. Les
Turcs ont des sandales ; beaucoup la jambe nue, des
grands pantalons descendant jusque dessous le
mollet, et des vestes dont l'extrémité inférieure est
cachée par le pantalon et remonte aussi dans la
ceinture ; leur tête est rasée ou leurs cheveux très
courts, et par-dessus est un turban peu élevé ; ils
fument presque continuellement et ont des pipes
extrêmement longues, s'assoient sur tous les bancs,
les jambes croisées, disant souvent : « Allah, Allah. »
J'en ai vu avec des bottines, une veste violette
galonnée en or, une grande robe et un magnifique poignard à la ceinture. Je ne saurais assez
parler de ces costumes. Leur variété m'a bien
amusé.

Les hommes sont charnus, gros, et paraissent

très vigoureux. Ils sont musculeux, en général pas très grands.

Femmes grecques. — Les femmes grecques m'ont paru grandes, bien faites. Je les crois jolies; à Trieste, je n'en ai pas vu de ce genre. J'ai remarqué leur costume. Il ressemble un peu à celui des hommes. Elles ont un habillement qui paraît tout d'une pièce. En effet, la jupe est attachée au corps de l'habit, mais l'endroit est recouvert souvent par une espèce de ceinture. Leur habillement a des manches étroites; par-dessus cela, elles placent une grande robe sans manches qui flotte jusque terre et laisse voir cependant par devant tout l'autre habillement. Elles ont des mouchoirs qui leur couvrent la poitrine qu'on ne voit pas. Leur tête est serrée d'une espèce de turban. A celles pas riches, c'est une espèce de bonnet de coton tenu droit sur le haut de la tête, y entrant peu et enveloppé dans une partie de sa hauteur de mousseline ou autres objets fins; cela forme une espèce de turban haut d'un demi-pied qui leur fait paraître la figure longue.

Vaisseaux espagnols (1). — J'ai vu à Trieste trois

(1) Il y avait depuis longtemps trois bâtiments espagnols dans le port, et Bonaparte avait demandé au mois de mars 1797 qu'ils

vaisseaux de guerre espagnols venus avant la déclaration de la guerre pour charger du mercure à Trieste et y restant, craignant d'être pris par les Anglais. Ils ont une cargaison de 5,000,000 de livres, valeur du mercure. Le vaisseau amiral est de 54 canons. Il est court, vieux, et peu marcheur. Je l'ai été voir. J'ai été bien reçu. Il était tenu médiocrement; l'équipage, assez occupé ; quelques matelots à faire l'exercice du fusil sur le pont de l'état-major. Le commandant de l'escadre nous a assez bien reçus. Nous sommes entrés dans sa chambre bien large, assez grande et propre. C'est là que sont les sabres, les pistolets destinés à l'abordage, le tout bien propre. La salle du conseil est très grande. Le capitaine est bien logé; il a une alcôve pour son lit, une chambre pour lui. A côté de son alcôve, vis-à-vis, il y en a une aussi pour le maître pilote.

Grande ouverture pour recevoir les différentes embarcations, la chaloupe, le canot, etc. Descente vers la deuxième batterie par les écoutilles. La forme de cette batterie. Sabord. Pièces de fer. Affût à quatre roues très basses. Hamac. Cadres. Dessous

---

fournissent huit canons pour armer les batteries du port, puis, en juin, qu'ils se rendissent à Venise pour partir de là avec l'escadre française.

la chambre du capitaine, grande salle, sert à manger; à côté, petite chambre d'officier. Descente à la première batterie. Répétition de la deuxième.

Dessous les appartements dont j'ai parlé, une chambre assez grande qui s'appelle la soute. Elle sert à l'écrivain, au commissaire du vaisseau. C'est dessous elle que se trouve la poudre, et à son côté sont placées les gargousses.

Il y aussi de petits appartements pour le chirurgien, aumônier, les commissaires-élèves.

Dessous tout cela se trouve encore l'entre-pont qui est très bas et très sombre. On n'y entre qu'avec de la lumière. C'est là où l'on panse les blessés, où on les établit. C'est aussi un grand dépôt de beaucoup de choses.

Enfin, c'est dessous que se trouve le fond de cale où dessous les lests se placent, en ordre, de manière à pouvoir en faire le tour, tous les tonneaux contenant l'approvisionnement du vaisseau, l'eau, le vin, le biscuit, la viande salée.

Les cuisines sont vers l'avant du vaisseau. D'un côté sont celles de l'équipage; de l'autre, celles de l'état-major. Au bout se trouve un four. Tout cela est à la première batterie. A la deuxième je n'ai rien vu. C'est à l'avant que sont les commodités. C'est aussi là que se trouvent attachés des deux côtés les ancres et grappins.

C'est aussi dessous le mât de beaupré que se trouve peinte la figure qui donne son nom au vaisseau.

Officiers de ce vaisseau, parlant peu français, assez honnêtes.

De là, à une frégate. Joli officier, jeune, parlant très bien français, très agréable, regrettant bien de ne pouvoir pas faire la guerre. Frégate bien tenue, pont très propre, bastingages ressemblant au vaisseau, sur tous les points mieux tenu. Discipline austère. Matelots malpropres, grosse casaque brune, cigare. Punition des fers de plusieurs façons. Un fer au pied, il pouvait marcher, coucher à terre; ayant un pied ou deux passés dans des trous et fermés à ne pouvoir pas remuer les genoux, on lui place la tête dans les ouvertures; ce qui doit être très douloureux et fatigant.

La différence que j'ai remarquée pour moi, sur la frégate, c'est que l'entre-pont se trouvait éclairé par le moyen de petits sabords ouverts Le reste, comme au vaisseau.

Le troisième vaisseau est de 60 canons. Peint extérieurement en blanc. Il paraissait le plus mal tenu et le plus sale. Les cochons, les dindons couraient partout et rendaient tout sale extrêmement.

Vieux vaisseaux, tous employés au transport du mercure de Trieste en Espagne, de là en Amérique.

Outre les matelots, il y a sur les vaisseaux des soldats de la marine, habillés en bleu, avec des chapeaux bordés de poil de chèvre jaune.

Rien n'est joli comme ces vaisseaux avec tous leurs pavillons et leurs signaux de tous les genres. Celui des Espagnols est rouge et jaune, et il y avait de ces pavillons placés en plusieurs endroits différents. A tout instant les autres bâtiments avaient aussi les leurs : blanc chez les Napolitains, violet chez les Hollandais, rouge et bleu chez les Turcs, rouge avec un lion d'or chez les Vénitiens. Cela est très agréable à voir. Le dimanche matin, tous les vaisseaux en sont ornés ; ce qui fait très bon effet. Les Espagnols tirent tous les jours, le matin et le soir, le canon de réveil et celui de retraite.

Troupes autrichiennes. — J'ai vu à Trieste un général autrichien nommé Grumm ou à peu près comme cela (1). Il y commande. Il était logé à l'au-

---

(1) Ce personnage, que Desaix nomme plus haut Gomer, et ici Grumm, s'appelait en réalité Gummer. Né en 1744, à Bozen, Pierre de Gummer avait acheté le 1er novembre 1767 une place de lieutenant et le 21 janvier 1769 une place de capitaine dans le régiment d'infanterie de Mittrovsky (aujourd'hui le 40e). Major

berge. Il est Tyrolien, a été colonel de Mittrovsky dans Luxembourg, a passé en Italie, enfermé dans Mantoue; gros homme âgé de quarante-cinq ans, figure très ronde, pleine, colorée; honnête et doux. Les régiments de Wartensleben et de Stuart y sont en garnison; bien tenus, propres; beaucoup de recrues paraissant chétifs, faibles et maladifs (1). J'ai vu faire l'exercice près de la mer à leur manière. Dans la marche, ils font feu pour attaquer; alors ils se portent en avant au pas redoublé, l'arme haute, font feu, et puis présentent la baïonnette. Détails. Sous-officier, avec la canne, très propre.

Casernes. — Les casernes sont assez belles. J'en ai vu deux; une, près de la jetée, en dehors de la ville, qui ne doit pas en être une habituellement; une seconde, au milieu de la ville; elle est grande, élevée, et paraît considérable.

le 19 mai 1784, lieutenant-colonel le 5 février 1790, colonel du régiment le 8 janvier 1791, il devint général-major (4 mars 1796), lieutenant feld-maréchal (2 octobre 1799). Il fut mis à la retraite le 17 février 1800 et mourut la même année, le 12 juillet. En 1797, lorsque Desaix le vit, il commandait à Trieste où il avait succédé au général-major Köblœs.

(1) « Les Autrichiens, écrivait Desaix à Reynier le 18 septembre, se sont rassemblés plus qu'ils ne l'étaient. Je les ai vus à Trieste; ils ont des recrues bien chétives et bien des malades. »

Hôpitaux. — Derrière, et après l'avoir traversée, se trouve un hôpital pour trois cents malades; il est bien tenu; les malades ne sont qu'un par lit, et propres. Il y a un autre hôpital sur la montagne; il est plus considérable; il contient quatre cents lits; ce qui fait en tout sept cents malades qu'il y avait à Trieste. On assurait que le total de toute leur armée en avait quinze mille; c'est beaucoup.

Dîné à table d'hôte. Nombreux. Assez mal servi, bien lentement surtout, plat à plat, et présentés par le maître d'hôtel qui les distribue à chaque partie de la table. Officiers des deux régiments. Chefs de corps à côté de moi. Un officier du génie. Conversation sur Kehl, sur Mantoue, sur M. de Vaux (1). Jeune homme costumé en noir, chevalier de Malte, Belge, riche, assez instruit, ayant voyagé. Promenade. Café. Théâtre. Conversation avec le principal agent des douanes. Environs de Trieste. Il m'a appris qu'on y fabriquait beaucoup de savon, de liqueurs, et qu'il y avait aussi bien des teintures; que ses habitants devaient leur existance au transport des marchandises, que tout ce qui leur appartient servait d'entrepôt. Jolie femme,

____

(1) Sans doute le baron Thiéry de Vaux, colonel du génie autrichien, que Desaix avait connu antérieurement.

parlant un peu français ; conversation ; éloge de Trieste ; bien reçu pour cela et vu avec plaisir.

Préparatifs de départ. — **Préparatifs de départ.** Obstacle. Maître de poste refuse des chevaux parce que la voiture est un cabriolet qu'il faut faire porter aux chevaux. Sa malhonnêteté, ses propos ; plusieurs refus. Enfin, un voiturier consent à nous conduire à 6 heures du lendemain à un prix considérable. A 7 heures, ne vient pas, et se moque quand on le va chercher et qu'on lui dit de nous conduire. Chagrin. Nouvelle course, nouvelle recherche. Enfin, à 9 heures nous pouvons partir. Un bon conducteur nous mène deux bons chevaux avec deux roues pour les placer dessous les brancards. Pluie. Enfin, départ ! Dimanche : vaisseau espagnol tire des coups de fusil et deux petits pierriers. Montée longue, difficile et rapide. Nous la montons doucement en jouissant du coup d'œil du coteau rempli de petites maisonnettes et aussi de petites cultures. Grande quantité de chevaux, très grands, tous gros et en bon état, avec des harnais bien propres ; employés à monter les voitures jusques au sommet de la montagne. Rencontre d'une, attelée de cinq paires de petits bœufs et de quatre chevaux attelés par côtés. Arrivés au sommet de la hauteur et à la douane. Peur faite à Larrey pour des marchandises achetées à Trieste et qui étaient de contrebande : elles étaient cousues dans les coussins qui nous servaient de siège. Tonneau de vin de Malaga pour le commissaire général Aubernon (1). Nous passons librement à la douane et sans obstacles d'après un ordre du chef des douanes qui avait autorisé à passer du vin soi-disant pour le général en chef. Ce vin avait été vendu par le maître d'hôtel d'un des capitaines espagnols. Il revenait à environ trente-six sous la bouteille.

Route. Sainte-Croce. — Arrivé jusqu'à Monfalcone sans accident. Là, obligé d'attendre longtemps. Impatience. Dîné cependant. Spectacle horrible d'un bœuf manqué qui échappe ; avait les jarrets coupés et était conduit à la boucherie ; déchiré par les chiens, il était tout en sang et faisait horreur.

Palma-Nova. — Départ pour Palma ; route presque la même qu'Udine ; passage de l'Isonzo. Enfin, arrivée à 5 heures. Palma-Nova est une place assez considérable, construite en 1500 ; elle

(1) Philippe Aubernon, né à Antibes en 1757, mort à Paris en 1832, commissaire des guerres en 1792, commissaire-ordonnateur depuis 1793, ordonnateur en chef de l'armée d'Italie, plus tard inspecteur aux revues.

a huit côtés et elle est construite dans le genre ancien. Ses bastions sont assez grands, défendus par des flancs doubles, mais plus vraiment par des cavaliers placés aux extrémités des courtines; ils sont élevés et ont encore de la capacité. Le prolongement des faces vient tomber sur les cavaliers et non au sommet de l'angle flanquant. Les revêtements ne sont pas assez hauts, l'enceinte n'étant qu'à demi revêtue. Le surplus est en terre dont la pente est bien roide, quoique solide, puisqu'il y a des siècles qu'elle est ainsi. Il y a un chemin de ronde à fraise en avant du revêtement. Les fossés sont larges, profonds, mais sans eau; j'y ai remarqué une cunette qui n'est pas le moindre obstacle. Les ouvrages étaient en grande partie éboulés; on les rétablit avec rapidité. Les chemins couverts sont presque partout rétablis, ainsi que les contrescarpes; elles ne sont pas revêtues, mais rapides et hautes. On recreuse les fossés des demi-lunes; ils sont peu profonds. Cette place, quand elle sera finie, sera assez bonne. Il ne faut pas plus de soixante ou quatre-vingt mille livres pour les travaux et six semaines; alors elle sera très susceptible de résistance (1).

____

(1) Bonaparte avait fait tous ses efforts pour fortifier Palma-Nova qui lui semblait « dans une situation effrayante » pour les

La ville est assez grande, puisque son enceinte a un grand développement et demande 6,000 hommes de garnison. Mais elle contient peu d'habitants. Les maisons sont très éloignées, en beaucoup d'endroits, les unes des autres, et ont toutes des jardins, des cours assez vastes. Il y a à Palma une très grande place fort belle; elle est à huit côtés comme la ville, et ornée de maisons passables.

A Palma, il se trouve assez de souterrains; les bastions qui sont vides en ont tous. Ces bastions se trouvent presque tous fermés à la gorge par un excellent retranchement; ce sont les cavaliers des courtines qui les avoisinent. Il faudrait peu de travaux pour les joindre et augmenter la défense de la place d'autant, car il m'a paru que ce bastion ainsi retranché aurait un peu de valeur.

Le général Guillaume (1) commande à Palma.

Autrichiens. Le 18 mars 1797, il ordonnait à Chasseloup de presser les travaux avec toute la diligence possible, et, au mois de juillet, il y envoyait Bernadotte qui devait ordonner au génie de redoubler d'ardeur. « J'y ai fait travailler, écrivait-il, avec la plus grande activité; cette place seule change la nature de notre position en Italie; ce serait pour eux un siège de premier ordre à entreprendre. »

(1) Paul Guillaume, que Bonaparte nommait le brave général Guillaume et que Clarke reconnaît probe et très propre à commander une place près de l'ennemi, était né à Courcelles-Chaussy, dans la Moselle, en 1744 : artilleur en 1764, professeur en Prusse, puis dans la gendarmerie française, procureur de la commune de Vaudoncourt, chef de la 1re compagnie franche de

C'est un homme déjà âgé, les cheveux gris, mais la figure d'un homme encore bien vert; il est plein de confiance, croit la ville imprenable et s'en tient bien assuré; mais il prend des précautions à l'infini et superflues pour éviter une surprise; les portes sont toujours fermées; il n'y a d'ouvert que des petites portes; on ne laisse entrer dans la ville qui que ce soit sans son ordre, etc. Je le trouvai se promenant avec le commandant, officier du génie, un jeune homme instruit et agréable, connaissant Dubayet, ayant été avec lui à Constantinople. Il me donna des détails sur les Turcs et leur nullité; il se nomme Morio (1); il fonde une grande espé-

la Moselle en 1792, général de brigade en 1793, accusé, non sans raison, d'avoir causé le désastre de Pirmasens et mis en arrestation, employé en 1794 à l'armée des Pyrénées-Orientales et en 1795 à celle d'Italie, il avait commandé à Peschiera avant de commander à Palma-Nova, et il devait mourir en mars 1799, à Brescia. Son fils, Guillaume de Vaudoncourt, l'écrivain militaire (1772-1845), est plus connu que lui.

(1) Le nom est en blanc. Mais cet officier était évidemment Morio, né en 1771, lieutenant d'artillerie en 1793, capitaine du génie en 1795. A son retour de Constantinople, il avait été attaché à la place de Palma-Nova. Employé ensuite aux îles du Levant, il fut en 1798 promu chef de bataillon. Puis on le trouve à l'armée de réserve en Italie où il assiste au siège de Peschiera, dans la Pouille, en Lombardie, en Hanovre, à la Grande Armée (1805-1806). Colonel depuis la fin de 1801, il accompagne Jérôme, roi de Westphalie, comme adjudant, et devient, au service du nouveau roi, général de division, grand écuyer, colonel-général des chasseurs de la garde et comte. Le 24 décembre 1811, il fut assassiné par un maréchal-ferrant, du nom de Lesage, qu'il avait renvoyé des écuries royales

rance de défense sur ce que le terrain des environs est tout pierreux, par conséquent difficile à travailler pour les tranchées et d'ailleurs très montueux pour le canon.

Il y a à Palma des mines assez passables et en état, ce qui est rassurant pour la défense de la ville. On avait pu mettre de l'eau dans les fossés, ou essayé; cela réussit très bien les premiers jours, mais bientôt elle filtra, remplit toutes les mines et disparut.

A Palma, je n'ai pas pu avoir de chevaux, il n'y en avait pas; mais, heureusement, mon jeune officier du génie m'a procuré des mulets et, après quelque retard et sans avoir rien dépensé au général Guillaume, très économe, je partis à la nuit bien close à 8 heures. Nous fîmes très lestement toute la route. Je n'eus pas, soit en allant, soit en venant, un instant pour m'ennuyer avec Larrey qui me raconta ses aventures. Il est du Languedoc, élevé chez un de ses parents, très habile, à Toulouse. Il eut un prix qui était une médaille de vermeil qui lui fit grand plaisir; il fut à Paris étudier, et obtint à l'école de chirurgie une médaille, devint chirurgien de vaisseau sur une frégate, s'embarqua à Brest pour aller à Terre-Neuve. Ses descriptions des tempêtes, avec tous les termes marins que je comprenais très bien depuis que j'avais vu des vaisseaux, m'amusaient beaucoup. Deux anecdotes. Une sur un bâtiment qui, dans un brouillard, s'engagea entre deux glaces, fut ouvert par elles et périt; l'équipage se jeta partie sur la glace pour y périr de froid, de faim et de soif, et partie sur la chaloupe au nombre de vingt-trois; plusieurs eurent les pieds et les mains gelés, enfin les autres furent sauvés par le vaisseau de Larrey. Autre tempête horrible sur la côte, qui menace le vaisseau de la destruction; rien ne peut l'arrêter et l'empêcher d'aller se briser contre la côte; il entraîne les ancres, casse les chaînes et les cordes qui l'attachent au corps-mort de la rade; enfin, l'ancre de miséricorde l'arrête et le sauve. Les petites embarcations ou petites chaloupes sont emportées par la tempête; le capitaine, très dur, veut les avoir absolument et envoie les braves de l'équipage dans la grande chaloupe pour aller les chercher, ils les attrapent; un, deux matelots s'y jettent; au même instant les vagues séparent les chaloupes; l'une est jetée sur la côte et y périt; les matelots se sauvent avec une peine horrible, l'un sur un rocher où il périt; l'autre est retrouvé mourant, et sauvé; désespoir du capitaine. Pêche des morues; leur détail. Larrey marié avec une femme bien née, a été en Corse, à l'armée des Pyrénées-Orientales, en Italie (1).

Je suis arrivé à Udine à 10 heures du soir; nous avons bien causé des hôpitaux, des friponneries des chirurgiens, tous riches et roulant en voitures magnifiques. Voici leur manière d'avoir de l'argent. Ils arrivent dans une ville pour établir un hôpital et menacent les couvents riches, les particuliers à grandes maisons de l'établir chez eux, les rançonnent cher et finissent par l'établir chez des pauvres moines, dans des églises ou chez ceux qui peuvent le moins payer.

(1) Dominique Larrey, né à Beaudéan (Hautes-Pyrénées) en 1766, mort à Lyon en 1842. Il commença ses études de médecine de 1780 à 1787 auprès de son oncle Alexis Larrey, chirurgien en chef d'un hôpital de Toulouse, et sa thèse sur la carie des os lui valut une médaille de vermeil aux armes de la ville, décernée par l'Université et le Conseil de la cité. Après un voyage à Terre-Neuve sur la frégate *la Vigilante* (mai-octobre 1788), il poursuivit ses études à Paris, sous Desault et Sabatier, de 1788 à 1791. Nommé chirurgien aide-major, il servit à l'armée du Rhin; à Toulon, sur l'escadre qui tenta inutilement par deux fois un débarquement en Corse; à l'armée des Pyrénées-Orientales où il pansa les blessés de la Montagne-Noire, de Figuières et de Roses; à Paris, à l'hôpital du Val-de-Grâce. Envoyé à l'armée d'Italie, il était arrivé à Milan le 13 mai 1797, et il avait, avec le commissaire-ordonnateur Villemanzy, inspecté les hôpitaux des villes occupées par les troupes françaises. Il avait épousé, le 4 mars 1794, Élisabeth Le Roulx de Laville, fille de l'ancien ministre de 1792 et sœur de l'Émilie à qui Demoustier écrivit ses *Lettres* sur la mythologie. Cf. dans ses *Mém. de chirurgie militaire et campagnes*, I, 23-28 et 41-44, les récits de naufrage et de tempête qu'il a faits à Desaix.

ANECDOTES ET CONVERSATIONS

Je ne veux pas oublier que le général a fait faire cent sabres de grenadiers assez beaux avec le ceinturon et ces mots écrits : *Donné par le général Bonaparte de la part du Directoire exécutif;* de l'autre côté, détail de l'action de valeur brillante; joignez à cela une haute paye et une somme de 500 livres de pension, payée par la République milanaise (1).

(1) Le 28 août, Bonaparte ordonnait que quatre-vingt-dix sabres de grenadiers et dix de cavalerie, « avec lame de Damas et la monture dorée et travaillée par les meilleurs ouvriers d'Italie, » seraient donnés aux militaires qui s'étaient distingués par des actions d'éclat pendant les deux dernières campagnes. Sur la lame étaient écrits en lettres d'or, d'un côté : *Armée d'Italie, division de..., demi-brigade. Donné, de la part du Directoire exécutif de la République française, par le général Bonaparte, au citoyen......, le..... an .....;* et, de l'autre côté : *République française, Liberté, Égalité,* et l'action d'éclat pour laquelle le sabre était donné. Tout militaire qui recevait un de ces sabres avait double paye et une pension de 100 francs sur le Mantouan. (Cf. *Corr.,* III, 563-568, annexe à la pièce nº 2347, l' « État nominatif des hommes auxquels le général en chef Bonaparte accorde des sabres pour leur conduite distinguée. ») Ces sabres furent remis après la fête funèbre célébrée le 31 octobre en l'honneur de Hoche.

Le général a aussi eu l'adresse de rassembler tous les officiers auxiliaires qui sont à la suite des corps ; il les a formés en espèces de compagnies qu'il a placées dans les grandes villes, comme Gênes, Brescia, Bologne, pour les mettre à même, comme étant à charge à l'armée, d'y faire de bons mariages et s'établir d'une manière utile et intéressante à la France. De ces officiers surnuméraires, il en a placé la moitié dans les troupes italiennes, quelques-uns dans les Polonais, de manière que voilà la République soulagée d'autant (1).

Le général avait fait des marchés pour des souliers et des habits, il les a trouvés mauvais, il ne les a payés que leur valeur. Les souliers étaient en mouton ; ils ont été payés 35 sous ; les entrepreneurs ont été condamnés à payer double habit, parce que l'habit n'avait que moitié valeur (2). Il a défendu les réceptions par experts et obligé les

(1) Il avait autorisé Lahoz, le 29 septembre 1796, à faire entrer dans la Légion lombarde des officiers français surnuméraires, et dès le 28 mars, avant de commencer la campagne, il écrivait à Carnot qu'il placerait le plus possible dans les administrations, et pour régir le pays d'Oneille, de vieux officiers qui n'avaient pas de pain.

(2) « Tant que mes forces dureront, écrivait Bonaparte au Directoire, je ferai une guerre impitoyable aux fripons et aux Autrichiens. » Et il ne voyait parmi les commissaires des guerres que cinq à six hommes qui ne fussent pas fripons.

commissaires à recevoir eux-mêmes, afin qu'ils fussent responsables eux-mêmes.

A cette armée, les charretiers ont été au compte des entrepreneurs, habillés, payés comme canonniers.

Caractère de l'armée d'Italie, exagération de toutes ses têtes, leur fermentation. La 69ᵉ se révolte, ne veut pas aller à l'exercice, enfin revient; le général lui parle et lui demande pourquoi. « Nous sommes sans rien faire, dirent-ils; nous nous ennuyons, il nous faut des événements. »

Trait extraordinaire à Lodi : cinq grenadiers passent par-dessus la muraille, et ouvrent la porte au milieu du combat (1).

Grenadiers qui ont sauvé Saint-Georges; ils étaient en avant, coupant du bois; surpris par les hussards, ils crient aux armes; on n'a que le temps de tirer deux planches du pont pour empêcher d'entrer, et de fermer la barrière (2).

____

(1) Ils appartenaient à la fameuse 32ᵉ. « A la prise de Lodi, cinq de nos grenadiers firent un trait de valeur remarquable. L'ennemi s'était réfugié dans la ville et avait fermé les portes. Impatients d'y entrer les premiers, ils grimpent sur la muraille en s'entr'aidant, sautent dans la ville, où ils trouvent encore des hulans, et font ouvrir la porte. Leurs camarades s'y précipitent en foule, et la ville est à nous. » (FABRY, *Rapports historiques*, 128-129.)

(2) Ils étaient de la 69ᵉ, et voici comment le fait est raconté

Idées sur l'Égypte, sur ses ressources. Projet sur elle. Développement. Paix avec l'Autriche et l'Angleterre. Départ de Venise de 10,000 hommes et 8,000 Polonais pour l'Égypte (1); s'en emparer, avantages, détails. Avec 5 divisions, 200 canons. Assemblage de tous les moyens, des hommes bien instruits. Voyages, Savary, Volney, etc. (2). Communication avec les pachas grecs, imprimerie

dans l'historique de cette demi-brigade (FABRY, *Rapports histo-riques*, 243) : « Quelques hussards autrichiens se présentent à une portée de fusil de Saint-Georges. Deux de nos grenadiers, qui étaient sur la route à couper du bois, leur parlent, les prenant pour des dragons français ; les hussards autrichiens leur disent tout doucement de se rendre prisonniers, les assurant qu'ils ne leur feront point de mal. Les grenadiers, reconnaissant alors leur erreur, crient aux armes, et s'échappent en se jetant dans les fossés : le poste voisin prend les armes, les hussards se retirent, on bat la générale, la troupe est prête en un instant. » Napoléon a rapporté l'incident dans ses *Mémoires* : les deux Français étaient, dit-il, un vieux sergent et un tambour auxquels « il parut que les manteaux blancs des hussards étaient bien neufs pour être de Berchiny : ils se jetèrent dans Saint-Georges, criant aux armes, et poussèrent la barrière. »

(1) Bonaparte propose également, dans une lettre du 13 septembre au ministre des relations extérieures, de partir de Venise : « L'on pourrait partir d'ici avec 25,000 hommes, escortés par huit ou dix bâtiments de ligne ou frégates vénitiennes, et s'en emparer. »

(2) Claude-Étienne Savary avait publié (1785-1786) des *Lettres sur l'Égypte* qui eurent un très vif succès, et Volney (1787), un *Voyage en Égypte et en Syrie* qui, selon le mot de Berthier, fut le seul guide de l'armée française en Égypte et le seul qui ne la trompa jamais. Cf. *Corr. intime de l'armée d'Egypte*, par Larchey, 85 et 136 : les Français jugent que Savary les a trompés, mais que l'ouvrage de Volney est très exact et très bien fait.

grecque à Ancône, lettres des Maïnotes ou descendants de Sparte, peuple libre, indépendant, offrant 4.000 hommes (1) ; lettre du pacha de Scutari (2).

Pacha de Bosnie qui appelle le général *l'homme fort de la grande nation* (3). Les Albanais, surtout, extrêmement favorisés, bien traités, ont offert 6,000 hommes au général s'il en a besoin. Les Bosniaques lui ont offert de se réunir à lui pour marcher contre les Autrichiens ; il y a des correspondances, des agents ; il y caresse leurs goûts, leurs principes, leur manière d'être ; il en est extrêmement aimé.

(1) Bonaparte écrivait au Directoire que le chef des Maïnotes lui avait envoyé un des principaux du pays pour lui marquer le désir d'être utile au « grand peuple », et le général répondait au chef des Maïnotes, le 30 juillet : « Les Français estiment le petit, mais brave peuple maïnote, qui, seul de l'ancienne Grèce, a su conserver sa liberté. Les porteurs de la présente ont le plus grand désir de voir de plus près les dignes descendants de Sparte auxquels il n'a manqué, pour être aussi renommés que leurs ancêtres, que de se trouver sur un plus vaste théâtre. »

(2) On trouvera dans la *Correspondance* de Napoléon (16 août 1797) sa réponse aux « choses flatteuses » contenues dans la lettre du pacha de Scutari ; il envoie au pacha quatre caisses de fusils et lui assure qu'il protégera les Albanais en toute occasion, que la France estime particulièrement la brave nation albanaise.

(3) Cette lettre du pacha de Bosnie, « beau-frère du sultan régnant, » est envoyée par Bonaparte le 13 septembre au ministre des relations extérieures.

Le général a une grande et habile politique : c'est de donner à tous ces gens-là une grande idée de la nation française. Il a reçu ordre du Directoire de la répandre dans toute l'Afrique, la Grèce, par des imprimeries, des proclamations. Il gagne les cœurs de toutes ces nations; il leur rappelle leur ancienne gloire, leur ancien nom; il les instruit des choses étonnantes et prodigieuses qu'ont faites les Français. Aussi tous sont-ils surpris de savoir ce qu'ils apprennent; ils sont très avides de nouvelles; ils viennent en quantité à Ancône pour y charger des marchandises et un de leurs grands plaisirs est de prendre de ses proclamations pour les lire et en porter dans leur pays.

Les lettres écrites par ces pachas sont en style oriental très plaisant; ils l'appellent l'homme grand, l'homme fort de la grande nation.

Anecdotes à ne pas oublier. — Pyramide élevée au 14 juillet, noms des hommes tués à la guerre écrits dessus; prisonniers de guerre crus morts, rentrés et riant beaucoup d'y voir leur nom, mais satisfaits de penser que leur nom serait connu en cas de mort (1).

(1) Le 14 juillet 1797, chaque division avait célébré une fête pour la réception des nouveaux drapeaux, et, au mi-

Secours envoyés par le général aux blessés de son armée dans les départements de l'intérieur. 20,000 livres à Marseille.

40 millions,		le pape.
10	—	Modène.
2	—	Naples.
2	—	Toscane.
4	—	Parme.
2	—	Piémont.
4	—	Gênes.
50	—	Milan.
3	—	Idria.
3	—	Trieste.
10	—	Allemagne ou Tyrol.
40	—	Venise.
170 millions (1).		

Grande punition : n'être pas de l'armée d'Italie.

Fuite de d'Antraigues, marié avec la Saint-Huberty ; il avait donné par écrit sa parole d'hon-

lieu du champ d'exercices, une pyramide reproduisait les noms des officiers et soldats morts au champ d'honneur depuis Montenotte.

(1) Ce tableau, tracé en marge de la page 130 du manuscrit de Desaix, est évidemment le tableau des contributions levées par Bonaparte. On ne sait où Desaix se l'est procuré et s'il est exact. L'auteur anonyme d'un ouvrage publié en 1800 et intitulé : *Le richezze dell' Italia passate in Francia* donne les chiffres suivants : Lombardie, 62 millions ; Parme, 3,650,000 ; Modène, 10 ; Venise, 6 ; légations de Ravenne, Bologne et Ferrare, 12,500,000 ; Naples, 15 ; Gênes, 4 ; le pape, 30 ; Toscane, 8. (TROLARD, *De Rivoli à Magenta*, 310.)

neur de ne pas sortir de sa chambre que pour aller dans les principales bibliothèques (1).

Anecdote du cardinal Pignatelli. A la première entrée dans les États du pape, le cardinal commandait une garnison dans le fort Urbain ; elle fut faite prisonnière de guerre, le cardinal aussi. Le général le renvoya, ayant donné sa parole de ne plus servir et de se représenter quand on le demanderait ; il fut à Rome et s'opposait à ce que voulait le général ; celui-ci lui fit dire de se rendre ; il se mit en route, mais à moitié chemin, par réflexion, s'en retourna ; il obtint une dispense du pape pour ne pas obéir et l'envoya au général (2).

---

(1) Desaix, ne se souvenant pas du nom, a écrit « Fuite de d'..... ». Cf., sur cet épisode, le livre de Léonce PINGAUD, *le Comte d'Antraigues*, p. 157-171 ; d'Antraigues, détenu à Milan, avait, en effet, donné sa parole d'honneur de ne pas s'évader, et il allait librement par la ville, notamment à la bibliothèque de la Bréra ; il s'enfuit le 29 août 1797.

(2) Napoléon se souvenait plus tard de cet incident : « Un cardinal, fait prisonnier, dit-il dans ses *Mémoires*, obtint la permission de se rendre à Rome sur sa parole ; quelques mois après, comme il se comportait fort mal, Berthier lui signifia l'ordre de revenir au quartier général ; il répondit, dans un style très spécieux, qu'un bref du Saint-Père le dégageait de sa parole ; ce qui fit rire beaucoup l'armée. » Mais il faut rectifier un peu les assertions de Desaix. Le fort Urbain (et non, comme écrit Desaix, le fort d'Urbin), situé sur la route de Castelfranco, aux confins du territoire de Modène, était commandé, non par le cardinal Pignatelli, mais par un chevalier de Malte. Le cardinal, qui était légat du Saint-Siège à Ferrare, fut fait prisonnier dans cette ville.

Anecdote sur cette guerre, très plaisante. Le général Lannes, avec une petite escorte, trouve une troupe de cavalerie papale nez à nez. Très surpris, il s'avance sur le commandant et lui dit : « De la part de la République française, je vous ordonne de mettre pied à terre. — Vous allez être obéi, lui dit le commandant. — Posez vos armes. » Ainsi de suite. Il les fait prisonniers (1).

A Ancône, la garnison se place trois lieues en avant sur une hauteur, au lieu d'être dans la place et environs de la place (2).

et ce n'est pas lui qui eut permission de se rendre à Rome sur sa parole; ce fut le cardinal légat Vincenti, fait prisonnier à Bologne.

(1) Cf. le livre II des *Mémoires* de MARMONT. Cette campagne contre le pape, dit le duc de Raguse, « fut la petite pièce du grand spectacle auquel nous assistions. Lannes commandait l'avant-garde. Il se trouva face à face avec un corps de cavalerie, et il n'avait avec lui que deux ou trois officiers et huit ou dix ordonnances. En vrai Gascon, il paya d'effronterie et fit le tour le plus plaisant du monde. Il courut au commandant, et d'un ton d'autorité : « De quel droit osez-vous faire mettre le sabre à la main? Sabre au fourreau ! — *Subito*, répondit le commandant. — Que l'on mette pied à terre, et que l'on conduise ces chevaux au quartier général. — « *Adesso*, » reprit le commandant. Lannes me dit le soir : « Si je m'en étais allé, les maladroits m'auraient lâché quelques coups de carabine; j'ai pensé qu il y avait moins de risque à payer d'audace et d'impudence. »

(2) Marmont se récrie pareillement sur cette extravagance de la petite armée que Victor nomme la sainte armée et qui attendit les Français, non à Ancône, mais sur la hauteur d'Olmo, si bien, comme dit Berthier (bulletin du 2 février 1797), que nos

L'armée d'Italie est composée de 8 divisions actives, 3 de cavalerie et 5 divisions territoriales.

La 1ʳᵉ division, commandée par Masséna, composée de la 2ᵉ légère, de la 18ᵉ, 25ᵉ, 32ᵉ et 75ᵉ demi-brigades, fortes chacune d'environ 2,000 hommes, fait 10,000 hommes avec le 24ᵉ chasseurs, de 400 chevaux, et 14 bouches à feu. Elle est à Padoue. Les généraux sont Motte, Rampon, Ménard et Mignotte. Solignac est adjudant-général.

La seconde est commandée par Brune à présent. Elle est à Vérone. Elle a la 27ᵉ légère, la 4ᵉ, 40ᵉ, 43ᵉ, 51ᵉ de ligne, environ 2,000 hommes chacune, faisant 10,000. Elle a le 9ᵉ de dragons, 150 hommes, et 13 pièces d'artillerie. Les généraux de brigade sont Duphot, Verdier, Point; adjudant-général, Sherlock.

La 3ᵉ, Bernadotte, Frioul. Elle a la 13ᵉ légère, la 30ᵉ, 61ᵉ, 88ᵉ, 95ᵉ de bataille, chacune à peu près

troupes entrèrent dans la forteresse pêle-mêle avec les papistes : « Ancône, fortifiée régulièrement, pouvait, avec les plus mauvaises troupes du monde, nous arrêter longtemps; mais il y avait dans la manière d'agir de l'ennemi une espèce de forfanterie toujours condamnable... Un coup de canon donna le signal de l'attaque, et toute la ligne ennemie se coucha par terre. On battit la charge, et, sans tirer ni recevoir de coups de fusil, on arriva aux retranchements. Ils étaient difficiles à franchir; mais, avec l'aide de ceux qui étaient chargés de les défendre, la chose devint aisée. Toute cette petite armée mit bas les armes et Ancône ouvrit ses portes. »

de 1,800 hommes, faisant 9,000 hommes d'infanterie, le 19ᵉ chasseurs de 540 hommes. Elle a 20 bouches à feu. Elle est commandée par les généraux Vial, Friant, Mireur et Fiorella. Les adjudants-généraux sont Sarrazin et Hector.

La 4ᵉ est commandée par le général Serurier. Elle a la 21ᵉ d'infanterie légère, 2,100, et les 12ᵉ, 69ᵉ, 64ᵉ et 6ᵉ de bataille, chacune à peu près 1,600, faisant ensemble 9,000 hommes, et le 15ᵉ dragons, de 240; elle a les généraux Chabran, Meyer et Dessolle, et 16 bouches à feu.

La 5ᵉ division, commandée par le général Joubert, est à Vicence. Elle est composée des 4ᵉ et 22ᵉ d'infanterie légère, d'à peu près 1,000 à 1,200 hommes chacune, et des 11ᵉ (1,800 hommes), 14ᵉ (1,300 hommes), 33ᵉ (1,700 hommes) et 85ᵉ (2,300 hommes) demi-brigades de bataille, faisant en tout 9,500 hommes, avec le 5ᵉ dragons (240 hommes) et 18 bouches à feu. Elle est commandée par les généraux Veaux, Belliard, Monnier. Elle a les adjudants-généraux Liébault et Blondeau.

La 6ᵉ division, commandée par le général Delmas, est à Bellune. Elle est composée de la 26ᵉ d'infanterie légère, de 1,400 hommes, des 39ᵉ (1,600 hommes) et 93ᵉ (2,000 hommes) demi-brigades d'infanterie de bataille, faisant ensemble 5,000 hommes, avec le 13ᵉ régiment de chasseurs faisant 468 hommes, et 10 bouches à feu. Elle est commandée par les généraux Vergès et Pijon, et elle a l'adjudant-général Valentin.

La 7ᵉ, d'Hilliers, à Venise, a la 17ᵉ d'infanterie légère faisant 900 hommes, et les 5ᵉ, 13ᵉ et 63ᵉ de bataille faisant tant d'hommes (*sic*), avec le 25ᵉ régiment de chasseurs d'environ 300 hommes; elle est commandée par les généraux Dufresse, Gardanne, Malye et l'adjudant-général Partouneaux. Elle a 10 bouches à feu.

La 8ᵉ division, commandée par le général Victor, est composée des 5ᵉ et 18ᵉ d'infanterie légère, faisant, la première, 1,400, et la seconde, 1,600 hommes, et des 57ᵉ et 58ᵉ de ligne faisant chacune 2,500 hommes, — le total d'infanterie est de 8,000 hommes, — sans le 18ᵉ de dragons, de 188 hommes. Elle a les généraux Rusca et Chambarlhac avec l'adjudant-général Argod. Outre cela, son artillerie est de 18 bouches à feu.

La 1ʳᵉ division de cavalerie, à Trévise, commandée par le général Dugua, est composée du 1ᵉʳ régiment de cavalerie, 210 hommes, de 100 hommes du 5ᵉ, 240 du 11ᵉ, 450 du 4ᵉ de chasseurs et 450 du 10ᵉ. Elle est commandée par les généraux Leclerc et Beaumont; Dugommier, adjudant-général : 1,100 hommes, en tout. Elle a 6 pièces d'artillerie.

La 2e division de cavalerie est commandée par le général Dumas, est à Rovigo; elle est composée du 7e hussards (500 hommes), des 14e et 3e dragons, (chacun de 300 hommes), au total 1,400 hommes, commandés par le général Walther et l'adjudant-général Lorcet. Elle a 6 pièces d'artillerie légère.

La 3e division, commandée par le général Rey, à Brescia, a le 1er de hussards, 600 chevaux; le 20e dragons et le 15e chasseurs, chacun de 400 hommes, faisant en tout 1,400. Elle est commandée par les généraux Kellermann, Murat et l'adjudant-général Requin.

La 1re division, appelée colonne mobile, commandée par le général Leclerc, se trouve à Milan. Elle est composée des 11e, 12e et 20e demi-brigades d'infanterie légère (la première, 900 hommes; la deuxième, 1,000; la troisième, 1,200), de la 45e de bataille, et du 22e chasseurs à cheval ainsi que du 8e dragons. Elle est commandée par les généraux Leclerc et Vignolle et l'adjudant-général Boyer. Le général Lannes s'y trouve.

La 2e division est celle de Mantoue, commandée par le général Miollis; elle est composée de la

29ᵉ demi-brigade légère (950 hommes), de Polonais et Lombards. Il s'y trouve les généraux Charton et Pelletier ; Beaurevoir, chargé des dépôts de cavalerie, et Verrières, de l'artillerie.

La 3ᵉ division est à Tortone, commandée par le général Sauret : à Tortone se trouve la 9ᵉ de bataille ; à Alexandrie, la 5ᵉ.

La 4ᵉ division est à Coni, sous le général Casabianca ; bataillon polonais.

La 5ᵉ, commandée par le général Vaubois, est en Corse : il y a là la 19ᵉ de ligne, de 1,250 hommes.

A Corfou, le général Gentili, avec la 79ᵉ de bataille, faisant 1,200 hommes (1).

Le total de l'armée active est : les 8 divisions actives : 70,000 hommes d'infanterie, 6,700 de cavalerie et 1,600 hommes d'artillerie. Les pièces qui sont à l'armée active sont au nombre de 120, dont 39 obusiers, 37 pièces de différents calibres, 27 de huit, 11 de douze et 6 de quatre.

L'armée, au total, est de 79,290 hommes d'infanterie, de 7,170 de cavalerie et 2,970 d'artille-

---

(1) Il serait superflu de donner une notice sur tous les généraux et adjudants-généraux qui figurent dans ce tableau ; on s'est contenté de rétablir les noms qui manquaient et d'orthographier exactement ceux que cite Desaix.

rie, non compris 4,000 de l'armée des Alpes qui y sont joints.

Outre cela, guides à cheval, 300, et 4 pièces d'artillerie ; guides à pied ; 6,000 chevaux d'artillerie, beaucoup de mulets.

Monge. Conversation. Pierres antiques taillées d'abord par veines, puis à nu, exprès, sont exposées au frottement qui leur donne la forme désirée Imitation d'antique : pâte argileuse, empreinte sur l'antique, couleurs donnés par des verres ou plutôt des émaux placés avec dans un four très chaud où l'émail se fond à demi, et puis, pressé fortement, donne la couleur ; perfection par le talent de l'ouvrier qui, d'une main légère, répare les imperfections de l'empreinte.

Conversation sur les grands hommes, leurs jalousies, leur ambition. D'Alembert. Monge, à vingt-six ans, va à Paris ; songe à l'Académie, voit peu le monde, se lie avec Vandermonde (1), ami de Diderot ; présenté chez d'Alembert, le voit souvent, une fois la semaine. D'Alembert avait chez lui infiniment de monde, tout ce qu'il y avait de fameux, savant, riche, voyageurs, ambassadeurs : lui,

(1) Alexis-Théophile Vandermonde (1735-1796), célébre mathématicien.

pauvre, n'avait que 6,000 livres, mais estimé, considéré des ministres et de tout le monde, avait de l'influence (1). Jalousie profonde contre Rousseau. Lorsque les *Confessions* parurent, intrigues de d'Alembert pour les faire tomber, en occuper peu la société. Met en jeu Bléton avec sa baguette divinatoire afin que, par ce prodige qui plut toujours à tout le vulgaire, chacun y courût, s'en occupât, ne pensât pas à Jean-Jacques. En effet, l'Académie s'en occupa d'abord, sollicitée par deux membres médiocres, dévoués à d'Alembert. Mais celui-ci fut bien battu par Monge qui prouva très naturellement le jeu de la baguette, qui était courbe et devait se remuer lorsqu'on faisait les mouvements de main nécessaires. Alors d'Alembert, de son immense crédit, appuya la demande de s'occuper de Bléton, et cela, adroitement, de manière à ne pas se compromettre en paraissant croire à la baguette, et il parvint à faire nommer une commission pour s'en occuper. C'était tout ce qu'il voulait (2).

Conversation sur la marine, sur son peu d'offi-

(1) Cf. ce que raconte Hérault de Séchelles (*OEuvres littéraires*, p. DARD, 170) : « J'ai vu d'Alembert dans une espèce de taudis; il était entouré de cordons bleus, de ministres, d'ambassadeurs. »

(2) Voir sur ce Bléton, chercheur de sources, les *Mémoires ecrets* dits de Bachaumont, tomes XX, 14 mai 1782, et XXVI.

ciers. Grimouard, venant de la Martinique, appelé à Paris, reste trois semaines auprès de Monge, travaille très assidûment et utilement; gagné après par des aristocrates, s'en va et périt à Rochefort, guillotiné. Homme de grand talent et grandes espérances (1).

Conversation sur Naples, son port, ses facilités; sur la Grèce, l'Égypte, sa situation, ses moyens, ses richesses; sur l'utilité de la France d'y porter ses regards et de s'en emparer.

Conversation sur les places avec le général Chasseloup sur Padoue, sur Osoppo, fort ou plutôt château, fort par lui-même, placé sur un rocher inaccessible, inattaquable, soutenant très bien un camp retranché, prenable à tout instant; mais si bien sous les coups de la place qu'il n'est pas conser-

12 juillet 1784, ainsi que Pierre THOUVENEL, *Mémoire physique et médicinal montrant les rapports évidents entre les phénomènes de la baguette divinatoire*, 1781, et *Second Mémoire*, 1784.

(1) Le comte de Grimouard, et non *Grimoard*, comme écrit Desaix, garde-marine en 1758, lieutenant de vaisseau en 1778, capitaine de vaisseau en 1781, major de la 2e escadre, puis contre-amiral, avait, après avoir « travaillé auprès de Monge », gagné Rochefort; mais, à Port-au-Prince où il était durant les troubles de Saint-Domingue, il avait eu pour adversaire un colon, nommé Brudieu, et Brudieu, revenu, lui aussi, sur le continent, était greffier du tribunal de Rochefort : il dénonça Grimouard et le fit condamner (7 février 1794).

vable; d'après cela, devant être repris à tout instant. Fort placé pas de manière à pouvoir défendre la gorge, mais assez près pour en gêner la marche et forcer d'y laisser des troupes pour arrêter la garnison. Le fort ne demande pas plus de 600 hommes; il ne produirait pas assez d'effet; 2,000 autres doivent aller au camp retranché pour de là aller faire des sorties et gêner les communications et les travaux couverts des ennemis (1).

Anecdotes sur la cour de Vienne. A l'arrivée des Français à Léoben, on délibéra si la cour s'en irait ou non. On proposa qu'elle se retirerait à Cracovie et de là en Russie. Peu d'énergie par conséquent.

Envoi d'un cadet à Mantoue. Il parvient aux avant-postes, aux dernières sentinelles; là, arrêté heureusement; conduit au général Dumas. Celui-ci l'examine, lui dit : « Vous avez quelque chose dans le ventre. » L'autre se défend. « Eh bien! envoyez chercher un chirurgien pour qu'on ouvre monsieur, » dit froidement le général Dumas. Effrayé

_____

(1) Cf. le jugement de MARMONT dans le livre IX de ses *Mémoires* : le fort d'Osoppo, selon lui, ne remplit que très imparfaitement son objet parce que la vallée est trop large sur ce point pour être fermée: « il peut servir à conserver des magasins, à recevoir des dépôts; c'est un coffre-fort où on peut mettre en sûreté des trésors; mais, sous le rapport stratégique, il n'est qu'une gêne, et non un véritable obstacle, au mouvement d'une armée ennemie. »

de cet ordre, l'Autrichien se trouble ; il avoue qu'il a reçu un ordre de se rendre à Mantoue, qu'il a avalé dans du fer-blanc un papier. On l'enferme, on parvient à avoir le papier qui donnait à la garnison l'ordre fou d'aller de l'autre côté du Pô (1).

27. (2).

Conversation avec Monge sur les habillements, les habitants des montagnes ; enfin, bien plus intéressante, sur l'*Origine des cultes* de Dupuis (3). Toute religion a pour base celle du soleil et tout peut s'en expliquer par les événements qui lui arrivent dans son cours. En effet, la fête de Noël s'ex-

(1) L'anecdote est rapportée dans les *Mémoires* de THIÉBAULT, II, 30-31 ; Thiébault dit tenir le fait de Dumas lui-même, mais le récit de Thiébault est mélodramatique : suivant lui, l'espion aurait été mis nu et attaché par les quatre membres sur une table devant les bouchers du camp aux mains et tabliers pleins de sang. Bonaparte a conté l'anecdote plus exactement dans une lettre du 28 décembre 1796 au Directoire : « Le 22 décembre, Dumas surprit un espion qui entrait par la ville : c'est un cadet expédié de Trente. Après de grandes façons, il avoua qu'il était porteur de dépêches, et, effectivement, il rendit, vingt-quatre heures après, allant à la garde-robe, un petit cylindre où était renfermée la lettre ci-jointe de l'empereur. » (Cf. E. D'HAUTERIVE, *le Général Alexandre Dumas*, p. 85-87.)

(2) Date du jour où écrit Desaix, 27 fructidor an V ou 13 septembre 1797.

(3) On sait tout le bruit que fit l'ouvrage de Charles-François DUPUIS, *Origine de tous les cultes ou Religion universelle*, paru en 1795. « Avec M. Dupuis, disait Joseph Chénier dans son *Tableau historique de la littérature française*, l'érudition raisonnable cherche l'origine commune des diverses traditions religieuses. »

plique ainsi : elle est le premier jour de l'année qui arrivait là dans la constellation de la Vierge; le premier jour de l'année étant représenté par des hiéroglyphes, ne pouvait l'être que par un enfant qui vient de naître; ainsi on le représentait comme cela, né d'une Vierge, c'est-à-dire sous ce signe. Mais cette Vierge n'est pas une Vierge ordinaire, puisqu'elle est dans le ciel; alors on l'a représentée avec une couronne et des étoiles. Elle passait pour céleste. De là toutes nos idées de la Vierge, de sa naissance, etc. Le serpent est l'ennemi du soleil parce qu'il descend sous ce signe dans les lieux bas.

Conversation sur Rome, sur le tombeau d'Hadrien, sur l'église de Saint-Paul construite, dit-on, par Constantin. Voie Appienne; tombeaux qui la bordent. Panthéon, ses détails, ses richesses, son sommet représentant le soleil, sa couverture et beaucoup de choses employées à Saint-Pierre de Rome.

Conversation sur la cour de Vienne. Thugut, un vieux bonhomme de soixante-dix ans, figure contrefaite et extrêmement étonnante, riant presque toujours. Homme d'esprit, d'usage, et un de ceux qui ont le plus de moyens. Sans naissance, espèce de bâtard, protégé par Marie-Thérèse qui le nomma *Thungut,* qui en allemand veut dire *faire bien;* fut élevé par ses soins dans les affaires; y fut heureux et réussit (1). Il resta bien longtemps dans les places inférieures, y était encore au commencement de la guerre, fut alors gagné par les Anglais. Il est très vieux et très avare, il ne fut pas difficile à prendre. Il vit très retiré, toujours seul, sans tenir état de maison, faisant apporter son dîner de l'auberge, ne parlant à personne; n'est pas marié; n'a pas d'enfant; fait argent de tout, des présents qu'on lui donne, les revend aux autres ministres pour l'empereur, et le double de leur valeur. Protégé par Colloredo (2), qui a élevé l'empereur et qui a très peu de moyens, qui sait de Thugut ce qu'il doit dire et ce qu'il doit faire; de manière que par ce moyen il paraît éclairé aux yeux de l'empereur, qui le respecte au delà de ce qu'on peut dire. Thugut,

(1) Jean-Amédée-François-de-Paule Thugut, né le 31 mars 1736 à Linz, avait soixante ans, et non soixante-dix. Son arrière-grand-père, maître d'école à Stein, dans le cercle de Budweis (1647-1684), se nommait Thuenitguet ou Thunitgut; son grand-père, Urbain (1673-1744), était laboureur et changea son nom de Thunitgut en celui de Thugut; son père, Jean (1691-1760), était employé dans l'administration des finances impériales, et, lorsqu'il mourut, Marie-Thérèse prit soin de ses cinq enfants et notamment de son plus jeune fils, le futur ministre, qu'elle fit élever à l'Académie orientale.

(2) François-de-Paule Gundaccar, prince de Colloredo-Mansfeld (1731-1807), ambassadeur à Madrid, commissaire principal près le tribunal de la Chambre impériale, vice-chancelier de l'Empire depuis 1789.

ayant été vendu aux Anglais, il y a quelque temps, ne peut plus sortir de leur joug parce qu'alors ceux-ci le menacent de révéler ce qui est arrivé, de le déshonorer et de le perdre (1). Les Anglais emploient des sommes énormes pour la corruption en France. Avant la Révolution, le parlement donna au gouvernement 24 millions dont il pouvait ne pas rendre compte. Dans ce moment, ils retiennent à la maison d'Autriche les sommes qu'ils emploient à gagner la France (2).

(1) Cf. ce qu'avait écrit Bonaparte au Directoire le 30 avril et le 3 septembre : « Les plénipotentiaires de l'empereur gémissent sur les sottises de M. Thugut; ils ne dissimulent pas même, dans la conversation particulière, qu'ils le croient vendu à l'Angleterre... Le ministre d'Angleterre à Vienne s'est fortement fâché avec M. Thugut; il paraît que les Anglais le prennent fort haut et taxent l'empereur de mauvaise foi. » Mais Thugut n'avait rien à craindre; comme l'écrit l'*ami* à d'Antraigues, « il faut rendre justice aux Anglais : rien ne s'échappe de ce qu'on appelle secret du cabinet. »

(2) Les Français disaient même que Thugut avait été gagné jadis par leur gouvernement. Le 23 février 1797, à Bologne, Berthier et Clarke « s'exhalent en invectives sanglantes contre sa vénalité », et Clarke assure à Lucchesini qu'il produira des quittances de la pension payée autrefois à Thugut par l'ambassadeur de France en Turquie. (LUMBROSO, *Revue napoléonienne*, 1902, t. II, 49-50.) Bonaparte, dans sa proclamation du 1er avril 1797 au peuple de la Carinthie, déclarait que « les ministres de la cour de Vienne, corrompus par l'or de l'Angleterre, trahissaient l'Allemagne et leur prince », et Talleyrand — *Quis tulerit Gracchos?* — écrivait le 16 septembre à Bonaparte qu'on pouvait prendre Thugut et le « démasquer à plein » en publiant des pièces officielles qui démontraient qu'il avait « anciennement reçu de l'argent » et « en recevait encore ».

Plaisanteries sur la diplomatie autrichienne. M. de Gallo, beau garçon, bonne tournure, séduisant, Napolitain, aimant les dames, ayant une intrigue, à Udine, avec une jolie femme qu'il mène au café. Anecdote du dîner chez lui. Il l'emmena dans sa chambre, malgré le chevalier servant.

M. de Gallo doit sa fortune au bonheur d'avoir plu à la mère de l'impératrice, qui l'a mis en faveur. Dans ce moment-ci, il jouit d'une très grande à Vienne; il est l'amant de l'impératrice d'à présent (1); par conséquent, a un grand empire; aussi en jouit-il bien. Il reçoit difficilement les grands qui viennent le voir; il faut se présenter chez lui deux ou trois fois avant que d'être reçu, et, au moindre signe de sa volonté, les principaux s'y rendent. Cependant, on en fait cas à Passariano, parce qu'il paraît désirer la paix de très bonne foi et y donner ses soins. Il a toutes les formes politiques les plus austères et les plus diplomatiques

(1) Cette « impératrice d'à présent » était la deuxième femme de François Ier, Marie-Thérèse, princesse de Sicile, qu'il avait épousée le 15 août 1790 (après avoir perdu au mois de février précédent sa première femme Élisabeth de Wurtemberg), et qui lui donna treize enfants, dont Marie-Louise, femme de Napoléon, Ferdinand qui succéda comme empereur à son père, et François-Charles qui fut le père de l'empereur François-Joseph. On sait que Marie-Thérèse mourut en 1807 et que François Ier se maria deux fois encore, en 1808, à Marie-Louise-Béatrix de Modène, et en 1816, à Caroline-Auguste de Bavière.

du monde. Le plus grand soin de cet ambassadeur est de rendre compte des détails les plus petits et les plus minutieux des cours, pas beaucoup des affaires, infiniment des personnes. On a intercepté de ses lettres où il mandait que la reine se portait assez bien, quoiqu'elle n'eût pas eu ses règles, et beaucoup de petitesses de ce genre; on ne peut pas assez en rire.

Une grande affaire, lorsqu'on prépara les conférences, fut que des ambassadeurs ne ·pouvaient pas s'assembler dans un lieu où il n'y avait pas de quoi manger et des endroits pour placer des garde-robes. A l'arrivée du général, les ambassadeurs furent le voir; ils étaient bien intrigués de savoir s'il leur rendrait leur visite et bien inquiets. Ils furent contents quand ils le virent arriver, mais fâchés de le voir de suite entrer en matière et profiter de l'occasion pour une séance.

Merveldt a une maîtresse, son hôtesse, Mme de Trauber; il a quelques petites aventures.

28 (1).

Conversation du matin sur les gouvernements. Notre ignorance en ce genre. Sur la maladresse de faire faire une constitution par ceux qui auront

______

(1) Sans doute 28 fructidor an VII (14 septembre 1797), date du jour où écrit Desaix.

part à un des pouvoirs. Ils se ménagent. Danger de faire le Corps législatif en partie exécutif, de manière à ne pouvoir être hors de fonction. Idée du général : il voudrait l'établissement d'un corps formé de tous les hommes de l'État qui se trouveraient par leur position être entrés dans les affaires, tels que ministres, ambassadeurs, généraux, etc. Ce corps aurait la connaissance de toutes les affaires d'administration générale, ne serait pas public et aurait le droit de censure sur le gouvernement. Cela réduirait les Conseils au simple rôle de législateur, soit en justice civile, militaire et tous détails (1).

Le général jouit d'une si grande considération parmi tous les Italiens que des paysans de Bologne viennent, d'il y a cinquante ou soixante lieues, pour le consulter sur leurs affaires. Un est venu pour lui demander qu'on lui fasse épouser sa maîtresse qu'il a enlevée et que son père veut faire enfermer parce qu'elle est riche et l'autre pas. Un autre vint pour ne pas être obligé de comparaître devant les juges, mais devant un commandant militaire, pour

(1) Cf. la lettre de Bonaparte du 19 septembre 1797 : « ... Nous sommes très ignorants dans la science politique morale... Le pouvoir consisterait dans deux magistratures, dont une très nombreuse, où ne pourraient être admis que des hommes qui auraient déjà rempli quelques-unes des fonctions qui donnent de la maturité sur les objets du gouvernement. Ce pouvoir législatif ferait toutes les lois organiques... »

un procès avec un habitant qui lui demande vingt écus; ce qui m'a étonné, c'est que son voyage ne lui a coûté que quarante sols (1).

Nous avons bien causé sur la religion, sur Jésus-Christ, prophète comme il devait y en avoir beaucoup dans un pays où on n'avait rien à faire, et où il y avait une religion qui promettait un avenir admirable, de la gloire, des honneurs et très grande prospérité; une nation pauvre, d'après cette espérance, devait avoir une énorme quantité de gens qui se tourmentaient dans tous les sens et se promettaient de toutes les façons le bonheur promis aux Hébreux. De là, conversation sur l'origine des cultes, etc. Répétition.

De là, vues sur les rivières; observé que toutes les rivières paraissent avoir un lit plus considérable; idée de Monge pour l'expliquer. L'atmosphère actuelle de 15 lieues, autrefois double à supposer, emportée par une comète qui a approché de nous et a emporté la moitié de cette atmosphère.

Mais il est de fait que le Pô est une rivière cruelle qui jouera un tour terrible à l'Italie, ainsi que toutes ces rivières qui obligent à un tra-

(1) Cf. Miot, *Mémoires*, I, 150 : « Il dînait en public, et, pendant son repas, on faisait entrer dans la salle où il mangeait des habitants du pays. »

vail excessif. Une grande partie n'a pas de lit creusé, de manière que la moindre chose qu'elles augmentent, elles ravagent tout, et cela très au loin, les plaines étant très plates. Ce qui produit au Pô son lit si plein, c'est qu'il reçoit de l'Apennin une quantité de torrents prodigieux pour des instants, qui lui apportent dans leur violence de grandes quantités de pierres et de débris qu'il n'est pas ensuite assez fort pour entraîner, vu que sa pente très douce ne lui permet plus d'avoir assez de rapidité pour les entraîner.

Il faut un peuple vigoureux pour le combattre; les Italiens, devenus paresseux, se laissant gagner par lui, peuvent voir leur pays bien ravagé. Le Mincio se trouve à présent plus bas que le Pô, dans ses eaux un peu hautes, de manière que ses eaux refluent et forment le lac de Mantoue qui augmente tous les jours et augmentera à proportion que le Pô se haussera.

Il est essentiel que tout ce pays-là soit réuni sous le même gouvernement, pour lutter tous ensemble contre le danger commun (1). L'Adige est aussi à peu près de même, coulant sur un lit très haut. Le général voulait, au moment où il

______

(1) Voir, sur cette « menaçante masse d'eau » du Pô et de l'Adige, les réflexions de MARMONT, *Mémoires*, livre XXVII.

était si faible, et que la rivière était haute, ouvrir une de ses digues de manière à inonder toute la partie inférieure de l'Italie ; cela aurait fait un dégât considérable et réparable qu'avec plusieurs millions. Par ce moyen, il raccourcissait beaucoup sa ligne de défense et la rendait susceptible de n'être pas forcée. Il avait aussi formé le projet de jouer le tour à Wurmser de l'inonder, s'il avait voulu passer par le bas de l'Adige ; Wurmser se serait trouvé obligé de passer à travers des inondations effroyables, qui l'auraient peut-être fait périr (1).

Le général ne perd jamais de vue un des moyens qui lui appartiennent pour s'assurer des succès. Les négociations vont avec lenteur, sont difficiles (2). Il y a une déclaration que, si au 1er octobre les négociations ne sont pas terminées, nous n'en prenons plus pour base l'armistice de floréal, mais notre situation présente, et nous discutons d'après

(1) Il écrit en effet à Chasseloup, le 10 juin 1796, qu'on pourrait inonder une grande partie de Mantouan, puisque le lit de l'Adige est plus élevé que le niveau du terrain : « Visitez les bords de l'Adige, et sachez me dire le parti qu'on pourrait tirer de cette inondation pour rendre inaccessible à l'ennemi le pays compris entre Mantoue, le Pô et une partie de l'Adige. Quelle influence cette terrible inondation pourrait-elle avoir sur la place de Mantoue? »

(2) « Les négociations, mandait Bonaparte à Masséna le 7 septembre (GACHOT, *Campagne d'Italie*, 313), vont avec beaucoup de lenteur ; si, pour le 1er octobre, rien n'était décidé, nous pourrions bien nous battre. »

cela. Par ce moyen, on évite les désagréments des préliminaires qui nous gênent, et nous profitons de tous nos avantages du passage du Rhin et des victoires de Sambre-et-Meuse, qui nous donnent de très belles espérances, pour appuyer tout cela et tout faire valoir. Alors, on fait avancer l'armée ou la tient prête à marcher. Par ce moyen, les Vénitiens, abattus, inquiets, se réveillent et ont des espérances : les patriotes déjà sont venus demander à élever l'arbre de la liberté, se sont montés, et on en tirera parti. Déjà on prend tous les moyens possibles pour les animer, pour les faire armer. Mme Buonaparte va à Venise, on lui donne des fêtes; tout cela ranime et remet en espérance; tous les Français y paraissent; à la suite des plaisirs, du rapprochement, tous les esprits s'électrisent (1).

Si la campagne s'ouvre, le général a ses derrières alors libres (2), parce qu'il s'attache les

(1) « Il y a eu, mande Desaix à Reynier le 18 septembre, de très grandes fêtes à Venise, au passage de Mme Buonaparte qui y resta trois jours. Rien de plus brillant : fêtes, bals, illuminations, courses de barques, repas à la flotte de l'amiral Bruix. » (Voir, sur ces fêtes, des extraits d'écrits et journaux du temps dans TROLARD, *De Rivoli à Magenta*, 203-207.)

(2) C'est le mot même de Bonaparte qui écrit à Paris, le 1er octobre, qu'il organise « robustement » l'État de Venise et qu'ainsi « les derrières de l'armée seront tranquilles pendant les grands mouvements ».

Vénitiens. Il prend d'ailleurs ses moyens pour ne pas les craindre; il prendra trois cents otages qui répondront de la conduite des autres; ce seront des chefs de famille; outre cela, autant de jeunes gens qu'il mettra dans ses guides et qui, près de lui, lui serviront aussi d'otages, et qu'il gagnera aisément en les caressant, les encourageant et les environnant des manières françaises et des principes de la nation (1). Il les aura bien vite convertis à lui. Outre cela, il établira une convention de patriotes bien prononcés, et solides, et chauds, réunira sous eux la terre ferme en départements administrés par des patriotes; d'après cela, il est tranquille et sûr (2).

Une bonne politique du général a été de demander le chapeau de cardinal pour l'archevêque de Milan; par ce moyen, il le tient bien dans sa dépen-

(1) Le 25 septembre, les généraux de division Masséna, Serurier, Joubert, Bernadotte, Delmas, Baraguey-d'Hilliers et Brune avaient ordre de former chacun une compagnie de hussards, de vingt à soixante jeunes gens riches qui s'équiperaient à leurs frais; les officiers et le maréchal des logis instructeur seraient Français; ces jeunes gens n'auraient d'autre paye et indemnité que la ration de leur cheval; ils portaient un uniforme particulier.

(2) Le 4 octobre, Bonaparte ordonnait à chaque général divisionnaire commandant dans un arrondissement des États vénitiens en deçà de l'Adige, d'envoyer deux hommes, les plus patriotes et les plus éclairés, à une assemblée générale qui se tiendrait le 11 suivant à Venise.

dance, par la reconnaissance, l'espérance, et par conséquent tout le clergé soumis à l'archevêque, d'ailleurs flatté de voir son chef décoré de cette dignité par le général (1).

Il a écrit à celui de Gênes une très belle lettre de félicitations sur ce qu'il s'était très bien conduit dans les derniers troubles; qu'il était un pasteur des premiers temps de l'Église; il se l'est dévoué par ces éloges, et l'oblige à employer tout son crédit afin de conserver cette opinion très flatteuse (2).

Dans le Frioul, il va aussi conserver une grande influence en gagnant les curés contre les chanoines, en faisant rendre aux premiers les droits usurpés par les seconds.

Conversation avec Clarke. Aventure avec sa femme anglaise, jolie, aimable, l'aimant, bien amoureuse, folle de lui; il lui cède enfin; il en

(1) Cet archevêque était Filippo Visconti, né en 1721, nommé archevêque de Milan en 1783, et qui mourut subitement le 31 décembre 1801 à Lyon où il siégeait à la Consulta. Napoléon le jugeait ainsi : « Respectable par son âge et son caractère, mais sans esprit ni réputation. »

(2) Cf. la lettre du 10 septembre. Bonaparte écrit au « citoyen archevêque » qu'il a cru, en lisant sa pastorale, entendre saint Paul ou un des douze apôtres : « Que la religion est respectable lorsqu'elle a des ministres comme vous! Véritable apôtre de l'Évangile, vous inspirez le respect; vous obligez vos ennemis à vous estimer, à vous admirer; vous convertissez même l'incrédule. »

naît un enfant, une fille, au bout de dix mois, à Wissembourg ; il l'épouse, la laisse à... à la retraite ; le frère cadet ne peut pas l'emmener. Elle s'enfuit, elle est en Bohême, elle y veut vivre ignorée. Sa famille ne sait rien de son aventure. Le frère vient pour en être instruit, ne sait rien. Enfin, bref, elle veut être inconnue, et retirée, et oubliée. On propose une bonne affaire : un peintre ami, M..g.t. ; le père, riche, de ma connaissance ; fille unique ; espérance des honneurs l'engage, famille, intérieur ; oncle estimable, sa femme, ancienne gouvernante, peu agréable, pie-grièche, revêche et éloignant bien des gens. Histoire de sa nomination. Proposé par quelqu'un de sa connaissance et qui l'aimait ; accepté de suite par plusieurs ; mais repoussé par un, d'un caractère brusque, dur et peu agréable. Anecdotes du départ assez plaisantes ; embrassades ; bien reçu de plusieurs, paraissant être refusé d'un dernier, forcé à être accepté par celui-ci, rire plaisant de protection. Envoyé avec un traitement de 30,000 livres et les frais de poste et de voyage ; arrangements ; appointements de 24,000, et puis, de 18. Dans ce moment, espérance d'aller à une superbe place. A droit d'y prétendre, et on croit qu'il l'aura. Cependant, dernier événement contrarie un peu fort.

Celui qui est à la tête, pas très ami. Lettre écrite pourrait être dangereuse. Cependant espère fort (1).

Conversation sur une connaissance à nous dont j'ai connu le mari. A fait d'excellentes affaires. Trente mille livres de marchandises anglaises à Livourne, dans un matin; présents de toutes parts; un de Lombardie estimé 200,000 livres. Refus de quelqu'un qui était avec moi, qu'on a obligé de consentir à accepter. Aveu d'une possession très considérable achetée vers la Loire. Peu d'esprit, dents pas agréables, bouche aussi, assez aimé (2).

Monge. Conversation sur Rome, sur Naples, Vésuve. Sa lave, longue de plusieurs lieues, large

______

(1) Voir l'introduction, p. LXXII, où nous essayons d'expliquer ce passage. Clarke (le nom est effacé dans le manuscrit) avait, pendant son séjour à Londres, en 1790, épousé une Anglaise, Élisabeth-Christiane Alexander, dont il eut une fille (qui fut dotée par Napoléon et qui se maria avec le baron de Montesquiou, plus tard général et duc de Fezensac). Il divorça en juillet 1795 et chercha, à ce moment, à épouser Mlle de Launay; mais, en janvier 1798, il contractait sa seconde union au temple décadaire de Bouxwiller, en Alsace, avec une jeune fille de Saverne, Joséphine Zæpffel. (Gaston Dry, *Soldats ambassadeurs*, II, 114-121.) Le peintre M..g.t. ne serait-il pas Ménageot?

(2) Ne s'agirait-il pas de Joséphine que Desaix n'ose nommer, et dont il « a connu le mari » (Beauharnais, à l'armée du Rhin); de Joséphine qui, en Italie, a reçu tant d'hommages et de présents et qui les a parfois reçus malgré Bonaparte (« quelqu'un qui était avec moi » et « qu'on a obligé de consentir »); de Joséphine qui a, en effet, peu d'esprit et de mauvaises dents, et qui, malgré tout, se fait aimer?

de soixante toises ou cent, haute de douze pieds, toute rouge, va très lentement, ne coule qu'un mille par jour. Village renversé par la dernière lave qui va jusqu'au-dessus de la porte de l'église et forme un monticule de peu de hauteur. Les maisons ont été rebâties à côté. Terrible explosion du temps de Pline. Le sommet de la montagne à côté du Vésuve sauta par une explosion, et fit alors une poussière noire portée par le vent sur Pompeia; il la combla jusqu'au premier étage. Fut découverte par hasard. La grande rue est découverte à moitié en commençant par les deux extrémités. Description des maisons. Des mosaïques partout. Les planchers. Les belles maisons ont toutes une petite cour qui est faite en larges pierres avec deux ou quatre petits puits élevés pour prendre les eaux des citernes qui sont dessous. Autour de la cour sont les appartements différents. Ils n'ont point de fenêtres, d'autres ouvertures que la porte. On y a trouvé des villas, un amphithéâtre. A remarquer la maison d'un faiseur de mosaïques; tout y est disposé comme s'il allait être à l'ouvrage (1).

(1) Cf. avec ce que dit Monge, ce qu'avait écrit DUPATY dans ses *Lettres sur l'Italie en 1785* (1788, tome second, lettre CXII, à Pompéia, p. 275-284.)

Herculanum est à deux lieues de Pompeia. Il a été renversé par la même explosion du sommet; mais, plus près, en a été couvert davantage. Après cela, sont venues des pluies énormes qui ont entraîné une partie de la poussière, ont fait une boue qui a rempli tous les intervalles de toute la ville et qui, desséchée, est enfin devenue de la pierre. On y a découvert, en creusant une carrière, un amphithéâtre considérable où se trouvent de très belles statues.

Baies, toute souterraine, très longue, haute de cinquante pieds, large de cinq cents pas. 1,500,000 habitants autrefois autour du golfe de Naples. Immensité de débris qui annoncent les habitations. Temple dont les colonnes annoncent qu'il a éprouvé des événements prodigieux, enfoncé de tout le piédestal, six pieds au-dessous dans la mer, rongé par les coquillages, à présent hors de l'eau et à son niveau. Très belles mosaïques de son passé.

Rome. Ses révolutions. A eu 2,500,000 âmes et un moment que 13,000 âmes. A présent, 180,000 âmes. Sainte-Marie-Majeure. Un des tombeaux de la Voie Appienne, formé de grosses pierres assez mal taillées, mais jointes ensemble de manière à être raboteuses et fatigantes à rouler. Rangée de tombes. Leur beauté. Passe pour être du temps des rois. Trop beau pour cela. Deux avis : ou que Rome est plus ancienne qu'on le dit ou qu'il y en a eu deux, la première ayant été détruite par quelque événement.

Manière dont se font les sabres damassés qui ne se font plus à Damas (1). Acier fait du fer combiné avec le charbon, et combiné plus ou moins avec lui et rendu plus ou moins cassant. Fer par lui-même pas assez fort pour couper l'acier très cassant. Alors le damas se fait en mêlant le fer avec l'acier, de manière à ce qu'il se combine et remplisse l'objet qu'on veut. On le fait aisément en battant ensemble des fils de fer et d'acier; alors ils se combinent ensemble en tous sens et parviennent à faire un mélange excellent. On les damasquine en y mettant de l'eau-forte qui ronge le fer et le charbon. Nos ouvriers sont parvenus à combiner le fer et l'acier ensemble, de manière à avoir ce qu'ils voulaient et faire des figures.

Travail à Meudon d'obus de 24 qui, extrêmement épais et lourds, étaient assez forts pour pénétrer dans les bois sans se casser, et y éclater malgré le peu de poudre, parce que celle employée est de l'invention de Berthollet, qui est deux fois et

(1) Ce sont les sabres dont Desaix parle plus haut et que Bonaparte offre aux plus braves de l'armée.

demie plus forte que celle d'ordinaire. Expériences, éclats prodigieux ; 40,000 obus ainsi chargés prêts à être envoyés. Douze capitaines de vaisseau arrivent pour être consultés et refusent de les employer, parce que cette poudre est infiniment inflammable et demande des soins prodigieux.

Buonaparte a été employé au bureau topographique par Doulcet-Pontécoulant (1); il y a resté quelque temps. Employé ensuite au 13 vendémiaire, a commandé l'armée de l'intérieur avec infiniment de succès, d'art et d'adresse; s'était emparé de la police et, par une grande quantité d'agents secrets, par les adjudants-majors des bataillons, par mille autres moyens. Il avait l'attention de n'employer les troupes de ligne qu'à la défense des corps constitués, les gardes nationales à celle de leurs propriétés, prenait rarement des

(1) Gustave Doulcet de Pontécoulant, député du Calvados à la Convention, proscrit avec les Girondins, rappelé après Thermidor et membre du Comité du salut public, s'était occupé surtout des affaires militaires (il avait été jadis sous-lieutenant des gardes du corps) et avait eu l'occasion de protéger Bonaparte. (Fr. MASSON, *Napoléon et sa famille*, I, 120-123.) Aussi le premier consul le fit-il préfet de Bruxelles, sénateur et comte. Il avait épousé Mme Le Jay, la veuve de ce libraire dont Mirabeau fréquentait la maison, parce qu'elle l'avait sauvé pendant la Terreur. On a publié ses *Souvenirs*, mais il faut s'en défier. (Cf. LANZAC DE LABORIE, *la Domination française en Belgique*, II, 361.)

moyens trop irritants et s'est tiré de tous les embarras avec facilité.

A la fermeture du Panthéon, où 4,000 Jacobins s'assemblaient (1), il connaissait par ses agents les seize principaux orateurs qui, dans toutes les assemblées, avaient fortement parlé; il les fait venir, leur dit tout ce qu'il pouvait dire de raisonnable pour les engager à ne pas faire de rassemblements. Mais, comme il ne pouvait pas leur faire entendre raison, il leur dit : « Vous êtes tous connus; j'ai vos noms; j'ai la force; le moindre événement qui arrive, je m'en prends à vous, et vous m'en répondez sur vos têtes. » Ils ont beau se défendre, beau dire; il faut en passer par là, et, comme leur tête leur était chère, ils firent tant qu'ils engagèrent tout le monde à ne pas y aller.

Ces *rassemblements pour la paix* étaient terribles et nombreux : il fallait bien de la sagesse pour les dissiper.

Deux anecdotes. La première sur les imprimeurs des assignats qui tout à coup, au nombre

______

(1) Les républicains démocrates avaient tenté de restaurer la société des Jacobins en fondant le club du Panthéon; ce club fut fermé le 8 ventôse an IV, ou 27 février 1796, par un arrêté du Directoire.

de 4,000, veulent venir se faire payer chez Merlin, ministre de la police, et menacent de le pendre. Le danger est pressant. Il faut des troupes pour le dissiper; il n'y a pas là de moyens tout de suite. Il y va avec deux personnes, voit ce qu'il en est, y envoie un de ses agents qui harangue ces ouvriers et leur dit : « Ce n'est pas ici qu'il faut s'adresser; le ministre n'a pas d'argent; c'est au Directoire qu'il faut se rendre; il a tout en mains; nous nous en ferons payer. » La motion est suivie. Mais de suite des troupes avaient été dans leur marche au Directoire; il y avait des moyens. Cinq députés seulement furent reçus par le Directoire, et renvoyés contents de très belles promesses. Ainsi il les dissipa sans peine.

Deuxième anecdote. La foule et le peuple, très nombreux, murmurant de faim, s'étaient rassemblés en grand nombre près du Directoire. L'attroupement· pouvait être dangereux; le dissiper par force l'était aussi, car les soldats n'auraient peut-être pas obéi; on les aurait gagnés en disant qu'on était sans pain et sans moyens. Alors il fait passer par des rues détournées deux ou trois détachements, qui se placent aux avenues qui mènent à la place. Alors une douzaine de mouchards se rendent dans le tumulte et disent : « Sauvons-nous de tel côté, sans cela nous sommes environnés de toutes parts! » Alors tout fuit sans regarder derrière.

Le gouvernement donne ordre qu'on joue des airs patriotiques. A la première fois, malgré les soins du ministre de la police, ils sont sifflés et ne peuvent pas avoir lieu. Il se fait donner ordre de faire respecter les ordres du gouvernement. Alors il fait venir les directeurs des spectacles; il leur annonce que, si dans leur théâtre le moindre air est sifflé, le théâtre sera fermé : qu'ils prennent leurs précautions. Ceux-ci, tremblants, emploient tout leur crédit sur leurs habitués et par leurs actrices et leurs entreteneurs pour qu'on soit calme. Il fait, outre cela, retenir cent billets par spectacle, fait faire des patrouilles, place un officier d'état-major à chaque théâtre : il doit faire mettre au violon toutes les personnes qui, soit dans une loge ou fauteuil, sifflent. Personne ne siffla.

Merlin de Douai est l'homme qui connaît le mieux toutes les lois possibles. Il est impossible de les mieux connaître. Très utile par là au Directoire (1).

(1) Merlin de Douai venait d'entrer au Directoire. Bonaparte le regardait comme un petit esprit qui n'entendait rien au

Il est fier, dissimulé, vindicatif, ne pardonne jamais. Il suit son ennemi au bout du monde. Extrêmement intrigant. Il a beaucoup d'argent, très naturellement, puisqu'il touche les revenus de tout un pays. Il ne présente jamais de compte. Cependant une fois pour toutes dans six mois 290,000 livres. On a bien de la peine à trouver à dire sur lui, parce que tout est bien arrangé. Cependant les mines d'Idria (1) ont été vendues 3 millions. Elles en valaient 5. Collot (2), qui les a achetées, a distribué 800,000 livres. Quelqu'un qui l'a dit. Il y a eu distribution entre tout l'état-major; le chef en a eu sa part; les principaux aides de camp, 15,000 livres, les autres 8 à 10,000.

Un d'eux, Junot, a touché, dit-on, en Romagne, 50,000 livres (3).

gouvernement, mais, le 23 septembre, il le félicitait en disant qu' « on ne pouvait pas choisir un homme qui eût rendu constamment plus de services à la liberté ». Cf. sur lui les *Mém.* de PASQUIER, I, 267.

(1) Idria, ville de la Carniole, dans le cercle de Loitsch, au fond d'une vallée arrosée par l'Idrizza. La mine de mercure qui y est exploitée, et qui fut découverte en 1497, produit par an 3,600 quintaux et emploie 600 ouvriers environ. (Cf., sur cet épisode, l'introduction, p. LXXX.)

(2) De même que plus haut, p. 64, Desaix a écrit Colaud.

(3) Junot, dit Mme DE CHASTENAY (*Mémoires*, II, 234-235), « envoyé en Portugal, usa très amplement de la circonstance pour s'enrichir; au reste, on n'a jamais vu de méchanceté en lui, et le pillage, dans ses idées, n'était que le ravage d'une

Fait sur Augereau. Dans une ville de Romagne, il entre dans un mont-de-piété, se remplit les poches de diamants, d'objets précieux, place une sentinelle qu'il fait fusiller froidement, parce qu'elle a pris quelque chose.

Il ne croit pas à la probité et à la délicatesse; il appelle cela d'un sot; il prétend que cela est inutile et ne se trouve pas dans le monde.

Conduite envers Clarke. A son arrivée, assez mal traité, mal vu, invité à aucune fête et assemblée à Milan (1). Seul à Turin pour un traité d'alliance offensive et défensive avec le ministre de l'empereur (2). Il y avait déjà eu des ouvertures faites l'année précédente par le moyen d'un député de Franconie. Sujet du départ de Clarke pour Vienne; premier jour, cela a eu lieu. Arrivée de Clarke à Tolentino, réception de tous les alentours pas agréable. Enfin retour à Turin; manière de s'y conduire : n'y voir que le premier ordre, par

bombe. » (Cf. *Notes historiques* de Baudot, 216, et Thiébault, *Mémoires*, IV, 158.)

(1) Clarke arriva à Milan dans la nuit du 29 au 30 novembre 1796, et son arrivée parut extraordinaire. Berthier s'étonnait qu'on n'eût trouvé d'autre négociateur qu'un ami de Carnot, Irlandais et jadis secrétaire intime du duc d'Orléans.

(2) Plus exactement, pour décider le roi de Sardaigne à ratifier le projet d'un traité d'alliance dont Bonaparte avait jeté les bases à Bologne dans ses entretiens avec Saint-Marsan et pour s'aboucher avec le ministre de l'empereur, Gherardini.

conséquent celui qui approche la cour, donner et recevoir des dîners, faire causer les gens de cour les uns des autres; ils ne s'aiment pas et ne demandent pas mieux de se déchirer (1).

(1) C'est ce que Clarke avait écrit au Directoire le 6 décembre 1796, qu'il faut à Turin « voir la bonne société »; que le ministre de la République doit à Turin avoir « argent, politesse et considération personnelle »; que Turin est « un point d'espionnage très intéressant ».

TABLE DES NOMS CITÉS

TABLE DES MATIÈRES

CRÉMONE

MANTOUE

PADOUE

VENISE

TRÉVISE

PASSARIANO ET UDINE

TRIESTE

PARIS

TYPOGRAPHIE PLON-NOURRIT ET Cⁱᵉ

Rue Garancière, 8

9 782013 466394